国家社科基金青年项目结项专著（12CJY040）

本书由"东南大学'双一流'人文社科学科建设经费"资助出版

高彦彦 孙军 著

互联网经济时代的中国产业升级问题研究

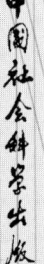

图书在版编目(CIP)数据

互联网经济时代的中国产业升级问题研究 / 高彦彦，孙军著. —北京：中国社会科学出版社，2016.12

ISBN 978-7-5161-9573-4

Ⅰ.①互⋯ Ⅱ.①高⋯②孙⋯ Ⅲ.①产业结构升级-研究-中国 Ⅳ.①F121.3

中国版本图书馆 CIP 数据核字（2016）第 319415 号

出 版 人	赵剑英
责任编辑	许 琳
责任校对	鲁 明
责任印制	李寡寡

出　　版	中国社会科学出版社
社　　址	北京鼓楼西大街甲 158 号
邮　　编	100720
网　　址	http://www.csspw.cn
发 行 部	010-84083685
门 市 部	010-84029450
经　　销	新华书店及其他书店
印刷装订	北京市兴怀印刷厂
版　　次	2016 年 12 月第 1 版
印　　次	2016 年 12 月第 1 次印刷
开　　本	710×1000 1/16
印　　张	18.5
插　　页	2
字　　数	300 千字
定　　价	78.00 元

凡购买中国社会科学出版社图书，如有质量问题请与本社营销中心联系调换
电话：010-84083683
版权所有　侵权必究

前　言

我国从传统农业社会向现代工业社会的转换历程，前后不过数十载。基于我国长期以来落后的产业发展状况和渴望赶超的社会心态，产业升级问题一直备受社会各界的关注。我国政府更是把实现产业升级作为一个重要的发展目标来推进。但是，长期以来，人们对产业升级的理解一直存在着两大偏误：首先，认为产业升级首先是产业结构的高级化，特别是把服务业比重当成是产业升级的核心标准，过度强调经济结构的服务化程度；其次，简单地把产业升级与发展高新技术产业等同起来，认为促进产业升级就要发展高新技术产业，特别是战略性新兴产业。在这两种偏误的产业升级理念的指引下，政府往往采取错误的产业政策，对特定产业进行过度干预、扶持和引导，导致产业升级违背产业自身的发展规律和中国经济本身的比较优势。

的确，产业结构高级化和新兴产业是产业优化升级的两个方面，但产业升级并不必然要求产业结构的高级化和新兴产业的发展。在我国目前自上而下的行政体制之下，对产业升级的上述认识偏误往往会导致地方官员采取简单粗暴的方式来促进产业升级。例如，简单地把产业结构高级化程度作为产业升级的指标，或者偏离本地要素禀赋发展高新技术产业。这种由错误的产业升级理念指导下的产业政策将会导致严重的激励扭曲问题，降低资源配置的效率，使本土企业缺乏自生能力。我国政府过去鼓励发展光伏产业便是一例失败的政府主导产业升级的生动写照。光伏产业曾被认为是高新技术产业而备受各级政府的追捧和扶持。但是，各地蜂拥而上光伏项目导致该产业严重的产能过剩。曾经的明星企业无锡尚德走向了破产，曾经风光无限的光伏巨子赛维LDK太阳能高科技公司则遭遇了终极审判。[①] 究其原因，政府对这些特定产业的扶持扭曲了价格所发挥的资源稀缺性信号作用，那些在政府补贴下能够存活下来的"高新技术"企业往往不具有市场竞争力。在国外，日本一度被认为是成功借助产业政策实施赶超发展的典范[②]。但实际上缺乏国际竞争力的日本企业来自那些受政策支持的产业[③]。日本通产省推出的第五代计算机计划和高清电视（HDTV）计划因为没有认准信息技术革命浪潮的方向而遭受巨大的失败[④]。在撒哈拉非洲和拉美，产业政策更是少有成功的案例[⑤]。

归根到底，产业升级在于创新。经过三十余年的工业化进程，我国基于模仿、"干中学"以及廉价要素而发展成为仅次于美国的世界第二大经济体。但是这种粗放式的追赶发展模式因很强的可替代性而缺乏持续增长潜力，这也必然要求我国全面借助产业升级来保持持续经济活力，其中的核心是促进创新。遗憾的是，长期以来，人们对创新的认识同样存在着严重的偏误，简单地把创新与高科技产业和新兴技术产业联系在一起。高新技术产业固然属于创新之地，但大量的创新发生于传统的行业。例如，德国的制造业具有巨大的国际竞争力。日本在马桶盖、电饭煲、保温杯和陶瓷刀等日用品品牌占据着这类产品的高端市场，被我国游客竞相抢购。德国的双立人牌厨刀可以卖到数百乃至数千元。法国的香水等化妆品享誉全球。因此，我们认为，对创新的认知和辨别，应该回到熊彼特（Schumpeter, 1939）。他认

[①] 赛维LDK公司于2015年11年宣布破产重整，负债300多亿元。参见http://finance.sina.com.cn/chanjing/gsnews/20151130/013423883196.shtml。该公司之所以能够举债经营，与地方政府干预下的信贷支持不无关系。由于该公司的违约，多家银行对其进行起诉。参见http://money.163.com/special/saiweizhaiwu/。

[②] 查默斯·约翰逊：《通产省与日本奇迹——产业政策的成长》，唐吉洪等译，吉林出版集团2010年版。

[③] 迈克尔·波特等：《日本还有竞争力吗？》，陈小悦等译，中信出版社2002年版。

[④] 楚国武士：《通产省神话终结给我们带来的警示》，凯迪社区原创文章，2014-2-26：http://club.kdnet.net/dispbbs.asp?id=9870660&boardid=1。

[⑤] 詹姆斯·罗宾逊：《产业政策和发展》，余江译，《比较》2016年第1辑。

为创新是建立一种新的生产函数，即把一种从来没有过的关于生产要素和生产条件的"新组合"引入生产体系。这些新组合包括：发现新市场，开发新产品，发现新要素，采用新方法，引进新的组织。

互联网经济似乎把我们与发达国家拉到了一个相同的起点。这是好事，也是坏事。好事是我们有了更多的机会，坏事是我们失去了确定性的模仿标杆。当我们远离世界科技前沿时，由于发达国家提供了明确的先进技术的方向和标准，产业升级方向很明确，政府主导的产业政策具有用武之地。但在新形势下，我国与发达国家的发展差距在缩小，互联网信息技术的发展一方面加速知识的生产和扩散，另一方面也使人类社会面临前所未有的不确定性。此时，政府主导的产业政策在促进企业创新和产业升级方面变得越来越力不从心。创新的不确定性、政府的有限理性和非中立性，必然要求政府角色从事实上的"主导"产业升级向"陪跑"产业升级转换，传统产业政策也随之面临着一个退出、重塑和转变的问题。首先，产业政策应该从特定的产业和特定领域退出，转向普惠性的、基础性的产业政策。其次，产业政策应该从"扶持型"或"培育型"转向"市场增进型"，通过鼓励企业竞争、保护知识产权和维护公平竞争的市场环境来激励社会创新。即便是在过去，也只有那些旨在促进竞争的产业政策具有提高企业生产率[①]。第三，产业政策应该从"先行"转向"后行"，即产业政策不应确定创新的行业和领域方向，而在创新发生后，根据产业发展的现实需要适时和适度介入。第四，警惕产业政策为特殊利益集团所用。

在互联网经济时代，互联网信息技术既是一项先进的技术，也是一个新兴的产业。作为一种先进技术，互联网信息技术是一种新的生产要素，被传统企业用于改造和提升产品质量和价值空间；作为一个新兴产业，互联网开创了全新的商业模式和经济形态。因此，以互联

[①] 菲利普·阿吉翁等：《产业政策与竞争》，李晓萍、江飞涛译，《比较》2016年第1辑。

网本身、"互联网+"或者"+互联网"为内容的互联网经济本身就属于创新，发展互联网经济即促进产业升级。

本书正是基于上述认识结合当前的互联网经济时代背景研究我国的产业升级问题。在理论研究方面，我们分析了产业互动、产业融合与产业升级之间的关系，以及互联网平台上的企业竞争策略。我们认为，产业创新和升级一方面应立足于现有的产业基础，另一方面应充分结合和利用互联网等新兴产业提供的先进要素。新旧产业的互动和融合促进了企业创新和产业升级。互联网平台所具有的网络外部性特征改变了企业的竞争策略，触发了寡头平台的兼并，带来了名目纷繁的网络促销节。在实证研究方面，本书分析了在线拍卖平台的价格形成机制，评估了P2P网上拍卖平台的违约风险控制机制和融资效率问题，互联网经济的发展对工业企业绩效、物流行业增长和农民收入增长的影响，估计了工业企业的创新投入、资金来源和创新产出之间的问题。我们发现，互联网平台不断创新的经营机制可以有效地提高资源的配置效率，工业企业的内源创新和本土母公司具有更高的创新绩效。

产业升级是一个十分庞杂的研究课题。什么样的产业政策可以促进创新和产业升级仍没有一个明确的答案。也许答案并不在产业政策本身，而是内生产业政策的政治制度环境（罗宾逊，2016）。关于产业政策争论也会因互联网因素的注入而强化。希望本书的尝试性工作能够增进读者对互联网经济时代的产业升级问题的了解和思考，我们也期待未来更多更好的研究出现。

目 录

导论 …………………………………………………………………（1）

第一章　产业互动与产业升级 ……………………………………（10）

　第一节　引言 ……………………………………………………（10）

　第二节　理论背景 ………………………………………………（11）

　第三节　新旧产业互动中的螺旋式产业升级机制 ……………（14）

　第四节　螺旋式产业升级机制的保障 …………………………（19）

　　一　不确定性与比较优势 ……………………………………（19）

　　二　政府行为与比较优势 ……………………………………（21）

　第五节　研究结论与政策建议 …………………………………（23）

第二章　产业融合与产业升级 ……………………………………（24）

　第一节　引言 ……………………………………………………（24）

　第二节　文献回顾 ………………………………………………（26）

　第三节　互联网产业与传统产业的融合效应分析 ……………（28）

　　一　模型假设 …………………………………………………（28）

　　二　产业群的增长 ……………………………………………（30）

　　三　产业增长效应分析 ………………………………………（30）

　　四　产业融合效应分析 ………………………………………（31）

　　五　产业融合下的结构演化升级 ……………………………（34）

　第四节　产业融合实践 …………………………………………（35）

　　一　一些现状 …………………………………………………（35）

　　二　互联网与传统零售产业融合度的一个简单测算 ………（37）

　　三　产业融合的政策陷阱 ……………………………………（40）

　第五节　研究结论与政策建议 …………………………………（41）

第三章　网络外部性与平台竞争策略演变 …………………（43）

第一节　引言………………………………………………（43）

第二节　产品差异化和网络效应替代视角下的竞争策略……（45）

  一　模型设定………………………………………（45）

  二　模型的拓展：何时网络效应发挥作用？…………（50）

第三节　模型的应用：以打车软件为例……………………（51）

  一　滴滴和快的竞争史………………………………（51）

  二　滴滴和快的竞争的背后——平台之争……………（53）

  三　滴滴和快的合并的背后——平台整合……………（54）

第四节　研究结论与启示……………………………………（55）

第四章　作为竞争策略的网络促销节及其效应 ………………（56）

第一节　网络促销节的发展：以"双十一"为例 …………（57）

第二节　文献回顾……………………………………………（59）

  一　双边市场中的平台竞争…………………………（59）

  二　平台上企业的价格竞争…………………………（60）

  三　平台上消费者的购物行为研究…………………（62）

第三节　竞争策略视角下的网络促销节……………………（63）

  一　网络购物平台的促销参与决策…………………（63）

  二　平台卖家的促销参与决策………………………（66）

  三　消费者的购物时点选择…………………………（70）

第四节　网络促销节的经济效应……………………………（73）

  一　对平台商的影响…………………………………（74）

  二　对平台卖家的影响………………………………（78）

  三　对消费者的影响…………………………………（81）

第五节　研究结论……………………………………………（83）

第五章　二手产品在线拍卖的价格形成机制
    ——以京东夺宝岛为例 …………………………（85）

第一节　引言………………………………………………（85）

第二节　文献回顾……………………………………………（86）

一　声誉机制 …………………………………………………（87）
　　二　信号发送 …………………………………………………（88）
　　三　估价和出价策略 …………………………………………（90）
　第三节　京东夺宝岛 ………………………………………………（93）
　第四节　数据与变量 ………………………………………………（95）
　第五节　实证结果 …………………………………………………（98）
　　一　卖方信号发送与拍卖最高价 ……………………………（98）
　　二　竞标者行为与拍卖最高价 ………………………………（100）
　　三　内生性 ……………………………………………………（100）
　　四　分位数回归结果 …………………………………………（103）
　第六节　研究结论 …………………………………………………（105）

第六章　P2P网络借贷平台的违约风险估计
　　　　　——以人人贷为例 ……………………………………（108）
　第一节　引言 ………………………………………………………（108）
　第二节　P2P网络借贷市场的发展 ………………………………（110）
　第三节　文献回顾 …………………………………………………（112）
　第四节　研究假说 …………………………………………………（115）
　第五节　数据与变量 ………………………………………………（117）
　　一　数据来源 …………………………………………………（117）
　　二　变量选取 …………………………………………………（118）
　第六节　实证分析 …………………………………………………（120）
　　一　计量模型 …………………………………………………（120）
　　二　实地认证和引进担保的有效性 …………………………（121）
　　三　非对称信息下的违约行为 ………………………………（122）
　　四　重复借贷关系与借款人的违约行为 ……………………（129）
　第七节　研究结论和含义 …………………………………………（132）

第七章　P2P网络借贷平台上的融资效率估计
　　　　　——以拍拍贷为例 ……………………………………（134）
　第一节　引言 ………………………………………………………（134）

第二节 文献回顾 ………………………………………… (135)
　一 人口特征 ……………………………………………… (136)
　二 财务因素 ……………………………………………… (136)
　三 社会资本 ……………………………………………… (137)
　四 信用评级 ……………………………………………… (138)
　五 其他影响因素 ………………………………………… (139)
第三节 数据及变量选择 ………………………………… (140)
　一 数据来源 ……………………………………………… (140)
　二 变量选取 ……………………………………………… (143)
第四节 P2P借贷平台的融资效率估计 ………………… (146)
　一 借款是否成功的影响因素 …………………………… (146)
　二 借款花费时间和投标进度的影响因素 ……………… (150)
第五节 研究结论 ………………………………………… (155)

第八章 互联网经济的发展与工业企业绩效
　　　　——基于中国省级面板数据的实证分析 ……… (157)
第一节 引言 ……………………………………………… (157)
第二节 文献回顾 ………………………………………… (159)
　一 互联网经济的概念和测度 …………………………… (159)
　二 企业绩效的测度 ……………………………………… (160)
　三 互联网经济发展与工业企业绩效 …………………… (161)
第三节 互联网经济影响工业企业绩效的理论机制 …… (162)
　一 互联网经济下的产业链：以B2C电子商务为例 …… (162)
　二 互联网经济发展如何影响工业企业绩效？ ………… (166)
　三 互联网经济发展对特定工业企业绩效的影响机制 … (168)
第四节 实证设计 ………………………………………… (173)
第五节 互联网经济的发展对工业企业绩效的影响 …… (176)
　一 因变量为净资产收益率 ……………………………… (176)
　二 因变量为劳动生产率 ………………………………… (179)
　三 因变量为总资产周转率 ……………………………… (180)

第六节 互联网经济的发展对特定行业工业企业绩效的
        影响 …………………………………………… (182)
    一 造纸及纸制品业 …………………………………… (182)
    二 纺织、服装和鞋帽制造业 ………………………… (182)
    三 通信设备、计算机及其他电子设备制造业 ……… (184)
  第七节 研究结论 ………………………………………… (186)
第九章 互联网经济与物流行业的互动 …………………… (188)
  第一节 引言 ……………………………………………… (188)
  第二节 文献回顾 ………………………………………… (190)
    一 国内研究 …………………………………………… (190)
    二 国外研究 …………………………………………… (191)
  第三节 中国互联网经济和物流行业发展的一些典型
        事实 …………………………………………… (193)
    一 互联网经济发展的典型事实 ……………………… (193)
    二 物流业发展的典型事实 …………………………… (198)
  第四节 互联网经济如何影响物流业的发展？ ………… (203)
  第五节 互联网经济对物流行业发展影响的实证分析 … (211)
    一 变量和数据 ………………………………………… (212)
    二 计量模型 …………………………………………… (214)
    三 实证结果 …………………………………………… (216)
    四 分区域分析 ………………………………………… (220)
  第六节 研究结论与政策建议 …………………………… (222)
第十章 互联网的使用与农民收入增长
      ——基于中国省级面板数据和"淘宝村"的
        实证分析 ……………………………………… (224)
  第一节 引言 ……………………………………………… (224)
  第二节 文献回顾与研究假说 …………………………… (226)
  第三节 实证策略 ………………………………………… (230)
  第四节 实证结果 ………………………………………… (234)

一　农村互联网使用的增收效应…………………………（234）
　　二　农村互联网使用的收入结构调整效应………………（236）
　　三　农民借助互联网来增收的"数字鸿沟"制约 ………（237）
第五节　来自"淘宝村"的微观证据……………………………（239）
第六节　结论与政策建议…………………………………………（243）

第十一章　创新投入类型、资金来源与企业创新绩效
　　　　　　——基于上海工业企业的实证分析………………（245）
第一节　引言………………………………………………………（245）
第二节　研究假说…………………………………………………（247）
　　一　创新投入与产出关系…………………………………（247）
　　二　母公司的纵向创新溢出和替代效应…………………（249）
第三节　数据、变量与方法………………………………………（251）
　　一　数据……………………………………………………（251）
　　二　变量……………………………………………………（251）
　　三　方法……………………………………………………（254）
第四节　实证结果…………………………………………………（254）
　　一　工业企业创新投入产出绩效的总体关系……………（254）
　　二　不同创新投入类型的创新绩效差异…………………（256）
　　三　不同创新投入费用来源的创新绩效差异……………（258）
　　四　稳健性分析……………………………………………（259）
第五节　研究结论与政策建议……………………………………（261）

参考文献 ……………………………………………………………（263）

导　论

　　源于美国的信息技术革命深刻地改变着人类的经济形态和生活模式。中国则于 20 世纪 90 年代中期开始接入国际互联网，搭上了这次技术革命的快车。随着互联网的不断普及，人们的生活方式、企业的经营管理模式、产业发展的质量和结构等均发生了颠覆性变化。根据世界银行最新数据，2014 年中国每百名人口网民的数量为 49.3 人，高于世界中高收入国家 47.7 人的均值，在 205 个有统计数据的国家或地区中位于第 93 位。[①] 互联网基础设施的迅速改善和用户基础的快速增长为中国互联网经济的繁荣提供了有力保障。

　　目前，对于互联网经济没有一个明确的定义，也缺乏精确的统计数据。OECD（2012）分两个层次来界定互联网经济：狭义的互联网经济是指信息产业以及批发零售领域的电子商务，而广义的互联网经济则在狭义互联网经济的基础上增加除房地产之外的制造业和其他服务业的电子商务，一共涉及 14 个商业部门。[②] 因此，互联网经济可以理解为信息和通信技术（ICT）产业，也可以理解为以互联网信息技术为基础所实现的各种商业活动。互联网经济既有互联网信息产业本身的含义，也有互联网产业作用于其他产业的含义。

　　关于中国的互联网经济规模并没有一个权威统计数据。根据艾瑞

---

① 参见世界银行公开数据库 http：//data.worldbank.org/indicator/IT.NET.USER.P$_2$。
② 14 个商业部门包括：采矿、民用事业、建筑、制造、批发、零售、交通和仓储、信息、金融和保险、租赁服务业和无形资产出租、专业性、科学和技术服务业、企业管理、行政和垃圾管理服务、住宿和餐饮。OECD.（2012）. OECD Internet Economy Outlook 2012. OECD Publishing, Paris. DOI: http：//dx.doi.org/10.1787/9789264086463 - en。

咨询的数据,2014年中国网络经济营收规模达到8706.2亿元。① 其中,网络经济营收规模是指基于经营互联网相关业务产生的企业收入规模之和,包括PC端和移动端的网络购物、网络游戏、网络广告、在线支付、网络招聘和在线视频非广告收入,等等。显然,这个口径不包含信息产业,倾向于低估中国互联网经济的规模。但是,毫无疑问,中国的互联网经济在过去的十多年里实现了惊人的增长。

互联网作为一项新技术,给企业带来了新的生产要素、新的市场和新的经营管理方式,也给消费者带来了新的消费和休闲方式。那么,这些革命性的技术效应对于中国的产业升级意味着什么?长期以来,中国的产业面临着如下困扰:首先,从宏观上讲,尽管产业结构的非农化已经取得了巨大的成就,但是第二产业在很长时间内占主导地位,服务业发展相对滞后;第二,从产业内部讲,缺乏大批的具有国际竞争力的企业;第三,从微观层次讲,本土企业创新能力不足,在全球价值链和国际分工体系中居于低端。

互联网经济在中国的快速发展有力地推动了中国的产业升级。电子商务的发展直接增加了三次产业中服务业的比重;互联网降低了供求之间的信息不对称,扩大了市场规模,增强了市场竞争,使企业更能精准生产和营销,也方便了新思想的扩散和生产,从而提高了企业竞争力,促进了社会创新。本书将基于中国互联网经济的发展经验探讨互联网平台本身的运行机制,及其与传统行业之间的关系,并估计互联网经济对部分关键产业发展的影响。

全书共11章,从不同层次研究了中国的互联网经济发展对产业升级的影响。其中,第1和第2章从产业和理论的角度分析了产业互动、产业融合与产业升级之间的关系。第3至第7章研究互联网平台的微观运行机制及其有效性。第8至第10章实证分析互联网经济的发展对工业企业绩效、物流业增长和农民收入增长的影响。第11章实证研究工业企业的创新问题。

---

① 参见艾瑞咨询官网相关页面 http：//news.iresearch.cn/zt/246299.shtml#a2。

传统产业是新兴产业发展的基础，孕育着新的产业，而新的产业则反过来又促进传统产业的升级。我们认为，传统产业升级与新兴产业发展之间呈现一种良性互动的过程，即螺旋式上升的特征。发展新兴产业必须建立在由传统产业形成的比较优势基础之上，产业结构则在传统产业和新兴产业的交叠互动中不断提升（第1章）。互联网作为一种新技术和新兴产业，通过与传统产业不断融合（即所谓的"互联网+"）来促使后者转型升级（第2章）。

不仅如此，以互联网为基础形成了一批新兴的企业，我们称之为互联网平台企业。相对于传统的企业，互联网平台企业把交易各方的商业活动从"线下"挪至"线上"，或者采取"线上"与"线下"相结合的形式来重塑和整合商业活动。围绕着互联网平台，形成一个由注册用户构成双边乃至多边市场。以互联网平台为基础的双边市场的一个核心特征是由网络外部性形成的网络效应。在互联网平台上，平台对于用户的效用或价值不仅仅取决于自己消费或出售的产品的数量，还取决于平台上其他用户的数量。网络效应改变了平台企业竞争的传统逻辑。足够大的网络效应，使平台企业之间的竞争突破传统竞争的底线，企业可以以低于成本的价格提供同质化的服务或者产品，或者为了获取更大的网络效应，寡头垄断企业有可能合并为同一家企业。滴滴打车软件和快的打车软件之间的竞争与合并让我们见识了网络效应的巨大力量（第3章）。[1]

类似于线下商家，互联网平台之间的竞争也会催生大量的促销活动。诸如淘宝、京东之类的互联网平台除了在传统的节假日进行大规模的促销，还创造性地开发了一些促销节，如女生节（3月7日）、网络情人节（5月20日）、光棍节（11月11日），等等。网络促销

---

[1] 互联网平台寡头的合并已经发生多起。例如，2015年4月17日，国内最大的两家生活服务平台58同城与赶集网合并；2015年5月22日，国内最大的在线旅游平台之一携程投资艺龙，成为艺龙最大的股东；2015年10月6日，国内最大的两家O2O团购网站大众点评网与美团网合并。与滴滴和快的合并类似，合并后两家平台保持双方品牌独立性，网站和团队继续保持独立发展与运营。

节的产生、推广和普及是寡头平台企业基于价格竞争的必然结果。类似于囚徒困境,给定一企业推出和参与网络促销,另一企业的最优策略也是参与促销。尽管由于中介式平台相对于自营式平台可以从中获得更多的好处,但是,当某一网络促销节形成一个稳定的预期为广大消费者所知晓,寡头平台以及平台上的商家选择参与网络促销往往是一种理性选择。而由参与网络促销带来的广告效应、竞争效应以及库存缓解效应等更是强化了"参与网络促销节"成为平台各方的理性选择。当然,参与网络促销节也会产生不少负效应:过度的现金流波动、拥挤的物流、较差的购物体验,等等。这些消极效应随着平台服务和物流系统的完善而得到缓解。"双十一"网络促销节的巨大成功说明了参与该网络促销节是平台各方的理性选择。(第4章)

网络效应特征使电子商务市场呈现出寡头平台格局。凭借网络效应优势,电子商务平台呈现出"逆专业化"的趋势:B2C 平台开始开放平台给其他商家共享,而 C2C 平台也开始经营 B2C 业务。不仅如此,电子商务平台还开展其他业务,如小额信贷、在线支付、理财产品、众筹等等,以充分利用由网络效应给平台商带来的范围经济。

为了充分发掘退换货产品的剩余价值,京东商城推出了退换货产品的在线拍卖平台,夺宝岛。该平台的在线拍卖十分成功:二手产品成交价格与新品销售价格之比超过了 0.6。其成功的诀窍在于:(1) 海量用户基础带来的足够数量的竞标者;(2) 把新品销售价格标示于拍卖页面,从而为竞标者提供拍卖品估价参考;(3) 京东商城为产品功能和质量提供信誉保障;(4) 低至 1 元的起拍价格。给定(1) 和 (3),由新品价格成为影响拍卖成交价格的最根本性因素。(第5章)

近几年来,金融业当属受互联网影响较大的众多传统行业之一。互联网与金融的结合产生了"互联网金融"。2013 年因互联网金融的爆炸式增长而被称为互联网金融元年。在互联网金融领域,最受人瞩目的领域是个人对个人(Peer to peer, 即 P2P)在线借贷市场的发展。中国的 P2P 借贷始于 2007 年,经过不到 8 年的发展,预计 2015

年P2P市场的交易额将超过5000亿元。P2P网络借贷市场的发展有力地缓解了中国经济长期以来饱受的"金融抑制"之苦，为增进社会资金的有效利用提供了更多的可能。纵观各国经验，P2P网络借贷市场能够繁荣的关键在于P2P平台能否吸引双边的用户：通过控制违约风险来吸引投资者，通过提高融资效率来吸引借款者。

在人人贷网络借款平台上，借款人的教育、婚姻、利率和借款期限等信息对其违约风险具有很强的预测作用。已婚者、更高的教育水平、更低的利率和更短的借款期限则与降低的违约率联系在一起。以重复借贷关系下的还款记录为依据的信用累积系统产生双重效应：一方面鼓励借款人为了未来高额借款需求而保持良好信用，即"守信效应"，另一方面也使不良借款人为了骗取大额资金而保持当前的良好信用记录，即"钓鱼效应"。在该平台上，更多次借款者并没有显著更低的违约率，但是他们贡献了更大的交易规模。实地认证和引进担保均是控制违约的有效方法，但这不是以满足小额信贷需求为主的P2P平台的比较优势。（第6章）

不同于人人贷，中国的首家P2P借款平台，拍拍贷并不为平台借出的所有资金提供赔付担保，因而该P2P平台是一个"信息中介式"的融资平台。① 在信用中介平台上，由于提供资金担保，融资效率基本上只取决于平台方的审核速度，而在信息中介平台上，融资效率不仅取决于平台审核速度，还取决于投资者对借款标的支持。在拍拍贷平台上随机抓取的以2011至2014年为主的8575个借款标中，借款成功概率为65.5%，每笔借款平均花费的时间为1.5天，投标平均进行了5.53个小时。那些能够反映借款人还款能力的信息，如私营业主和网店卖家、较低的利率、较短的期限和更全面的资料，有助于提高融资的效率。预审标虽然可以加快满标速度和借款成功概率，但是花费更长的借款时间，因为预审时间取决于平台审核的速度。提供

---

① 如果平台对资金提供担保，如人人贷，那么，平台属于信用中介。因此，银行也属于信用中介。

赔付保证的安全标也有更高的融资效率。（第 7 章）

以互联网平台为核心产生的商业活动随着其产业链影响到其他的产业。凭借信息成本优势，互联网平台对接或创造着各种产品和服务的市场供给和需求。工业企业可以在互联网平台上销售产品，获取生产要素，或者获取创新源泉，从而提高其绩效。那些更容易借助互联网平台进行购买和销售的产业将获得更大的绩效改善。例如，造纸和纸制品业因在线销售对包装的巨大需求而获益，纺织服装和鞋帽制造业因网络购物的膨胀而重获新生，通信设备、计算机及其他电子设备制造业则因信息产业本身以及电子产品消费的增长而充满活力。（第 8 章）

互联网电子商务平台还带来了物流业的繁荣。中国的物流，特别是快递服务业，曾一度由国有企业中国邮政垄断经营而备受诟病。随着电子商务的蓬勃发展，国有邮政系统已经无法有效满足不断增长的社会物流需求。于是，民营快递业应运而生，并由 2009 年颁布的《新邮政法》获得了合法身份。在社会有效需求和国家法律的双重支持之下，长期被压抑的民营物流系统呈现出爆炸式增长。根据国家统计局数据，从 2007 年到 2013 年短短的 7 年中，快递量增加了 6.64 倍，同期快递业务收入年均增长率高达 25.52%，从 342.59 亿元增加至 1055.33 亿元。因此，互联网经济创造了巨大的物流需求，而完善的物流系统支持了互联网经济的繁荣，两者在互动中实现了各自的升级。（第 9 章）

作为最传统的部门，农业也开始受互联网经济的渗透和改造。农业被电子商务平台和风险资本认为是未来竞争的一个重要战略高地。[①] 以淘宝网为依托，截至 2014 年，全国各地出现了各种形式的"淘宝村" 212 个。[②] 互联网为农产品创造了新市场，提供了新要素，她改

[①] 阿里巴巴董事局主席马云在阿里巴巴上市一年之际的致股东公开信中提到阿里巴巴集团未来的发展大方向为"全球化、农村市场和大数据云计算"。参见 http://tech.sina.com.cn/i/2015-10-08/doc-ifxirmqc4937629.shtml。

[②] 阿里研究院，《中国淘宝村研究报告（2014）》，参见 http://i.aliresearch.com/img/20141223/20141223100803.pdf。

造了农业产业链，促进了农村就业和农民创新，从而增加了农民收入。但是，值得注意的是，互联网对"三农"的积极影响受地方教育水平、产业基础和基础设施条件等方面的制约。正是这些约束条件差异，互联网对东部农村农民收入增长的促进作用远远超过其他地区，从而可能加剧区域之间农民收入的不平等。（第10章）

传统产业的升级问题核心还是如何激发创新，提高创新绩效，即通过创新来优化产业结构和提升产业质量。对上海的工业企业而言，从创新投入来源来看，内部研发比外部研发具有更高的创新绩效，海外企业子公司的创新绩效并没有优于本土企业的子公司，而且在创新政策上，税收减免比资金补贴具有更好的效果（第11章）。互联网对于传统产业创新而言，既是机会，也是挑战。互联网提供的信息成本优势降低了创新对空间集中的要求。信息的快速生产、流动、分享和扩散，使创新面临着更大的不确定性和风险，也使新思想能够获得更大更快的社会和经济效益。正因此，诸如企业和风投之类的市场主体而非政府应该在促进产业创新投资上发挥主导作用。

那么，互联网时代实现产业升级的路径是什么？基于本书的研究，我们认为，互联网时代的产业升级，一方面借助于互联网经济本身的发展，另一方面借助于互联网信息技术对传统产业的不断渗透、改造和提升。互联网经济本身的发展，一方面需要不断提升的硬件设施条件，从而促进ICT制造业的升级，另一方面需要更多的信息技术服务人才，从而提升作为软件设施的信息服务业的升级。因此，互联网经济本身的发展即是工业和服务业的升级。互联网信息技术与传统行业的结合，要么带来了新市场、新要素，要么开发出新产品，要么创造了新的商业模式，这些毫无疑问都属于熊彼特式创新的范畴，而创新又是产业升级的核心内涵。另外，正如前文所述，互联网加速了信息和知识的流动，方便了技术、产品和商业模式的复制，从而加剧了市场竞争。此时，企业只有不断创新才能保持持续竞争力。因此，互联网在与传统产业的融合互动过程中通过激发创新和增强市场竞争来实现新旧产业乃至整个经济的升级。

值得注意的是，上述产业升级机制必须充分发挥企业、个人和社会的主导作用。我们认为，互联网时代的产业升级与机器大工业时代的产业升级根本的不同在于创新的分散化、社会化。正如中国政府提出的"大众创业、万众创新"指导理念，[①] 互联网时代每个人都是潜在的创新源头。相对于机器大工业社会，互联网时代的产业发展更具"可竞争性市场"特征。较低的进入门槛、创造性破坏和社会资本的力量使任何一个行业不乏潜在的进入者威胁。传统的管制政策已经失效，因为产业的边界正在融合消失，产业管制的现实基础已经不存在；"产业幼稚"已经不足以成为产业扶持的理由，因为诸如风投、私募、众筹之类的社会资本可以支持企业迅速成长、成熟。此时，只有非政府主体才是创新的主体，才是推进产业升级的主导力量。

当然，这并不是说，政府在互联网时代的产业升级中无所作为。相反，我们认为，如果各级政府能够在以下几个方面发挥"有限"力量，将极大地激发互联网信息技术在促进中国产业升级上的作用。

首先，各级政府应该加强信息基础设施建设，降低"数字鸿沟"。当人类进入互联网时代以后，接入互联网已经被认为是基本人权，而这需要以信息和通信技术基础设施为条件。类似于道路交通和公共卫生的基础设施，信息和通信技术基础设施也具有公共产品的特征。巨大的外部性和前期投入成本，往往需要政府融资来提供该产品。各地区经济发展水平的差异和公共财政能力的差异则需要更高级政府通过财政转移支付来为落后地区的信息基础设施建设提供资金支持。而能否有效发挥信息基础设施的积极作用，则进一步需要配之以良好的基础教育、互联网技术培训和道路基础设施。这些也是各级政府的努力范围。

其次，地方政府应该因势利导地运用互联网来提升本地产业。不同地方的资源禀赋、人力资本存量、地理区位特征以及由此形成的产

---

① 参见国务院于 2015 年 6 月 6 日发布的《国务院关于大力推进大众创业万众创新若干政策措施的意见》，http：//www.gov.cn/zhengce/content/2015－06/16/content_ 9855. htm。

业基础存在很大的差异。如果地方政府罔顾地方经济、社会和环境发展的特征，盲目推进一些产业的发展，那么，他很可能无法充分利用互联网平台发挥自身的比较优势，形成有竞争力的产业集群。无论是从新旧产业的互动和融合的理论视角来看，还是从"淘宝村"的发展实践来看，地方政府借力互联网时必须充分考虑当地的产业基础以及由此形成的比较优势。

再次，各级政府应创建宽松的创业和创新环境。互联网作为一种新技术，带来了新的知识、新的思想、新的商业模式和新的创新创业机会。相对于机器大工业时代，互联网时代的创新具有高度的风险和不确定性，也意味着更大的创新溢价。互联网更容易把具有共同观念的人集中起来，对某个项目进行融资，从而极大地支持了创新。互联网创造了更激烈的竞争，低效落后的企业将被迅速淘汰，企业的生命周期具有更大的变数。通过"＋互联网"，许多的传统行业获得了新生，或者产生了新的商业模式，如P2P，B2C，C2C，B2B，等等。这些创新促进了地方经济的繁荣。正是由于互联网时代创新和创业存在上述诸种特征，各级政府应该对互联网行业以及互联网对其他行业的"入侵"采取一种包容的态度。只要企业不违法，就应该放弃政府"有形之手"的干预。不仅如此，政策制定者应适时根据互联网经济发展的新特征和新需要完善已有的法律制度和监管体系。

最后，各级政府要采取适宜的创新扶持政策。无论是对于传统产业，还是对于新兴产业，创新是产业升级的核心内涵和关键驱动力。即便是工业企业的创新，政府的税收减免也比直接的资金支持具有更好的绩效。互联网时代企业创新的不确定性，经济的高度分工与专业化，更是需要政府采取适宜的创新扶持政策。专业化的市场组织，如天使投资，比政府具有更强的甄别和承担投资风险的能力。政府对创新的直接支持则往往因过度复杂的委托代理关系而遭受更大的创新风险，导致更差的创新绩效。各级政府应该专注于公共品和公共服务的提供，其制定的创新法规和产业创新政策应该立足于营建一个鼓励竞争的公平商业环境。

第一章

产业互动与产业升级

第一节 引言

在国际金融危机的冲击下,世界各国尤其是主要大国都在对自身经济发展进行战略筹划,纷纷寻找新一轮产业发展的重点,战略性新兴产业受到高度关注,作为发展中国家的中国也不例外。2009年12月召开的中央经济工作会议,正式提出了要《加快培育战略性新兴产业》,并将战略性新兴产业的概念界定为:掌握关键核心技术,具有市场需求前景,具备资源能耗低、带动系数大、就业机会多、综合效益好等特点的新兴产业。2010年10月18日,中国共产党第十七届中央委员会第五次全体会议公报指出,要发展现代产业体系、提高产业核心竞争力,改造提升制造业,培育发展战略性新兴产业。同一天,下发了《国务院关于加快培育和发展战略性新兴产业的决定》(以下简称《决定》)。《决定》指出,中国计划用20年时间,使节能环保、新一代信息技术等七大战略性新兴产业整体创新能力和产业发展水平达到世界先进水平,为经济社会可持续发展提供强有力的支撑。

不过,在紧锣密鼓发展战略性新兴产业的同时,我国传统产业结构亟须升级。我国制造业仍处于世界制造业产业链的中下游,我国生产的产品大多数是技术含量较低、单价较低、附加值较低的"三低"产品。随着我国经济的不断发展,要素禀赋结构的急剧变化与传统比较优势的消逝正逐渐威胁到我国经济的持续快速发展,金融危机的到来加速了传统产业升级的步伐。我国产业由传统劳动密集型向技术、知识密集型的转型已经不可阻挡,这一转变的成败直接关系着中国经济的长期稳定发展。更严重地,后金融危机时代的政策后遗症及"中等收入陷阱"问题加剧了中国经济问题的复杂性。产业转型升级不仅是企业走出危机实现生存的必由之路,更是关系中国经济长期稳定发展的一项重要任务。

由此可见,在产业发展上我国正面临着双重任务:一方面,要努力使传统产业结构升级,另一方面,为了抢占国际经济科技的制高点,培育战略性新兴产业尤为重要。确保"两手都发展、两手都要硬",是保证我国经济可持续发展、迅速占领发展高地的关键。那么,作为要素禀赋、能力有限的发展中国家来说,应该如何操作才能实现上述双重任务,这两者之间是一个什么样的关系,是否能够兼容?这是接下来本章将要重点研究的内容,这对于我国也有着重要的现实指导意义。

本章的理论分析表明,传统产业升级与新兴产业发展之间应该是一个良性互动过程,这种关系可以用一个螺旋式上升模型进行刻画:传统产业升级可以形成战略性新兴产业,而新兴产业的培育可以为传统产业升级提供支撑,这两者呈现出螺旋式上升趋势。通过分析两者互动的四个阶段,我们认为,产业结构螺旋式上升的关键在于发挥比较优势:政府应该在遵循比较优势的基础上制定相关的保护或扶持新兴产业政策,建立在比较优势基础上的发展战略将使我国产业结构层次不断提升。

第二节 理论背景

从一个系统的角度来看,在现代社会中,各个产业之间存在着相互依赖、相互制约、互为因果的辩证关系。国外学者中,大阪(Osaka,2002)在分析一些地区产业发展时,突破了一般人对传统产业的传统认识,认为传统产业与新兴产业是相互交融、共同发展的。摩玛亚和阿吉塔布(Momaya & Ajitabh,2005)在论述国家新经济发展策略中，特别指出在目前解决就业这一发展的基本问题时，不应该过分追求新兴产业而忽视更多传统产业的作用。波特（Porter，2002）也强调在发展高新技术产业时，传统产业才是关键。汉弗莱和施密茨（Humphrey & Schmitz，2002）从全球价值链的视角提出了由低级到高级的四层产业升级分类，即流程升级、产品升级、功能升级和跨产业升级。其中，跨产业升级，把从某个特定环节中获得的能力应用于新的领域或转向一个新的价值链，也称为链升级。企业的产业升级就直接表现为企业在一个价值链中顺着价值阶梯逐步提升的过程。

国内学者中，韩小明（2000）在分析我国传统产业发展现状，特别是在出口方面与发达国家差距的基础上，就我国传统产业实现向高新技术产业的跨越，提出了"跨越论"。辜胜阻等（2001）通过对高新技术产业发展问题的研究，结合我国的实际情况得出发展高新技术需要坚持高新技术产业化和传统产业高新化两大方向，在工业化尚未完成的我国更需要把传统产业高新化放在首位的结论。厉以宁（2005）从考察印度产业发展情况出发，认为我国在发展高新技术产业过程中，如果不与传统产业相结合，我国的高新技术产业与传统产业发展将始终很有限。杨青等（2004）认为高新技术产业与传统产业的协调发展是经济发展的重要问题。熊勇清等（2010、2011）从战略性新兴产业和传统产业应该耦合发展角度，提出了"双轮驱动、良性互动"的总体发展思路。

综上所述，我们可以发现，新兴产业与传统产业是紧密相连、相互支撑，而非相互割裂。具体说来：

（1）传统产业结构优化升级能够推动战略性新兴产业形成

首先，在新兴产业的市场空间没有打开的情况下，传统产业能够为战略性新兴产业提供足够的资金支持。战略性新兴产业属于典型的资本、技术和知识密集型产业，市场壁垒较高，它的启动和生存必须建立在一定资金量的基础之上。发展战略性新兴产业所需要的巨额资金要靠传统产业创造的利润来提供。

其次，传统产业可以为战略性新兴产业提供技术保障。传统产业既可以是劳动密集型产业，又可以是技术密集型产业，传统产业经过技术改造，可以演变为战略性新兴产业。因此，传统产业的持续升级将为战略性新兴产业的形成奠定重要技术支撑。

再次，是遵循比较优势的必然选择。一个国家只有按照国家资源禀赋的比较优势来确定经济发展战略，才能最大限度地增强产业或部门的国际竞争力（林毅夫，1995、2010）。面对经济全球化带来的激烈的竞争，每个国家和地区都应通过传统产业升级来巩固传统产业的优势，以此作为自己的立身之本，然后通过传统产业升级推动战略性新兴产业快速崛起。

（2）战略性新兴产业促进传统产业升级

首先，为传统产业结构升级提供技术支撑。传统产业只有注入新技术，才能提高竞争力，提高产品的技术含量和附加值，从而实现产业升级。战略性新兴产业的出现将为传统产业的经济增长方式转变、传统产业的技术创新等增添新的推动力量，为传统产业升级提供新的发展机遇，为转型升级提供重要支撑。以战略性新兴产业所代表的产业革命将推动着传统产业部门的技术变革，促使传统产业的主导技术逐步被高新技术所取代，从而使产业结构的质量得到不断提高。从这个意义上来说，产业结构升级淘汰的不再是所谓的夕阳产业，而只是夕阳技术。

其次，发达国家向战略性新兴产业迈进为我国产业升级提供了新的机遇。发达国家正向战略性新兴产业迈进，中国完全可以抓住机遇，把发达国家技术先进的产业转移过来，推动产业链升级，加速传统产业的技术升级。20世纪50年代的经济结构调整，产生了日本、德国等经济强国，60—70年代的调整培育了亚洲"四小龙"及其他一些新兴工业化国家。目前，中国自身产业结构调整的需要与全球产业结构调整提供给中国的机遇不谋而合，新兴产业的兴起为我国带来了一次千载难逢的大好机遇。

第三节 新旧产业互动中的螺旋式产业升级机制

一个国家,乃至整个世界,现在的产业结构,都是长期社会经济发展的产物,它集中地反映了社会生产力所达到的阶段与水平。以三次产业结构来说,从第一产业部门占绝对优势的农业社会,到第二产业部门占绝对优势的工业社会,再到第三产业部门已占优势的当代社会,产业结构依次更替,每一个产业的兴起和发展都是建立在已有产业基础之上。这一历史更替的长期发展过程,是依次发生的,有其内在客观规律性。

在现实中,技术创新和市场需求的巨大推动性力量会使新兴产业出现并快速发展,但随着需求的逐渐饱和以及技术创新力量的衰竭,限制性的力量就会出现,原先的新兴产业会逐渐衰退。在这个过程中,该国或地区比较优势不断得到提升,具体体现为:建立在各种生产要素质量的不断提升、技术创新能力的不断增强以及在收入水平不断提高基础上的对某些潜在产品的更大的需求空间,为新兴产业的出现创造了良好的条件,继而,通过比较优势的发挥和政府适当的保护政策或扶持手段,催生新兴产业。当然,在新兴产业逐渐兴起的过程中,绝大多数的传统产业并不会消亡。实际上,随着时间的推移,原先的新兴产业慢慢变得成熟,变为传统产业,新的新兴产业又会形成,所谓新兴产业和传统产业实际上仅仅是相对的概念。从这个角度来看,我们可以发现,产业结构演变将呈现出一个螺旋式上升的局面。

我们可以把整个国家或地区的产业分为新兴产业和传统产业两大部分,鉴于新兴产业与产业结构升级两者之间的互动关系,我们可以把这两者作为一个系统来考虑,那么这两者就分别是其中的子系统。假设 A 为战略性新兴产业子系统的状态,B 为传统产业的子系统状态,那么整个产业结构的状态就由这两者共同构成,假设为:

$$IS = f(A(t), B(t)) \tag{1-1}$$

在两个子产业系统的共同作用下,整体产业结构演变是由限制性力量和推动性力量两种力量共同决定的。当一种力量以直线进行时,同时又有一相反之力牵制之,因此就不得不作回旋状态,而又不断前进,即成为摆线状态或螺旋线状态,如图1-1所示①(其中,A代表战略性新兴产业,B代表传统产业,t代表时间,这与图1-2完全一致)。

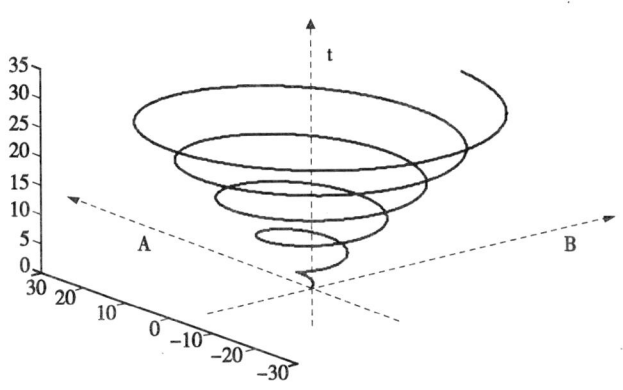

图1-1 螺旋式产业结构演化状态

这样,在每个周期内,由于IS的变化是由A和B作用引起的,这样我们可以把图1-1的螺旋曲线投射到一个二维平面(B,A)中来对产业结构IS的变化进行分析。我们把图形分为四个极限,如图1-2所示。

令该图形的方程为:

$$A(t)^2 + B(t)^2 = G(t) \tag{1-2}$$

令$t > 0$为时间,$\dfrac{\partial G(t)}{\partial t} > 0$,这表明,随着时间的流逝,该值是不断增加的。将(1-2)式进行整理,得到:

$$A(t) = [G(t) - B(t)^2]^{\frac{1}{2}} \tag{1-3}$$

---

① 螺旋上升形成的原因可以理解为:在经济的持续发展中,一方面,原有的产业经过技术改造之后,形成了比以前更高级的形态;另一方面,一些新产业的加入也使得产业规模不断扩大。综合起来,产业结构就呈现出螺旋式上升的趋势。

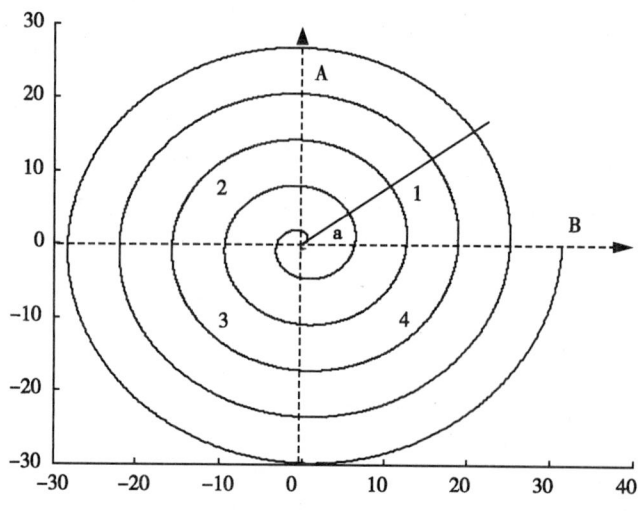

图1-2 螺旋式产业结构演变平面图

对 B 求导数,可以得到:

$$\frac{\partial A}{\partial B} = -\frac{B(t)}{A(t)} \quad (1-4)$$

在象限1,$0 < \alpha < 90°$,根据(1-4)式,$\frac{\partial A}{\partial B} < 0$。在这个阶段,产业结构处于一个缓慢调整期,战略性新兴产业开始兴起,对传统产业有一个缓慢的替代过程。

在这一阶段,传统产业处于产业发展成长期的后期或成熟期;同时,对新技术、新产品的需求旺盛导致在部分区域、行业出现零星的战略性新兴产业。在这一过程中,由于战略性新兴产业企业数量较少、产品单一、市场受限,难以形成独立的生产体系,其与传统产业之间在技术、市场、产品、制度等方面的融合尚不明显,二者之间基本处于无融合或低融合状态。由于战略性新兴产业的兴起需要占用更多的高层次生产要素,资源将会在传统产业和新兴产业之间重新配置。

处在这一阶段,政府要逐渐加快战略性新兴产业发展规划和区域战略性产业重点规划的制定和实施,引导产业发展。在人才培养方面要加快战略性新兴产业等方面的专业设置,逐渐建立产学研一体的高、精、专人才培养体系和国内外高端人才的引进机制,尤其加大培养对传统产业和战略性新兴产业都熟悉的综合管理人才的力度;在金融支撑上要建立专门的产业升级引导基金、创新基金和风险基金制度,引导社会资本向传统产业升级和战略性新兴产业培育方向流动。

在象限 2,$90° < \alpha < 180°$,根据(1-4)式,$\frac{\partial A}{\partial B} > 0$,在这个阶段,产业结构处于一个缓慢调整期,战略性新兴产业和传统产业处于一个互补阶段。

这是传统产业与战略性新兴产业的融合关系开始形成、二者之间的生产边界越来越模糊,融合机制逐渐产生的阶段。在此阶段,传统产业改造提升成效显现,战略性新兴产业快速成长,两类产业相互依赖、相互促进。传统产业的改造提升加快了战略性新兴产业的技术、产品和人才向传统产业扩散的速度;战略性新兴产业的快速增长需要传统产业生产要素的支撑,其中包括制度、文化、技术、体制、环境、资本、人才等各方面的支撑。这一阶段传统产业和战略性新兴产业相互融合的内容全面拓展、融合效应将大大提高,二者融合的程度逐渐由中度融合向深度融合转变。

处在这个发展阶段,战略性新兴产业已初具规模,其活力与潜力日益为地方政府所重视。政府职能开始介入战略性新兴产业的发展,政府通过出台促进政策,推动传统产业与战略性新兴产业的深度融合和技术链接。尤其是政府在传统产业改造提升和战略性新兴产业培育发展方面出台相应的产业政策,将极大地促进二者物资、信息、技术、能量、资本等的流转,形成良性互动。

处在这一阶段,政策的着力点在于,一方面,通过政策措施推动传统企业技术进步和产业优化升级;另一方面,通过政策手段破除垄断,推动资源优化配置,推动战略性新兴产业和传统产业互动。政府的最终目的在于,做到新兴产业与传统产业有机融合。

在象限 3,$180° < \alpha < 270°$,根据(1-4)式,$\frac{\partial A}{\partial B} < 0$。在这一阶段中,战略性新兴产业对传统产业进行替代或者融合,产业结构进

行着更新换代。

在这一阶段，传统产业完成使命，部分实现了产业淘汰进入衰退期或转变为夕阳产业，部分完成高新技术改造，转变为新兴产业，而战略性新兴产业逐渐进入成熟期。因此，在这一过程中，要么传统产业经过技术改造向新兴产业转型，要么被新兴产业替代，产业结构演化升级。

在这一阶段，政府推进战略性新兴产业发展的措施将从以"加快培育"为主转向以"做大做强"为主。为此，政府应该从产业链的延伸、技术链的对接以及上下游关联产业的带动发展等方面做强、做大战略性新兴产业，在这个过程中逐渐取代过时的传统产业，形成新兴产业集群，构建新的区域竞争优势。加速传统产业向战略性新兴产业转型升级步伐。另外，在这个过程中，地方政府要加快淘汰、改造和转移旧传统产业衰退形成的夕阳产业，对于产品和市场处于绝对衰退的旧传统产业，制定相应的淘汰和退出机制，逐渐转移传统产业劳动力。

在象限4，$270° < \alpha < 360°$，根据（1-4）式，$\frac{\partial A}{\partial B} > 0$。在这一阶段，新兴产业或者经过技术重组的传统产业占据主导地位，并开始孕育下一轮的战略性新兴产业。

在这一阶段，战略性新兴产业成长为区域经济发展的主导产业或支柱产业，形成了以战略性新兴产业为主的新"增长极"。与此相伴随的是，在新兴的主导产业的影响下，下一轮的战略性新兴产业正处于孕育阶段。

在这一阶段，政府应该充分利用战略性新兴产业的高产业关联性，从产业链的延伸、技术链的对接以及上下游关联产业的带动发展等方面做强、做大战略性新兴产业，形成新兴产业集群，构建新的区域竞争优势。另外，政府要基于新的战略性新兴产业的选择和培育，规划下一轮的产业竞争。

至此，一轮产业结构升级完成，看起来又回到了原点，但是，毫无疑问，这处在一个更高级的发展阶段，是一个螺旋式上升的过程，是一个否定之否定的过程。我们认为，这正是产业结构演变过程的逻辑。

第四节 螺旋式产业升级机制的保障

历史的发展已经证明，正是那些能够把握产业结构变化的潮流、制定正确的产业政策、发挥自己的潜在优势、建立起自己的核心产业部门的国家，赢得了时间，走在了世界经济发展的前列。实际上，螺旋式上升机制并不总是能够完整地呈现出来。在现实中，螺旋式上升机制的实现需要发挥比较优势的作用，因此，政府的作用并非总是万能的[①]。吴敬琏（2011）认为，尽管各级政府加大了扶持战略性新兴产业的步伐，但使用的往往还是"政府主导发展"的旧体制和老办法。这样做，不但欲速则不达，而且会造成种种消极的后果。实际上，在号称"产业政策大国"的日本，有关产业政策有效性的争论从"产业政策"一词被提出后就没有停止过（小宫隆太郎，1988）。另外，发展战略性新兴产业，是生产力提升的一次爬坡，核心要素是创新能力。由于战略性新兴产业尚处于技术尚不成熟，产业垄断还没有形成，商业模式还存在不确定性的阶段，因此，新兴产业的发展必须考虑本国发展阶段的特性，建立在本国科技力量、国民的文化教育水平、一定的市场需求以及资金实力等基础之上，有重点地逐步发现相应的新兴产业。

一 不确定性与比较优势

目前，战略性新兴产业是世界各国关注和推动的重点，但很多产

[①] 例如，我国在1949年新中国成立后，我国政府希望尽快扭转中国落后的局面，采取了大跃进的政策，试图建立先进的资本密集型工业，事实证明这种发展模式是失败的，这也与螺旋式发展机制不符。

业发展前景仍然不是非常明朗。对于发展中国家来说，发展战略性新兴产业与传统制造业不同，不仅仅是在模仿发达国家已经成功的模式，在一定程度上也是与发达国家一同出发，走一条新的发展道路，但是其中存在着很大的风险和不确定性。企业离世界科技前沿越来越近，也就越来越难以从发达国家引进成熟技术，因而也就越需要自主研发新技术和新产品（林毅夫，2010），企业所面临的风险和不确定性也越来越高，这种不确定性主要表现在以下几个方面：

第一，技术发展路线的不确定性。战略性新兴产业在起步阶段具有创新比较活跃但是技术路线并不成熟等特点，在技术水平上领先不一定意味着最终能在经济性上取得优势，从而成功实现商业化和规模化。而且，不同的技术路线可能随着其他条件的发展变化而在不同时期表现出市场生命力。例如，新能源汽车发展方向和最终目标是什么，现在重点发展的混合动力车和电动车是不是最终产品，并不十分明确（温家宝，2011）。在这种情况下，仅仅依靠政府短期的大量研发投入和要素投入扶持来发展新兴产业，可能会带来巨大的风险。

第二，未来市场需求的不确定性。战略性新兴产业市场需求不确定的原因主要有两个方面：一是很多新兴产业还处于技术创新阶段，创新之后的成果是否能够被市场所接受并不确定。如太阳能光伏领域的多晶硅制造技术，目前就有改良西门子法、新型硅烷法等技术，不同的技术生产1千克多晶硅，耗电相差100多度（冯飞，2010）；二是创新产品的成本能否不断降低，进而为市场所接受并不清楚。如新能源汽车的用户成本就比普通汽车要高，在发展的初期依赖于政府补贴和大量的基础设施投入，这种扶持是否能帮助新产品最终为市场接受，还有待时间和实践的检验。

面对上述不确定性，我国战略性新兴产业的发展必须遵守比较优势原则，通过比较优势确立重点发展的战略性新兴产业，从而将这种不确定性风险降到最低。实际上，这意味着我国发展战略性新兴产业的重点与发达国家或许并不完全一致。我国发展战略性新兴产业与发达国家和其他发展中国家有着完全不一样的产业背景，发达国家的新兴产业一般都是在传统产业向外转移已经完成的情况下提出来的。而发展中国家都还处于承接这些转移产业，并以传统产业为主导的发展阶段。因此，相对于发展中国家来说，这些所谓的战略性新兴产业大部分在发达国家都应该具有一定的比较优势，而对于发展中国家来说却未必。因此，对于发展中国家来说，寻求那些更具比较优势的战略性新兴产业进行突破就显得更为必要和明智。

另外，也是很重要的一点，关于战略性新兴产业，并不是说，只有我国创新成功了才能够推动我国产业升级，在很多行业，我们完全可以通过引进、合作等途径与发达国家创新成功的战略性新兴产业进行有效对接。实际上，许多战略性新兴产业只有与传统的制造业对接才能够显示出巨大的生产力，而发达国家早已经"去工业化"，金融危机使发达国家认识到实体经济的重要性，欧洲和美国都提出"再工业化"的口号，实际上这对于发达国家来说是不太现实的。因此，我国可以充分利用发达国家战略性新兴产业大力发展的机遇，使其与我国传统产业进行对接，对我国传统产业进行升级改造，促使传统产业升级。以信息产业为例，信息产业的一个非常重要的功能是对制造业行业进行流程再造、管理功能升级等。在全球化背景下，大量的发达国家的制造业已经转移到中国等发展中国家，因此，这些先进的技术在发达国家内部的"用武之地"并不是很多，而我国企业完全可以利用发达国家成功的信息技术来改造我国传统制造业。

二　政府行为与比较优势

林毅夫（2010）认为，政府应该一方面为优先发展产业提供暂时性保护以维护宏观稳定，另一方面则放手让那些符合比较优势的产业发展以获得经济成长。之所以要采取渐进的办法，是因为绝大多数扭曲政策是为了保护优先发展产业中缺乏自生能力的企业而出台的，除非能设法提升这些企业的自生能力，或通过一些新兴产业创造出足够多的工作岗位来吸纳这些企业所释放的员工，否则直接撤销对这些企业的保护措施将导致这些缺乏自生能力的企业纷纷倒闭，造成严重的社会和经济问题。为避免这种情况，政治领导人经常试图引入其他的措施来保护这些优先发展产业中缺乏自生能力的企业，使经济效率进一步恶化（林毅夫，2009）。

实际上，要使产业结构螺旋式演变顺利进行，许多其他变化都必须随之而至：企业所采用的技术越来越复杂，资本需求、生产和市场规模越来越大，远距离市场交易也越来越多。因而，为了保证沿产业和技术阶梯的升级过程平滑顺利，就需要在教育、金融、法律和硬性基础设置方面同时做出相应改进，使企业能在新升级中提升到合适的生产规模，以利用规模经济效应成为成本最低的生产者（哈里森和罗德里格－克莱尔，2009）。以上因素的改变并不能一蹴而就，必须是循序渐进的一个过程。因此，政府对战略性新兴产业的保护期不能太短也不能太长，保护期太短了之后企业还来不及形成能与国外同类企业抗衡的实力；保护期太长的话使得企业失去了创新、成长的动力。所以，要在一个时间段内使新兴产业形成竞争力，政府应该保护具备一定比较优势的产业。

在现实中，战略性新兴产业的发展是通过各个地区来实现的，因此，不同地区政府应该选择什么产业进行支持、如何支持、产业在空间上如何布局对我国战略性新兴产业的成功与否就显得尤为重要。洪银兴（2010）认为，要想使新兴产业成为地方的支柱产业，地方政府需要解决新兴产业的规模经济、成本控制和空间布局三方面的问题。但是，由于战略性新兴产业的发展前景并不像传统制造业那样明确，因此缺少市场约束。考虑不到新兴产业生命周期和特征的地方政府投资行为，很容易造成资源浪费、产业雷同、产业投资"潮涌"等现象，从而放大了新兴产业的内在发展风险。根据2010年前7个月各地战略性新兴产业项目投资情况的调查来看，发展新能源及相关设备的省份高达25个，是投资热度最高的一个行业。从产业发展手段来看，各省市对发展战略性新兴产业仍然主要集中于加大要素投入（田杰棠，2011）。因此，地方政府应认识到战略性新兴产业发展的长期性和不确定性，以及现有产业发展体制蕴含的系统性风险，充分挖掘自身在资源禀赋、产业基础、人力资源等方面的比较优势来发展相应的战略性新兴产业。另外，中央政府也必须在宏观上引导各地区根据当地的比较优势，发展适合地方特色的产业领域，形成布局合理的战略性新兴产业体系，避免恶性竞争带来的物质资源浪费和经济效率损失。

最后，也是非常重要的一点，由于每一个战略性新兴产业是一个系统工程，不是单项技术、单个产品或某个环节的突破就能发展起来的，因此，地方政府应该充分发挥各自比较优势，对具体的某一战略性新兴产业实施区域分工合作机制，打破地区分割，加强针对某一项具体战略性新兴产业跨区域的统筹规划、配套发展。

第五节 研究结论与政策建议

传统产业结构升级与战略性新兴产业培育这两者之间应该是一个良性互动过程，我们通过理论模型对其进行了详细的分析。研究发现，认为产业结构演变过程可以用螺旋式上升模型表示，传统产业经过技术改造可以形成战略性新兴产业，而新兴产业的培育可以为传统产业升级提供支撑，这两者呈现出螺旋式上升趋势，并对两者互动的四个阶段进行了详尽的分析。产业结构螺旋式上升的关键在于发挥比较优势：政府应该在遵循比较优势的基础上制定相关的保护或扶持新兴产业政策，忽视这一点将会使战略性新兴产业培育和传统产业升级陷入困境，最终将会偏离产业升级的初衷。建立在比较优势基础上的发展战略将使我国产业结构层次不断提升。

基于本章的研究结论，我们得到如下政策建议：一是战略性新兴产业的培育必须遵循一定的比较优势，这包括人才的培育、资金的获取、技术创新以及产业配套等，而这需要传统产业结构升级相配合；二是通过创造有利于创新、有利于创业的制度环境，降低企业创新风险；三是地方政府应该在弄清本地区比较优势基础上制定和发展相关战略性新兴产业，逐渐形成重点突出、差异化发展的战略性新兴产业的区域布局，提高战略性新兴产业培育的成功率。

第二章

产业融合与产业升级

第一节 引言

  互联网自 1994 年进入中国以来对经济社会的影响不断增强且难以替代。互联网及信息技术不仅在教育、医疗、物流、交通、旅游、娱乐等服务领域正在得到广泛应用，而且已经渗透到工业设计、农业生产流通领域中。几乎所有的传统行业、传统应用与服务都在被互联网改变。互联网就像阳光、空气和水一样，已经渗透到社会生活的方方面面，一切都将被重新塑造（李海舰等，2014），"互联网＋"所形成的产业融合已经实现"燎原之势"。

  产业融合并不是一个新的社会经济现象。罗森博格（Rosenberg，1963）很早就观察到了同一技术向不同行业扩散这样的一种技术融合现象。从 20 世纪 70 年代开始的通信技术的革新和信息处理技术革新的迅速展开，推进了通信、邮政、广播、报刊等传媒间的相互合作。由数字技术的出现而导致的产业交叉，引起了人们对产业融合的关注（植草益，2001）。Yoffie（1997）将产业融合看作是采用数字技术后，原来各自独立产品的整合。欧洲委员会"绿皮书"（European Commission，1997）认为产业融合是产业联盟合并、技术网络平台和市场三个角度的融合。格林斯坦和卡纳（Greenstein & Khanna，1997）认为产业融合是为了适应产业增长而发生的产业边界的收缩或者消失。虽然产业融合最初发生在电信、广播电视和出版业部门，但以数字融合为核心，产业间相互结合发展新产业正在成为一种新的发展趋势（周振华，2003a），两化融合是其中的代表。我国理论界在20世纪90年代就提出工业化与信息化互补共进是历史的选择（乌家培，1993、1995），工业化与信息化融合本质是在实现工业化过程中做到信息化带动工业化，工业化促进信息化（吴敬琏，2006；周叔莲，2008）。不过坦率地说，这一时间段的产业融合仍是零星和局部进行的，没有对整个经济体形成大的冲击。

"互联网+"时代的到来彻底改变了产业融合的广度和深度：一是它极大地扩展了市场上企业与用户之间的互动程度和范围（王建伟，2014），缩短了生产商与消费者之间的距离，影响了企业的战略选择（杨蕙馨等，2008）；二是互联网时代经济运行的核心已经从计划经济的政府和市场经济的厂商转型为互联网经济的用户（李海舰等，2014）；三是随着互联网时代社群平台的进一步发展，未来产品的设计乃至生产将由供应端与消费端共同决定（罗珉、李亮宇，2015）。互联网正在从价值传递环节向价值创造环节渗透。如果说蒸汽机引发了人类历史上影响最为深远的工业革命，那么互联网引发的则是影响全球经济未来的信息革命（陈亮，2014）。近年来，各国纷纷推出一系列围绕互联网的产业发展战略，寄希望于通过互联网实现传统产业转型升级。[①]

不过，令人遗憾的是，虽然现实层面上互联网对传统产业的融合和影响力越来越大，但或许是刚刚兴起的原因，在理论层面上对产业融合的相关研究较少且并不深入，对互联网冲击下的产业融合逻辑、存在的问题等进行的探讨较少，而本章的主要任务正是尝试对这些相关问题进行探讨。研究结论认为，互联网与传统产业，既彼此竞争，又互相融合，在"否定之否定"的过程中，越来越多的传统产业将被"互联网化"，互联网与传统产业最终会趋于融合，互联网也将成

---

① 例如，美国和德国分别在2012年2月和8月相继发布了工业互联网战略和《数字议程2014—2017》，即所谓的"工业4.0"。我国工信部也在2013年发布了《信息化和工业化深度融合专项行动计划（2013—2018年）》，重点部署了"互联网与工业融合创新行动"，要求深化互联网在工业中的应用，加快工业生产向网络化、智能化、柔性化和服务化转变。

为传统产业。在这个过程中，整个经济引擎会完成切换、升级，并推动传统产业转型升级。我们还发现，如果互联网与传统产业的融合受到一些现有行政体制的束缚或人为的干预，则融合进程一定会受到阻碍，不过由于经济体系内各个产业之间紧密的关联性，互联网最终会通过间接方式对传统产业形成融合。这暗示了产业保护政策的无效性，但由于在这个过程中时间被耽搁，降低了"互联网+"的威力，相关产业的国际竞争力肯定会降低。

本章其余部分安排如下：第二节为相关文献回顾；第三节构建模型分析互联网产业与传统产业融合的效应；第四节分析互联网冲击下的我国产业融合实践及其效果情况；第五节给出结论和政策建议。

第二节 文献回顾

信息化进程中的产业融合是促进就业与增长的一个强有力的发动机（欧洲委员会，1997），对一国产业结构、经济增长模式以及企业绩效等产生了深刻的影响。马健（2002，2003）的理论分析指出，产业融合能够改善产业绩效，降低企业成本，是传统产业创新的重要方式和手段，有利于产业结构转型和升级，提高一国产业的竞争力。周振华（2003b）发现，在微观方面，产业融合催生了许多新产品与新服务，开辟了新市场，吸引了新的进入者，从而增强了市场竞争，重塑了市场结构，促进了资源的整合、就业增加和人力资本发展；在宏观层面，产业融合带来了巨大的经济增长效应，导致产业发展的基础、产业之间的关联形式、产业结构的演变、产业组织形态和产业区域布局等方面的根本变化；从世界范围看，产业融合提高了世界经济的一体化程度，从而对全世界的社会经济发展产生全面的影响。胡汉辉、邢华（2003）的理论分析表明，信息产业的产业融合呈现加速发展的趋势，信息产业的融合有助于提高信息产业的生产效率，改善信息产业的管制方式，加速传统产业的升级改造以及促进信息技术的扩散和渗透。

正如理论分析所示,产业融合对经济体的积极效应在许多产业领域得到证实。(波特,1985)以 AT&T 在电信业、计算机工业、金融业等领域合并经营为例,分析并得出产业融合将扩大产业边界。阿佛森(Alfonso and Salvatore,1998)对 20 世纪末产业融合较显著的电子行业进行研究发现,该行业的绩效明显高于其他融合不够明显的产业。甘巴德拉等(Gambardella et al.,1998)的研究表明,20 世纪八九十年代期间,计算机、通信、半导体和其他电子产品行业发生了较为明显的产业融合现象,产业绩效与技术融合状况呈正向相关。邦克等(Banker et al.,1998)运用 1988—1992 年间信息通信产业数据进行的研究发现,这些行业由于拥有共同的基础设施资源而得以降低平均成本,并以此说明信息技术融合具有降低企业成本的作用,从而支持了技术和产业融合改善信息产业绩效的论点。徐盈之、孙剑(2009)的研究则表明,制造业的产业绩效与产业融合度之间呈明显的正相关,并由此指出产业融合应成为提高制造业绩效新的切入点。

上述关于产业融合的研究主要是围绕着通信、计算机以及电子产业展开的,但实际上,产业融合在各个行业之间普遍存在,但相关研究却较少。植草益(2001)在对信息通信业的产业融合进行研究后指出,不仅信息通信业,实际上,金融业、能源业、运输业(特别是物流)的产业融合也在加速进行之中,并预测产业融合不只发生在这四个一直实施着经济限制的产业领域,也发生在制造业。在实证层面上,布鲁里等(Bröring et al.,2006)以保健营养品与功能性食品为例分析产业融合,他们认为不仅仅是技术溢出,同时是需求结构的融合,最终导致企业价值重构。卡然等(Curran et al.,2009)以专利技术的跨行业应用来分析化学及相关工业的产业融合现象。

综上回顾,本章发现关于产业融合的研究仍存在着如下的一些不足:一是现有文献基本上都围绕着信息产业展开,在深度信息化时代,即互联网颠覆和加速重构传统产业的大背景下,亟须建立一个更加一般性的理论分析框架;二是已有研究主要围绕着信息产业与传统产业之间融合的相关问题展开,传统产业之间的融合问题及其对包括信息产业在内的整体产业的影响却没有被考虑在内,在互联网时代,这却有可能对一国产业结构演变有着深层次的影响。本章尝试去弥补已有文献在上述两个方面的不足:通过构建一个以互联网为驱动力的产业融合框架更一般地分析产业融合的发生机制、推动产业结构优化升级的逻辑,并进一步基于模型结论分析互联网影响我国产业融合的现实。

第三节 互联网产业与传统产业的融合效应分析

一 模型假设

(一) 产业群

假设存在产业群 I,且包含 I_1、I_2、I_3,三产业构成统一封闭市场。产业间存在产业链网络,其简单形式如图 2-1 所示,其中 $S_{i,j}$ 为产业 i 与产业 j 的融合度,且 $0 < S_{i,j} < 1$。

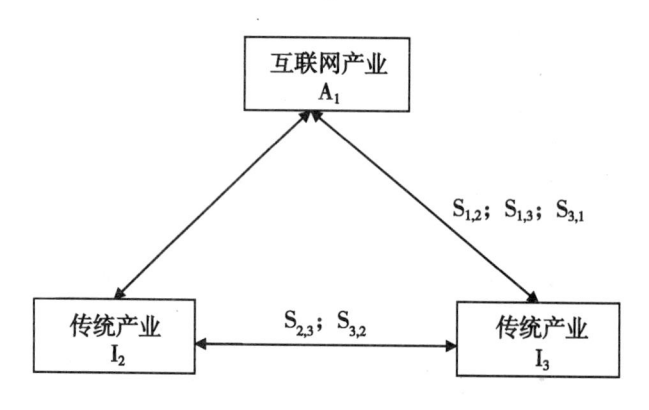

图 2-1 产业群及其相关融合度

(二) 产业增长函数

互联网的外部性是需求方规模经济的源泉,主要体现为用户数量的快速扩张(卡茨和夏皮罗,1985)。为了满足用户需求的快速扩张,在供给层面上,互联网产业必须加速成长,这可以由比其他产业更快的规模增长速度来表示。假设产业 I_1 为互联网产业,产业 I_2、I_3

为传统产业，则三个产业的生产函数可以分别表述为：

$$Y_1 = K_1^{\gamma} \quad (2-1)$$

$$Y_2 = K_2 \quad (2-2)$$

$$Y_3 = K_3 \quad (2-3)$$

其中，$\gamma > 1$，表示互联网产业的外部经济性，Y_i 为产出，K_i 为要素投入量，$i = 1, 2, 3$。另外，为了简便起见，再假设社会储蓄率为 δ，并且不随收入增长而变化，相关交易费用为零。

（三）互联网产业外部性

假设互联网产业 I_1 的代表性企业 s 在基期 T 的产出为 $Y_{1,s,T} = K_{1,s,T}^{\gamma}$，则在 T+1 期的产出为 $Y_{1,s,T+1} = (K_{1,s,T} + \Delta K_{1,s})^{\gamma}$。如果互联网产业 I_1 与传统产业 I_2、I_3 具有相同的增长模式，则代表性企业 s 在 T+1 期的产出为 $Y_{1,s,T+1} = K_{1,s,T}^{\gamma-1}(K_{1,s,T} + \Delta K_{1,s})$。① 假设所有互联网企业生产模式相同的话，则在宏观层面上可以将互联网产业的外部性表示为：

$$\chi = \frac{(K_{1,T} + \Delta K_1)^{\gamma} - K_{1,T}^{\gamma-1}(K_{1,T} + \Delta K_1)}{K_{1,T}^{\gamma-1}(K_{1,T} + \Delta K_1)} \quad (2-4)$$

假设传统产业能够接受的外部性为 $\lambda = \varphi\chi$，其中 φ 表示传统产业的吸收能力，$0 < \varphi < 1$。由于互联网产业具有强烈外部性，传统产业直接从互联网产业获取到的外部性可以写为 $S_{1,i}\lambda$，其中 $i = 2, 3$，这是互联网的直接外部性。另外，由于所有产业之间都具有一定的关联性，一个传统产业所获取的网络外部性并不仅仅直接从互联网产业 I_1 处获得，还可以从另外的传统产业处获得。例如，由于产业 I_j 与互联网产业 I_1 也具有关联性，因此，产业 I_i 还可以从产业 I_j 处获得间接外部性 $\varphi S_{1,j} S_{j,i} \lambda$，这是互联网经济的间接外部性。② 进而，传统产业 I_i 所能够获取的总的外部性为：

---

① 由于互联网产业由比其他产业更快的规模增长速度，因此从本质上讲，其外部性可以体现为对传统产业的示范效应。

② 需要注意的是，正常情形下，间接外部性小于直接外部性，即 $0 < \phi S_{j,i}\lambda < S_{1,i}\lambda < 1$。

$$\lambda_i = (S_{1,i} + \varphi S_{1,j} S_{j,i})\lambda \qquad (2-5)$$

二 产业群的增长

根据以上相关假设,经过简单计算,可以分别求得三个产业的经济增长速度如下:

$$G_{I_1} = (1 + \delta + \eta)^\gamma - 1 \qquad (2-6)$$

$$G_{I_2} = [1 + (S_{1,2} + S_{1,3}S_{3,2}\varphi)\lambda][\delta - (\frac{\Delta K_2}{K_2})_{-1}] \qquad (2-7)$$

$$G_{I_3} = [1 + (S_{1,3} + S_{1,2}S_{2,3}\varphi)\lambda][\delta - (\frac{\Delta K_3}{K_3})_{-1}] \qquad (2-8)$$

其中,G_{I_i} 表示产业增长率,K_i 为资本要素,ΔK_i 为资本转移量,$i = 1,2,3$。$(\ )_{-1}$ 表示受上期影响导致的资本投入变化率,$\eta = [\frac{\Delta K_2 + \Delta K_3}{K_1}]_{-1}$。

三 产业增长效应分析

(一) 互联网产业的增长效应

当 $\eta > 0$ 时,即互联网产业 I_1 获取的外部资本为正,互联网产业 I_1 利用其规模经济效应吸引了传统产业的资本,增长速度超过了正常情形;当 $\eta = 0$ 时,即互联网产业 I_1 获取的外部资本为 0,其增长速度保持不变;当 $\eta < 0$ 时,即互联网产业 I_1 获取的外部资本为负,则互联网产业的资本外流,其增长速度低于正常情形。

由此,当互联网产业是正在崛起的新兴产业时,其能够利用外部性吸引资本流入,加速产业成长,这是第一种情形;当互联网产业逐步沦为传统产业时,向其的资本转移将会逐渐停止,所有产业的增长速度相同,这是第二种情形;当新一轮的新兴产业开始形成时,互联网产业的资本将反过来向新兴产业转移,这是第三种情形。

(二) 传统产业的增长效应

当 $\delta - (\frac{\Delta K_i}{K_i})_{-1} > 0$ 时,即传统产业 I_i 的投资为正,增长速度为

正，产业扩张；当 $\delta - (\frac{\Delta K_i}{K_i})_{-1} < 0$ 时，即传统产业 I_i 的投资为负，增长速度为负，产业萎缩。这里需要注意的是，仅仅 $\delta - (\frac{\Delta K_i}{K_i})_{-1} > 0$ 并不能保证传统产业的增长速度比封闭情形的快。实际上，互联网既有通过外部性促使传统产业资本使用效率提升的"外溢效应"，又具有通过规模经济吸引传统产业资本，降低传统产业增长速度的"外溢效应"。当 $[1 + (S_{1,i} + S_{1,j}S_{j,i}\varphi)\lambda][\delta - (\frac{\Delta K_i}{K_i})_{-1}] \geq \delta$ 时，表明传统产业 I_i 的增长速度超过封闭情形，这时，互联网提升了传统产业 I_i 的生产率，互联网的"外溢效应"大于"极化效应"，传统产业获得快速增长；当 $[1 + (S_{1,i} + S_{1,j}S_{j,i}\varphi)\lambda][\delta - (\frac{\Delta K_i}{K_i})_{-1}] < \delta$ 时，表明传统产业的增长速度低于封闭情形，这时，互联网抑制了传统产业 I_i 的生产率，互联网产业的"外溢效应"小于"极化效应"，传统产业增长受到抑制。

四 产业融合效应分析

（一）互联网产业与传统产业之间的融合

当互联网的"外溢效应"大于"极化效应"时，随着互联网产业与传统产业融合度 $S_{1,i}$ 的不断增加，传统产业 I_i 所能够获取到的互联网产业的直接外部性将会越大，互联网对其的改造也就越深入，传统产业 I_i 的升级效应也就越明显；当互联网的"外溢效应"小于"极化效应"时，随着融合度 $S_{1,i}$ 的不断增加，即在互联网产业对传统产业 I_i 的改造不断深入的情况下，传统产业的资本将会不断流失，传统产业 I_i 在互联网的改造下将会逐渐衰退乃至消失。[1]

---

[1] 这方面的例子不少，而且还正在不断发生。以传统胶卷行业为例，柯达这家作为胶卷时代的王者，曾经占据着全球市场份额的三分之二，自从有了互联网，数码相机大行其道之后，柯达挣扎多年，并于2013年正式申请破产。

（二）传统产业之间的融合

在互联网产业 I_1 与传统产业 I_j 的融合通道畅通的情形下，传统产业 I_j 与传统产业 I_i 的融合系数 $S_{j,i}$ 越大，传统产业 I_i 所能够获取的间接外部性就会越大。在互联网产业与传统产业 I_j 的融合通道畅通的情形下，传统产业 I_i 不仅可以通过互联网产业获取直接外部性，而且还可以依靠间接外部性接受互联网的改造。由此可以发现，在间接外部性能够发挥作用的情形下，互联网产业对于传统产业的改造力度将会加大，改造速度将会加快。

当然，如果由于人为政策、法规的限制，使得传统产业 I_i 受到保护，即互联网产业与传统产业 I_i 的直接融合通道被"堵死"，那么，传统产业 I_i 获取互联网产业的直接外部性就受到抑制，将不能通过直接外部性获得互联网产业辐射。这时，如果互联网产业与传统产业 I_j 的直接融合没有受到限制，传统产业 I_j 至产业 I_i 的融合度 $S_{j,i}$ 较高的话，那么，传统产业 I_i 仍然可以通过间接外部性获取互联网产业辐射，间接推动产业 I_i 的升级改造。① 这实际上也表明了，互联网冲击之下的产业融合无处不在，很难通过垄断等行为对某一特定产业实施保护。

不过，这里需要注意的是，由于产业之间均具有一定的关联性，对某一产业的特定保护会使得该产业至其他所有产业的融合通道都受到抑制。因此，对于传统产业 I_i 的保护就不仅仅会伤害该产业本身，而且会在很大程度上抑制整体经济的优化升级。

（三）产业融合对产业增长的影响

为了分析传统产业之间的融合对各产业长期增长的影响，我们首先假设传统产业之间不存在融合的情况或者融合度很小，则（2-7）、（2-8）式将变为：

$$G_{I_2^*} = (1 + S_{1,2}\lambda)\left[\delta - \left(\frac{\Delta K_2}{K_2}\right)_{-1}\right] \qquad (2-9)$$

---

① 这里仅仅分析了最简单的一种间接外部性，即互联网产业通过一个产业与另一个产业进行关联。实际上由于现实中产业之间广泛的关联性，间接外部性可以更加复杂，但这不会影响本章研究结论。

$$G_{I_3^*} = (1 + S_{1,3}\lambda)[\delta - (\frac{\Delta K_3}{K_3})_{-1}] \quad (2-10)$$

将外部性公式代入,经过计算可得,$G_{I_2} > G_{I_2^*}$,$G_{I_3} > G_{I_3^*}$。也就是说,在这种情况下,传统产业 I_2、I_3 的增长速度将永远小于产业 I_1。

然后,我们对模型做进一步拓展。假设传统产业不只 I_2、I_3 两个产业与互联网产业 I_1 有联系,而且随着时间的推移,越来越多的产业与互联网产业建立了关联,则产业 I_2、I_3 的增长速度可以写为:

$$G_{I_2^*} = [1 + (S_{1,2} + \varphi \sum_{i=3}^{n} S_{1,i} S_{i,2})\lambda][\delta - (\frac{\Delta K_2}{K_2})_{-1}] \quad (2-11)$$

$$G_{I_3^*} = [1 + (S_{1,3} + \varphi \sum_{i=2, i \neq 3}^{n} S_{1,i} S_{i,3})\lambda][\delta - (\frac{\Delta K_3}{K_3})_{-1}]$$
$$(2-12)$$

其中,$\eta = [\sum_{i=2}^{n} S_{i,1} \Delta K_i / K_1]_{-1}$。以传统产业 I_2 为例,若 $\delta - (\frac{\Delta K_2}{K_2})_{-1} > 0$,则传统产业 I_2 的增长率必然为正值。在这种情况下,随着传统产业 I_2 与包括互联网产业在内的其他产业之间关联广度、深度的不断增加,外部性系数 $\sum_{i=3}^{n} S_{1,i} S_{i,2} \varphi \lambda$ 会随之增大,进而提升产业 I_2 的增长速度,随着增长速度不断加快,$(\frac{\Delta K_2}{K_2})_{-1}$ 也会不断减少,这将促使传统产业 I_2 加速增长。对于传统产业 I_3 来说,其与产业 I_2 的分析完全一致。

可以预见到的是,在这个过程中,互联网产业 I_1 的增速会逐渐回落,随着越来越多的传统产业与互联网产业相融合,最终通过市场对资源的优化配置,各产业的增长速度将会趋于长期均衡,① 互联网产业最终也会沦为"传统产业",② 从而完成一轮的产业融合。

---

① 该结论通过简单计算即可得到,且在直觉上也是成立的。
② 腾讯 CEO 马化腾 2014 年为万科团队做的主题演讲"互联网最终也会成为传统行业"中也提到了这一点,网址:http://news.52pk.com/cyyw/20140812/6133914.shtml。

五 产业融合下的结构演化升级

上述理论分析清晰地阐释了互联网驱动下的产业融合机制及其过程。现实中，随着互联网对传统产业的渗透和改造不断加强，与互联网相关的技术和商业模式等不断应用到传统产业上，传统产业与新兴产业会互相融合，互相促进，致使产业边界发生交叉，甚至消失，并引发传统产业的分化、解体和重组。在统计层面上，以互联网为首的新兴产业无法脱离传统的工业、农业和服务业的产业概念来界定该类产业活动。因此，产业融合的一个重要结果是，新兴产业所涵盖的产业活动成为原三次传统产业活动的一部分，传统产业活动的深度和广度以及经济活动中分工、协作和专业化水平也因此不断提高、形式日趋多样（韩顺法、李向民，2010）。

因此，当互联网与传统产业融合逐渐完成时，一轮产业结构升级也就完成，这表面看起来又回到了原始起点，但是，毫无疑问，这将处在一个更高级的发展阶段，是一个螺旋式上升的过程，是一个哲学层面所谓的"否定之否定"的过程。我们认为，这正是产业结构演变的逻辑。具体说来，可以简单地把产业系统分为以互联网为代表的新兴产业和传统产业两大部分，那么这两者就分别是其中的子系统。假设 A 和 B 分别为互联网产业和传统产业的子系统状态，那么整个产业结构的状态就由这两者共同构成，假设 $IS = f(A(t), B(t))$。

产业结构在两个子产业系统的共同作用下优化升级。当以互联网为代表的新兴产业是产业结构演变的推动性力量，而传统产业生产运作模式则是一种限制性力量时，产业结构演变由限制性力量和推动性力量共同决定。当一种力量以直线进行而同时另一种力量对其进行反向牵制时，产业结构不得不作回旋状态不断前进，即成为摆线状态或螺旋线状态。当新兴产业与传统产业完全融合后，升级力量消失，两者增长速度将趋于同步，产业结构演变停止（孙军、高彦彦，2012；亦可参见本书第 1 章）。

第四节　产业融合实践

一　一些现状

（一）互联网产业快速成长

在需求层面上，2012年，马云与王健林所谓的"1亿赌局"预示了电商零售业潜在的巨大需求。数据显示，2013年，中国的活跃智能设备总量从3.8亿台增至7亿台（麦肯锡全球研究院，2014），同年"双11"线上购物平台淘宝和天猫的销售额就超过了362亿元人民币，而2014年的"双11"，该销售额达到了571亿元，增幅达到了57.7%。腾讯财报显示，2014年2季度末，QQ月活跃账户数达到8.29亿，微信和WeChat（微信海外版）合并月活跃账户数达4.38亿。截至2014年6月，中国的网民规模达到6.32亿，且在持续增长（中国互联网信息中心，2014）。在供给层面上，2013年，董明珠与雷军所谓的"10亿赌局"预示了互联网对工业企业潜在的巨大影响力。考虑到互联网的发展速度和各行业的运用程度，预计2013年至2025年，互联网将帮助中国提升GDP增长率0.3—1.0个百分点。这就意味着，在这十几年中，互联网将有可能在中国GDP增长总量中贡献7%到22%。到2025年，这相当于每年4万亿到14万亿元人民币的年GDP总量（麦肯锡全球研究院，2014）。不过，到目前为止，中国的互联网成长更多地反映了消费者驱动的形态（麦肯锡全球研究院，2014）。

（二）互联网冲击下的传统产业深度变革

在服务行业，具体说来，在金融市场，目前来看，互联网金融包括第三方支付、P2P小额信贷、众筹融资、新型电子货币以及其他网络金融服务平台。央行发布的《中国金融稳定报告（2014）》数据显示，我国互联网金融规模已接近10万亿元，而央行给出的数据显示，2013年中国M2余额110.65万亿元，互联网金融规模已接近M2的十分之一。在教育市场，艾瑞咨询相关数据显示，2008年国内网络教育市场规模约为352.2亿元，到2013年已达到839.7亿元。随着互联网渗透率进一步提升和在线教育消费习惯的养成，在线教育市场的规模正在加速扩大。在医疗市场，医疗与移动互联网的融合逐渐成为一种新的趋势，移动互联网为移动医疗提供渠道，移动互联网催生医疗的各个细分领域的快速发展，如诊断、个人照护、治疗等。尚普咨询数据显示，2013年我国移动医疗市场规模为23.6亿元，同比增长26.9%。国际数据公司（IDC）报告显示，2012年中国医疗行业IT花费是170.8亿元。在物流行业，以阿里巴巴为例，其旗下菜鸟网络科技有限公司的物流包裹占到中国物流总量的60%以上。目前，阿里巴巴正在利用互联网技术，建立大数据应用平台，为物流公司、仓储企业、第三方物流服务商、供应链服务商提供服务，支持物流业向高附加值领域发展和升级。互联网物流正通过网上采购和配销，使企业更加准确和全面地把握消费者的需要，在实现基于顾客订货的生产方式的同时减少库存，降低沟通成本和顾客支持成本，增强销售渠道开发能力的战略。此外，互联网在交通、旅游、娱乐等传统领域的智能应用，也有力地推动了信息消费和现代信息服务的发展。毫无疑问，随着电子商务的蓬勃发展，物流、信息流和资金流等商业过程的价值传递环节已全面被渗透和改造，互联网已经实现了数字世界和物理世界的融合，减少甚至消灭了中间环节，重构了商业链条。

在制造行业，互联网开始向价值创造环节渗透，当前，互联网应用正在渗入工业产品研发设计、生产控制、供应链管理、市场营销等环节。例如，以海尔、格力、小米等为代表的大量中国制造业企业已经走上了互联网的道路。互联网对制造业的改造惊人，以小米手机为例，小米手机是一款由小米科技研发、由英华达和富士康代工制造的MIUI平台智能手机。该手机首次亮相于2011年8月16日。2013年，小米总计售出了1870万台手机，增长160%，含税收入316亿元，增长150%。这里需要注意的一点是，关于互联网与制造业的关系，不同的企业家给出了不同的看法，马云认为互联网是一种工具，一种与传统思维兼容的工具，认为传统行业触网的最佳模式是诸如淘宝、天猫合作，利用电商渠道以及网络；董明珠认为互联网是渠道，服务于传统制造业；张瑞敏强调互联网是一种思维，互联网思维包含两个层面：一是并行生产，即消费者、品牌商、工厂、渠道、上游供应商利用互联网技术全流程参与；二是经营用户，未来制造业需要通过自己的产品找到用户，与用户互动，了解用户的需求，然后确定新品开发，周而复始；雷军互联网思维的核心包括：互联网时代的全球分工、粉丝经济、全流程跟踪的体验经济、并行开发的产品开发模式等逻辑。[①] 华为同时也认为互联网是一种思维，但是华为的做法与海尔不同，面对互联网浪潮，华为选择的是"聚焦"。任正非指出："互联网还没有改变事物的本质，现在汽车还必须首先是车子，豆腐必须是豆腐……"，也就是说，在互联网思维模式下，华为选择的是"+互联网"而不是"互联网+"。[②]

在农业领域，互联网有力提升了传统农业。通过互联网技术以及思想的应用，互联网正在从金融、生产、营销、销售等环节彻底升级传统的农业产业链，提高效率，改变产业结构，最终发展成为克服传统农业弊端的"互联网农业"。例如，恒大集团种植的有机大米等产品将通过阿里提供的电商平台进行售卖，阿里巴巴首个互联网定制私人农场——"耕地宝"已启动，银华基金与大北农集团合作推出"农富宝"，成为首个针对农牧行业中农户所设计的类余额宝产品等。

二 互联网与传统零售产业融合度的一个简单测算

对产业融合的测算一般从技术、市场、产品、企业、制度等层面入手，不同的融合方式都有其特定的属性（马健，2003）。由于传统

[①] 本章的理论模型似乎更接近马云的认识。当然，如果把互联网思维也作为一个"产业"的话，那么上述的这些差别就仅仅在于互联网与传统经济的融合方式上，差别就没看起来的那么大了。

[②] 相关信息请参考华为发布的 2014 行业趋势展望《用趋势赢未来，数字化重构新商业》，网址：http://www.huawei.com/ilink/cn/special-release/HW_323283。

零售产业具有点多、线长、面广的特征，正在以 B2C、C2C 等模式与互联网产业快速融合，因此，在测度其产业融合度方面，本章认为，选取市场融合作为切入点，对于目前研究互联网产业与传统零售业产业融合较为适宜。[①]

本章对于融合度的计算如下：首先，与 Gambardella and Torrisi （1998）和梁伟军、易法海（2009）等一致，本章根据赫芬达尔指数（Herfindhal index，简称 HI）对市场融合度进行测算，该指数的计算公式为：

$$HI = \left(\frac{a_1}{a}\right)^2 + \left(\frac{a_2}{a}\right)^2 \quad (2-13)$$

其中，a_1 为线上社会商品零售交易额，a_2 为线下社会商品零售交易额，a 为社会商品零售交易总额。

其次，在正常情况下，并不是一个产业（一种模式）完全能够替代另外一个产业（一种模式），因此产业融合最终会有一个均衡点。由此，赫芬达尔指数只能表明产业融合的进程，并不能说明融合的程度或深度问题。为了克服赫芬达尔指数的缺陷，本章构建新的测算融合度公式如下：

$$RI = \left(x - \frac{a_1}{a}\right)^2 + \left(x - \frac{a_2}{a}\right)^2 \quad (2-14)$$

其中，x 为线上和线下完全融合之后，线上交易额所占的比重，该值即为均衡的一个融合度。显然，RI 指数与赫芬达尔指数一样，该值越小融合度也越大。

我们选取 2009 年第 1 季度到 2015 年第 2 季度 26 个时间序列的社会商品零售交易总额、线上社会商品零售交易额和线下社会商品零售交易额来测算相关融合度。本章数据均来源于国家统计局季度报表和

---

① 实际上，互联网对传统零售产业的融合并不仅仅表现在市场融合上。例如，阿里巴巴 COO 张勇认为，电子商务不是 C2C，也不是 B2C，未来一定是 C2B，就是消费者主导，大规模的个性化定制和柔性化生产，最终驱动整个商业的变化。相关资料可参见 http://www.donews.com/net/201412/2870949.shtm。

Wind 资讯数据库。

由于并没有相关文献对线上和线下商品零售最终完美融合情况各自所占比重情况进行研究，因此为了对不同的情况进行分析，本章在这里分别为 x 赋值为 20%、40% 和 50%。最终相关指数的计算结果如图 2-2 所示。

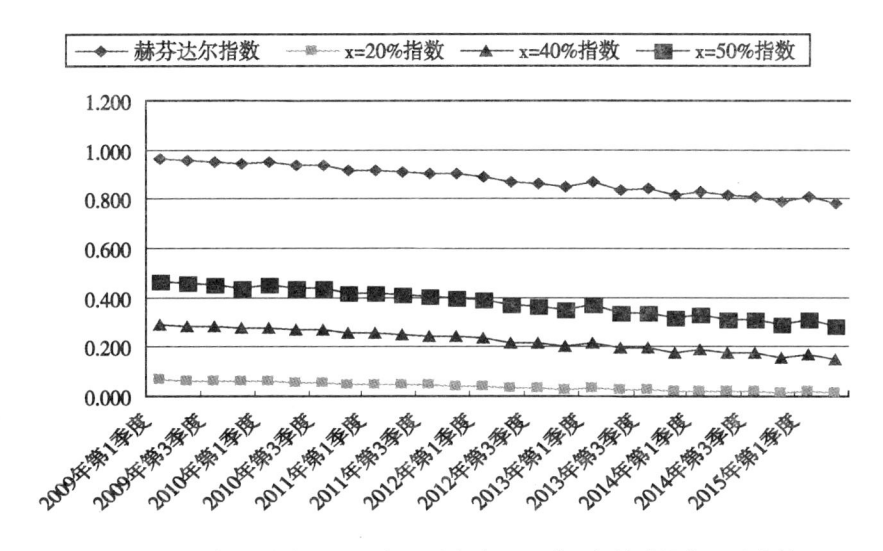

图 2-2 2009 年 1 季度—2015 年 2 季度我国互联网与传统零售业融合情况

结果显示，赫芬达尔指数由 2009 年第 1 季度的 0.966 降到 2015 年第 2 季度的 0.781；$x = 20\%$ 的 RI 指数从 0.067 降到 0.011，$x = 40\%$ 的 RI 指数从 0.293 降到 0.151，$x = 50\%$ 的 RI 指数从 0.466 降到 0.281。由此，不论是哪种指数，2009 年第 1 季度以来融合度都是在不断增加的（即指数减少）。

需要注意的是，本章新构建的 RI 指数与赫芬达尔指数相比明显比较小，即融合度明显比较大。而且需要注意的是，x 赋值越小则其融合幅度就越大，这表明，如果互联网与传统产业完全融合之后线上交易所占比重越小，则融合度就越大。实际上，这也表明，由于互联网与不同传统产业之间的融合深度并不一致，用赫芬达尔指数进行计算产业融合度并不准确。

三 产业融合的政策陷阱

虽然产业融合正在我国大地上"如火如荼"地展开，提高了企业绩效，推动了产业结构优化升级。但是迄今为止，在很多行业，由于各种各样的原因，产业融合仍然不能够有效进行。这其中，政策、法规的限制又是其中最重要的原因之一，这里仅举一例说明。

2014年6月中旬，国家新闻出版广电总局网络司针对互联网电视牌照商，下发了《关于立即关闭互联网电视终端产品中违规视频软件下载通道的函》。该函要求，立即关闭其所有互联网电视终端产品中，各类商业视听网站客户端软件及各类视频聚合软件和互联网浏览器软件的下载通道，并对已经下载的软件立即予以技术处理，在未完成整顿之前，不得发行新的互联网电视终端产品。如果不能有效解决网上有害节目通过其互联网电视集成平台的终端产品进入电视机的问题，则要追究开办主体的责任。网络司颁布该函的政策依据是原广电总局2011年发布的181号文件《持有互联网电视牌照机构运营管理要求》（以下简称"181号文"）。该文件规定，互联网电视集成机构所选择合作的互联网电视终端产品，只能唯一连接互联网电视集成平台，终端产品不得有其他访问互联网的通道，不得与网络运营企业的相关管理系统、数据库进行连接。

随着该函的颁布，互联网电视失去了"互联网内容"，包括优酷、乐视、爱奇艺、搜狐视频等在内的电视端视频APP被下架，互联网与传统电视融合而成的互联网电视发展受到抑制，从而阻碍了该行业的发展。尽管我们无法确切知道网络司出台该函的动机，但是，181号文第二条至少告诉了我们部分原因：该条规定，互联网电视集成平台只能选择连接广电总局批准的互联网电视内容服务机构设立的合法内容服务平台。

不过，就像本章理论分析所预示的那样，虽然互联网与传统电视业之间的直接融合通道受到限制，但由于互联网所具有的颠覆性"力量"和"无孔不入"的特点，互联网与传统电视业新的融合模式也正在出现。①

第五节　研究结论与政策建议

　　鉴于互联网冲击下的产业融合对经济社会发展的巨大的综合影响，本章通过理论建模，从直接外部性和间接外部性两个角度入手，用融合度这个变量对互联网经济作用于传统产业的机制及其演变过程进行了考察。研究发现，互联网经济能够依靠其强大的外部性获得快速增长，同时对传统产业产生双重效应：促进传统产业增长的"外溢效应"和抑制传统产业增长的"极化效应"。互联网产业可以通过直接外部性和间接外部性两种方式作用于传统产业，正常情形下，直接外部性大于间接外部性。不过，当互联网与传统产业之间的直接通道受到限制时，间接外部性就成为互联网产业改造传统产业的最重要方式。由此可以推测，由于所有产业之间都具有关联性，并且大多数产业并没有受到政策限制，在互联网时代，政府通过政策、法规等手段对一些行业进行保护的效果将肯定会大打折扣，最终受保护的行业仍然会被互联网所辐射。

　　不过，这里需要注意的一点是，如果由于人为因素，使我们不能抓住和利用互联网冲击下产业融合所提供的诸种发展机会，那么当别人通过更积极的态度及其战略获得这种收益时，我们将会落后。因此，打通包括互联网产业在内的各个产业之间的融合通道是一个必然选择。从长期来看，随着融合的深化，互联网产业与传统产业的增长速度将趋于均衡状态，这两者之间将是一个良性互动、最终齐头并进的一个过程，以此为基础的产业结构优化升级可以用一个螺旋式上升模型来刻画。

---

　　① 例如，有的家电企业内部人士就认为，互联网电视未来可能会向两个方向发展，要么它就是接入广电机顶盒的显示终端，要么它就变成一个单纯的屏幕，所有的互联网内容都来自于手机或其他移动设备，将内容投射到大屏幕上。资料来源：http://news.xinhuanet.com/fortune/2014-10/09/c_127075616.htm。

本章的上述分析具有重要的政策含义。第一，加大互联网产业的基础设施和基础研究的投入，制定推动互联网产业快速发展的产业技术政策。这里需要注意的是，利益驱动下的互联网产业并不一定是良性发展的，政府有义务对互联网产业进行有序良性引导。第二，改革传统产业规制，破除部门利益，取消或减少互联网企业进入被规制产业的相关政策、法律壁垒，为产业融合创造比较宽松的政策和制度环境。第三，破除传统产业部门之间的分割与行政垄断，整合"多头"管理的体制机制框架，促使资源能够在行业之间自由流动，加快推进各个产业间的融合进程。

本章研究的不足之处在于，由于一方面互联网经济的涵盖范围没有被完全界定清楚，另一方面在相关统计年鉴中并没有与互联网经济相对应的统计数据，用传统的投入产出法、灰色关联法等分析工具并不能测算出互联网经济与传统产业之间的融合度，因此，本章的实证部分更侧重于对现实的描述性分析。我们相信，随着对互联网产业的进一步界定、统计数据的不断完善以及计算方法的不断更新，对于互联网与传统产业之间融合度的较准确测算和分析将成为可能，对于互联网的作用和意义将会被进一步揭示，这也是未来研究的重点。

第三章

网络外部性与平台竞争策略演变

第一节 引言

当人类进入到互联网时代之后，通过互联网的网络效应，网络平台的价值和作用显得愈加突出和重要。网络效应是互联网时代的典型特征，当一位用户从一种产品或者服务中得到的价值取决于使用相同或者相似产品的其他用户的人数时，网络效应就出现了（法勒尔和沙龙，1984、986；卡茨和夏皮罗，1985）。梅特卡夫法则（Metcalfe's Law）严格地表述了网络效应，并演示了网络效应的正反馈原理。基于互联网的上述特征，在互联网时代，人们选择产品时不但要考虑其单独消费时的价值，而且还要考虑其网络价值。

值得注意的是，在现实中，消费者的效用不仅来自网络效应，也来自多样化的消费。从企业竞争的角度来看，企业不仅可以从网络效应中获得好处，也可以从产品差异化中获得竞争优势。产品的差异性丰富了市场，为消费者提供了多种选择，但也带来了不兼容问题，降低了消费者的网络效用。因此，将网络效应同消费者选择与产品差异化理论结合起来研究产业组织中的企业竞争策略以及市场绩效将是互联网时代的一个重要研究领域。

目前该领域的相关研究基本上围绕着 Hotelling 模型展开，该模型是研究产品差异化竞争的经典模型，是分析企业选址、定价两阶段博弈的有效工具。德阿斯普雷蒙（d'Aspremont et al., 1979）在 Hotelling 模型的基础上建立了一个新模型（以下简称 A – G – T 模型），研究了消费者均匀分布于一条街道，生产同质产品的两企业同时选择厂址，然后进行价格竞争的情况。A－G－T模型假设消费者的保留价格足够大，使得整个市场完全被覆盖，其结论表明企业为了弱化竞争，将厂址设于街道的两端点，即选择最大产品横向差异，此结论称为最大差异化原则。博肯（Bockem，1994）放宽了A－G－T模型中对整个市场被完全覆盖的条件限制，在更一般的情况下进行了研究，结果表明当市场不能完全被覆盖时，企业将不再遵循最大差异化原则，而将厂址向中间移动，以扩大市场份额。不过，上述研究并没有将网络效应因素考虑进去。

张地生和陈宏民（2000）在Hotelling模型的基础上建模指出，网络效应的存在加剧了厂商竞争。汪淼军和励斌（2003）证明了存在网络效应时市场价格低于没有网络效应时的市场价格，网络效应加剧了厂商之间的竞争。王国才和陶鹏德（2007）发现，网络产品差异化竞争遵循最大差异化原则，当某种网络产品成为主流化产品时，将比非主流化产品表现出更强的网络外部性，并且价格和厂商利润均高于非主流化产品。徐兵和朱道立（2007）指出，由于网络效应的存在，消费者效用会相互依赖，网络产品的市场份额既是消费者选择的结果，又是消费者选择的依据。

这些研究从不同角度拓展了Hotelling模型的适应范围和对新经济的解释能力，但是这些研究并没有将当下企业的最新竞争模式——平台竞争纳入其中，因而并不能对当下互联网经济的一些新现象做出有效解释。例如，滴滴和快的两大在线打车应用之间竞争一度将产品的价格定为负值，且最终合并为一家企业。这些平台竞争新现象超出了传统产业组织理论和已有研究的解释范围。互联网经济模式下传统产业组织理论正面临挑战，亟须创新和发展（朱乾龙、钱书法，2009）。本章将基于Hotelling模型，在保留A－G－T模型和博肯（1994）等文献的市场假设的条件下，对已有研究进行拓展，分析了存在网络效应时两企业的选址问题，通过选址问题分析企业的平台竞争策略，并研究当企业能够将网络效应收益内部化时所导致的竞争结果。

研究结果表明,网络效应的存在将会改变传统产业组织理论对企业竞争行为结果的预测。由市场规模增长带来的网络效应使企业之间的价格竞争趋于"无底线化"和同质化。产品的实际均衡价格可以为负,即平台企业对消费者进行补贴。在巨大网络效应的刺激之下,寡头垄断的市场结构难以维系,寡头兼并成为可能。滴滴和快的打车软件之间的竞争与兼并案例反映了网络效应在平台企业的同质产品价格竞争中所发挥的根本性作用。

第二节 产品差异化和网络效应替代视角下的竞争策略

一 模型设定

(一) 消费者方面

与德阿斯普雷蒙等 (1979) 和张地生等 (2000) 的设定一致,假设具有不同偏好特征的消费者均匀分布在 [0, 1] 区间,消费者的偏好特征用 X_c 表示,在一个产业中,现有两个企业向市场提供产品,产品特性是单维的,企业 i 提供具有 X_i 特性的产品,其中 $i = 1$, 2,且 X_1 和 X_2 都在 [0, 1] 区间服从均匀分布。假设具有 X_c 偏好特征的消费者消费一单位企业 i 的具有 X_i 特性的产品的效用损失为 $(X_c - X_i)^2$,即等价于具二次运输成本。假设产品之间的网络效应是连续的,取决于产品之间的特性差异度:当产品特性差异越大,其网络效应会越小。

由于产品具有网络效应,消费者消费 Q_i 单位 X_i 产品可以获得的来自 X_i 产品消费者的消费外部性为 μQ_i;消费者消费 Q_j 单位 X_j 所获得的来自 X_j 产品消费者的消费外部性为 $\mu(1 - |X_2 - X_1|)Q_j$。为了简化分析,令 $X_2 > X_1$,则该式可以转化为 $\mu(1 - (X_2 - X_1))Q_j$。Q_i 和 Q_j 为两种产品的销量。由此,消费者消费一单位具有 X_i 特征的产品

的网络效用为 $\mu(Q_i + Q_j) - \mu(X_2 - X_1)Q_j$。该式子前半部分代表两种具有网络效应的产品所带来的消费者效用,后半部分代表由于两种产品的差异导致消费一种产品而放弃另外一种产品所带来的网络效用的损失。具有 X_c 特征的消费者消费一单位 X_i 产品的效用为:

$$U_i^{X_c} = R - P_i - (X_c - X_i)^2 + \mu(E(Q_i) + E(Q_j)) - \mu(X_2 - X_1)E(Q_j) \quad (3-1)$$

其中,R 代表消费者的保留价格,P_i 为产品 i 的市场价格。另外,假设所有消费者具有相同的保留价格,能理性预期到两个企业的销量,并且企业知道所有消费者能理性预期到两企业的销量。因此,上式可以改写为:

$$U_i^{X_c} = R - P_i - (X_c - X_i)^2 + \mu(Q_i + Q_j) - \mu(X_2 - X_1)Q_j \quad (3-2)$$

假设 R 足够大,使得整个市场被覆盖,且每个消费者只消费一单位产品,则 $Q_i + Q_j = 1$。另外,为了简化,令 $X_1 = a$,$X_2 = 1 - b$,$X_2 - X_1 = 1 - a - b = c$。再假设具有偏好特性 $X_c = x$ 的消费者消费一单位 1 产品和消费一单位 2 产品的效应是没有任何区别的,即满足:

$$U_1^x = U_2^x \quad (3-3)$$

由 (3-2) 和 (3-3) 式可得:

$$x = \frac{1 + a - b}{2} + \frac{\mu(Q_1 - Q_2)}{2} + \frac{P_2 - P_1}{2c} \quad (3-4)$$

由效用函数可知:凡偏好特性属于 [0, x] 区间的消费者将消费产品 1;凡偏好特性属于 [x, 1] 区间的消费者将消费产品 2。则企业 1、2 的销量分别为 $Q_1 = x$,$Q_2 = 1 - x$,代入上式可得到企业 1 和 2 生产的两种产品的需求函数:

$$Q_1 = \frac{1 + a - b}{2(1 - \mu)} + \frac{P_2 - P_1}{2c(1 - \mu)} - \frac{\mu}{2(1 - \mu)} \quad (3-5)$$

$$Q_2 = \frac{1 - a + b}{2(1 - \mu)} + \frac{P_1 - P_2}{2c(1 - \mu)} - \frac{\mu}{2(1 - \mu)} \quad (3-6)$$

其中，第一项表示已有市场，第二项表示价格竞争所获得市场，第三项反映了网络效应对己方市场需求的负面影响。当 $\mu = 0$ 时，网络效应等于零。

（二）生产者方面

由于产品网络效应的存在，不同于已有研究关于企业目标函数的假设，我们假设企业收益函数不仅仅包括企业在该产品上取得短期利润，P_iQ_i，还包括企业通过该产品获取对企业收益有关的数据和信息等，即外部性收益 γQ_i。为了简化分析，假设两企业的边际成本为零，由此可以将企业收益最大化问题表示为：

$$\max \Pi_i = P_iQ_i + \gamma Q_i \qquad (3-7)$$

（3-7）式的前半部分为传统利润，后半部分为产品的网络效应收益。① $\gamma > 0$，为平台效应系数。毫无疑问，该系数越大，网络效应在企业收益中所占的比重将越大，该产品在企业平台战略中所起到的作用也就越大。

（三）两阶段博弈分析

假设两企业在第一阶段进行产品定位博弈，第二阶段进行 Bertrand 价格竞争。我们采用逆向归纳法对此博弈进行求解，即首先求解第二阶段企业的收益最大化问题。由一阶条件 $\partial \Pi_i / \partial P_i = 0$ 可以得到企业 i 的价格反应曲线为：

$$P_1(P_2) = \frac{(1 + a - b - \mu)c}{2} + \frac{P_2}{2} - \frac{\gamma}{2} \qquad (3-8)$$

$$P_2(P_1) = \frac{(1 - a + b - \mu)c}{2} + \frac{P_1}{2} - \frac{\gamma}{2} \qquad (3-9)$$

可以看出，两企业的价格反应曲线向上倾斜，这说明两企业的价格互补，即产品之间为战略替代关系。此时存在唯一的价格均衡。网络效应的存在使两企业的价格反应曲线向原点移动，导致均衡价格下降。该效应如图 3-1 所示。

---

① 只要企业可以将其网络效应内部化，那么，收益函数形式的改变并不能改变这里的主要结论。后文将对此进行讨论。

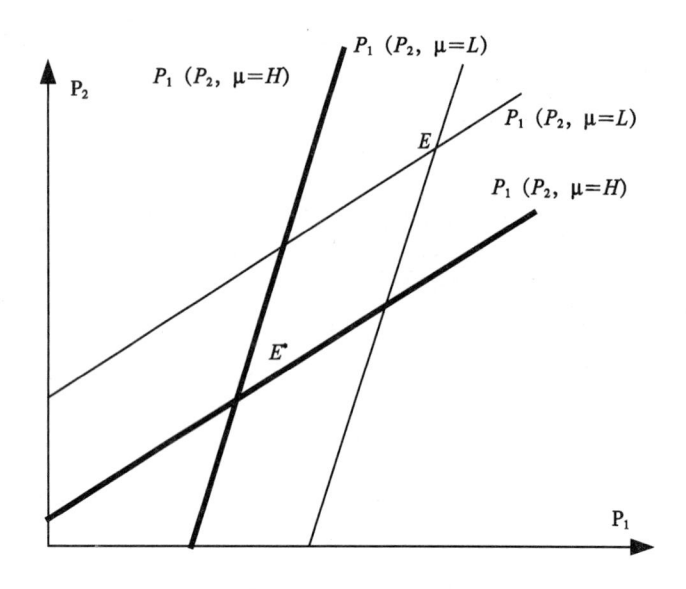

图 3-1 价格反应函数：价格大于 0 的情形

结合（3-8）式和（3-9）式可以进一步求出两企业的产品价格，分别为：

$$P_1 = \frac{(3+a-b-3\mu)c}{3} - \gamma \qquad (3-10)$$

$$P_2 = \frac{(3-a+b-3\mu)c}{3} - \gamma \qquad (3-11)$$

由（3-10）式和（3-11）式可以看出，当消费者消费产品的网络效应 μ 足够大，$P_1 \leq 0, P_2 \leq 0$ 成立。此时，价格反应曲线的均衡点可以如图 2 所示。换言之，网络效应足够大，企业之间的竞争将导致均衡价格为负，企业为了做大市场规模，最优策略是对消费者进行补贴。

现在我们转向第一阶段的产品差异博弈。企业在第一阶段进行产品定位时，一方面，如果两企业的产品定位太近，即产品差异小，会导致企业在第二阶段的竞争过于激烈，我们称之为竞争效应；另一方面，由于网络效应具有正反馈作用，即当某一企业的市场份额越大，其网络效应越大，导致消费者更倾向于消费该企业的产品，而这又进

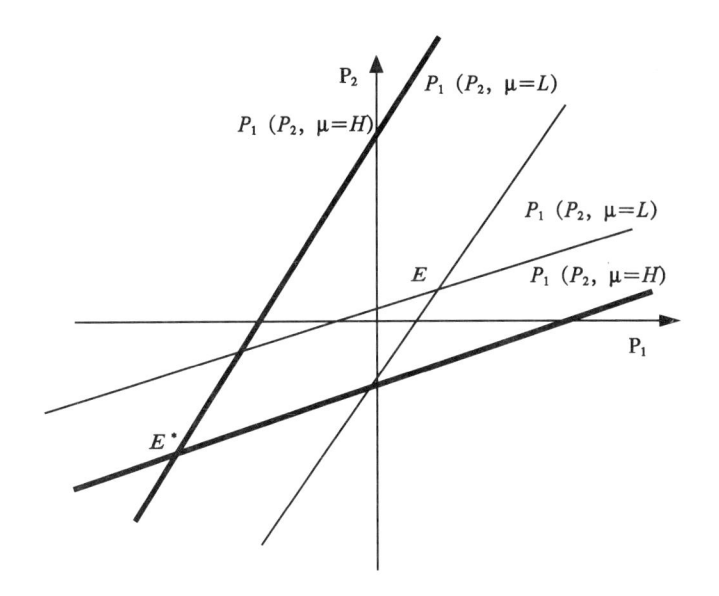

图3-2 价格反应函数：价格小于0的情形

一步增强了该企业的市场份额。因而，企业总是想扩大其市场份额，在产品定位时总希望向中间（即减小差异化）方向移动，我们称之为市场效应或网络效应。

将（3-10）式和（3-11）式代入到（3-5）式和（3-6）式可以求得企业产品销量分别为：

$$Q_1 = \frac{3+a-b-3\mu}{6(1-\mu)} \quad (3-12)$$

$$Q_2 = \frac{3-a+b-3\mu}{6(1-\mu)} \quad (3-13)$$

由此可以求得企业的收益分别为：

$$\Pi_1 = \frac{(3+a-b-3\mu)^2 c}{18(1-\mu)} \quad (3-14)$$

$$\Pi_2 = \frac{(3-a+b-3\mu)^2 c}{18(1-\mu)} \quad (3-15)$$

由（3-14）和（3-15）式可知，$\Pi_1 > 0$、$\Pi_2 > 0$，而且各自收益并不受竞争效应和网络效应的影响，即在均衡情况下，不论企业如何定位，最终的网络效应和竞争效应会相互抵消，即企业产品之间竞争所付出的代价将被网络效应刚好弥补,形成该结果的原因在于(3-7)式对于网络效应的假设。

二 模型的拓展:何时网络效应发挥作用?

如果网络效应给企业所带来的收益更大,也就是说该产品在企业平台战略中所起到的作用越大,那么,随着网络效应的增加,企业的收益反而可能会出现递增的趋势。

为了分析这种情形,假设企业收益最大化问题为:

$$\max \Pi_i = P_i Q_i + \frac{1}{2}\gamma Q_i^2$$

类似地,该式前半部分表示利润,后半部分表示为网络效应收益。与上文不同的是,$\frac{1}{2}Q_i^2$ 为平台规模,在前面加上 1/2 仅仅是为了简化。经过与上面相似的计算过程,可以得到:

$$P_1(P_2) = (1 + a - b - \mu)cs + sP_2 \qquad (3-24)$$

$$P_2(P_1) = (1 - a + b - \mu)cs + sP_1 \qquad (3-25)$$

$$\Pi_1 = (2c - 2c\mu - \frac{1}{2}\gamma)Q_1^2 \qquad (3-26)$$

$$\Pi_2 = (2c - 2c\mu - \frac{1}{2}\gamma)Q_2^2 \qquad (3-27)$$

其中,$s = \dfrac{2c(1-\mu) - \gamma}{4c(1-\mu) - \gamma}$。由此可知,如果 $(1-\mu)c \geq \dfrac{1}{2}\gamma$,那么:

$$\frac{\partial Q_1}{\partial P_1} < 0,\ \frac{\partial \Pi_1}{\partial Q_1} \geq 0,\ \frac{\partial Q_2}{\partial P_2} < 0,\ \frac{\partial \Pi_2}{\partial Q_2} \geq 0。$$

也就是说,在网络效应足够大的情形下,内部化网络效应将为企业提供足够高的收益,促使企业进一步降低产品价格,深挖产品需求空间,扩大网络效应,这反过来又使企业获取更大的收益,完全能够实现"堤外损失堤内补"。

综合以上分析,我们可以得到以下主要结论,即在存在网络效应,并且企业可以通过平台将其内部化的情况下,网络效应即市场效应越大,价格竞争效应就越激烈,网络效应的不断增强会使企业定位愈发偏离最大差异化原则,结果网络效应所带来的收益远远大于竞争效应所带来的损失。为了获取更多的市场,企业进行最激烈的"无底线竞争",寡头企业并不能实现寡头垄断。在这种情形下,两个企业最终都将在中间选址(即生产无差异产品),并且通过兼并重组来做大平台,充分发挥网络效应,结果降低了竞争效应。

这些结论与两大传统产业组织理论并不一致。哈佛学派认为,寡占的市场结构会产生寡占的市场行为(高定价),进而导致不良的市场绩效特别是资源配置的非效率。以斯蒂格勒为代表的芝加哥学派则认为,只要现存企业面临着潜在进入者的竞争压力,即使市场中存在着某些垄断势力或不完全竞争,长期的竞争均衡状态也能够通过价格机制来实现。这些理论并不能够解释互联网背景下这种新兴的产业结构,有的研究(如史忠良,刘劲松,2002)将这种新兴网络市场结构称之为竞争性垄断市场结构。因此,我们拓展了传统产业组织理论关于企业竞争策略的研究结论。在互联网时代,企业的竞争形态正在发生着跃迁,平台竞争成为新的制高点,互联网平台战略已经演变为大企业积极构建的一种全新商业模式。接下来,我们将运用打车软件的竞争历史来阐述上述理论。

第三节 模型的应用:以打车软件为例

一 滴滴和快的竞争史

2012年,滴滴打车在北京中关村诞生,9月9日正式在北京上线,上线第一天全北京只有16个司机在线。快的打车第一版APP于2012年6月15日推出,8月正式在杭州上线。此后,两大打车软件公司分别获得多轮融资。滴滴打车于2012年9月获金沙江创投投资300万美元的A轮投资,于2013年4月25日获得腾讯产业共赢基金1500万美元的B轮投资,于2014年1月2日从中信产业基金和腾讯产业共赢基金获得1亿美元的C轮投资，于2014年12月11日从中投公司、淡马锡、腾讯产业共赢基金获得7亿美元D轮投资。快的打车则于2013年4月10日从阿里资本和经纬创投获得1000万美元的A轮投资，于2014年4月1日从阿里巴巴、经纬中国和一嗨租车获得1亿美元的B轮投资，于2014年4月从老虎基金和阿里资本获得8000万美元的C轮投资，于2015年获阿里巴巴、软银中国和老虎基金6亿美元的D轮投资。通过几轮融资，滴滴打车和快的打车均发展势头非常迅猛，竞争异常激烈。

例如，在2014年第1季度，两家公司的补贴政策就开始"硝烟弥漫"。1月10日，滴滴打车推出乘客免10元、司机奖10元的政策，1月20日，快的推出同样的补贴政策；2月17日，快的打车宣布运用快的应用打车，乘客返现11元，司机奖11元，并宣称永远会比竞争对手多1块钱。2月18日，滴滴宣布乘客返现12元，当天，快的打车宣布乘客返现13元。不过，到了第2季度，快的打车和滴滴打车的竞争态度发生了一定变化。3月22日，快的打车宣布对乘客返现3—5元，次日滴滴打车亦宣布对乘客返现3—5元。此后，快的打车和滴滴打车的所有补贴政策进入完全同步的节奏：5月17日取消对乘客的补贴；7月9日软件司机端补贴降为2元/单；8月12日，滴滴打车和快的打车同时宣布取消对司机接单的常规补贴，仅保留"抢单排名奖"、"高峰接单"等其他奖励式补贴。当然，两家公司都承诺将不定期推出各种形式的优惠活动。

逐步取消补贴或许起源于以下两个原因：一是补贴巨大。据公开消息，截至2014年5月17日，滴滴补贴费用超过14亿元，快的补贴费用也超过10亿元。二是目的已经基本实现。据CNNIC发布的《2013—2014年中国移动互联网调查研究报告》显示，在中国打车软件市场上，滴滴软件的用户使用率为74.1%。而易观国际发布的报告《中国打车APP市场季度监测报告2014年第4季度》显示，截至2014年12月，中国打车APP累计账户规模达1.72亿，其中快的打车、滴滴打车分别以56.5%、43.3%的比例占据中国打车APP市场累计账户份额领先位置。凭借着巨大的网络效应，两家打车软件牢牢控制着中国的打车市场。

但是，接下来，令人意想不到的事件发生了。在2015年情人节，快的打车和滴滴打车宣布合并，两家公司发布联合声明，宣布实现战略合并，但保持各自的人员和应用。

二 滴滴和快的竞争的背后——平台之争

在互联网时代，企业的竞争形态正在发生着跃迁，平台竞争成为新的制高点。按照迈克尔·波特的价值链理论，成功的平台应该形成一种杠杆力量，将多种业务价值链共有的部分进行优化整合，从而成为这些业务不可或缺的一部分。对于一个平台型产品来说，最需要的就是聚拢用户。倘若不靠烧钱来留住用户，平台的价值和效益就会大打折扣。由于网络效应的存在，随着平台上用户越来越多，用户的平台转移成本也就越来越高。当用户习惯于使用打车软件，打车软件的网络效应将会被强化。

因此，打车软件争夺的背后是平台之争。打车软件可以为企业平台建设提供重要支撑：首先是大数据的采集和信息的利用。在用户使用打车软件的同时，软件会记录下用户的打车起点和终点，然后将数据进行汇总。通过这些数据，像腾讯和阿里等这样的企业就可以分析用户的消费行为以及常用出行路线。这些数据将告诉商家用户家住哪，平时去哪，干什么。这些海量数据有助于商家进行精准营销，从而使网络平台更有价值。其次是支付方式的改变和移动支付习惯的培养。滴滴和快的打车是让用户习惯手机支付系统，并最终信任和离不开其网上支付系统，是对移动支付入口的竞争。艾瑞咨询发布的数据显示，2013年中国第三方移动支付市场交易规模达12197.4亿元，同比增速707.0%。[1]

---

[1] 数据来源于艾瑞咨询，"2013年中国第三方移动支付市场交易规模破万亿"。网址：http://ec.iresearch.cn/e-payment/20140121/225415.shtml。

三 滴滴和快的合并的背后——平台整合

关于两家公司合并的原因，外部流传最广的大概有两种，其一是烧钱终止论，其二是联手御敌说，即双方合并是为了对付优步（Uber）、神州租车、易到用车等竞争对手。不过，细细分析起来这两种说法都不能够站住脚。[①]

根据前面的理论分析，网络效应即市场效应越大，价格竞争即竞争效应就越激烈，网络效应的不断强化将使企业定位愈发偏离最大差异化原则。由此，由于巨大网络效应的存在，企业之间的竞争将会同化，在此背景下合并将会是更好的选择。也就是说，合并能使双方实现更大的利益，平台的过于分散带来的就是用户的无所适从，哪一个平台的网络效应都无法最大化。例如，如果十辆出租车上，五个用滴滴，三个用快的，剩下的二人分别用别的公司的产品，那用户实际打到车的几率就会大大降低。因而，无论对用户还是出租车司机来说，网络效应驱动下的市场整合都是他们选择使用打车软件的必要前提。

因此，滴滴和快的的合并迅速提高了网络平台的价值。例如，滴滴快的最新的运营数据显示，自2015年5月份以来，滴滴快的每日专车订单数从100万增长至300万，每周增长30%，在中国的专车达到80%的市场份额；每日出租车出行次数达到300万次，占中国出租车在线叫车市场99%的份额；已有150万名司机加入滴滴快的，而中国的出租车司机总人数约为200万。[②] 另外，合并之后，新公司的第一次融资，原计划融资约15亿美元，但由于获得超额认购，融资规模将增加，目前融资额已经达到了20亿美元，投资方包括资本国际私募基金（CIPEF）、阿里巴巴、腾讯、淡马锡、高都资本等。目前，在具备更强网络效应的新的大平台上，新成立的滴滴快的公司正在和

---

① 对此的具体分析可以参见"网易科技报道"，"三问滴滴快的合并：谁主导？谁推动？"网址：http://tech.163.com/15/0214/10/AIDIPBNR000915BF.html。

② 《滴滴快的合并后首次融资》，《京华时报》2015年6月27日。

优步等公司在更高层面上对中国乃至全球市场开展竞争。

第四节 研究结论与启示

本章在 Hotelling 模型的基础上重新建模，通过选址问题分析了存在网络效应以及当企业能够将网络效应的收益通过平台内部化时所带来的竞争结果。研究指出，当产品的网络效应足够大时，企业之间的寡头竞争非但不能实现寡头垄断，而且市场效应越大，价格竞争效应就越激烈，为了获取更多的市场份额，企业之间实行的是最激烈的"无底线竞争"，这被称为竞争性垄断市场结构，与传统产业组织理论并不一致。在这种背景下，为了获取更大的平台价值，企业之间的兼并重组将是一个更好的战略选择。本章以打车软件之间的竞争过程实证了本章的理论研究。

基于上述研究结论，我们可以得到以下启示：一是强化企业平台优势。对于具有明显网络特征的企业来说，其发展策略应该尝试以最大限度发挥其网络效应为目的，迅速突破用户临界规模，形成自己的平台优势，利用市场手段激发用户自我增强的正反馈作用，谋求在位者的先发优势。二是要有强烈的"互联网+"意识。由于互联网具有强大的网络效应和平台特征，其对传统产业的影响将会是巨大的，谁能够更好地和更早地利用互联网思维，谁就将在下一步的竞争中抢占了先机，因此，"互联网+"思维应该贯穿企业经营管理的全过程。三是加大对互联网时代产业组织理论的研究工作。互联网具有强烈的网络效应和平台价值，使得传统产业组织理论并不能够很好的解释互联网产业组织本身以及被互联网融合的相关传统产业，这需要理论工作者加大对互联网时代产业组织理论的研究工作。

第四章

作为竞争策略的网络促销节及其效应

2015年2月,中国互联网络信息中心(CNNIC)发布了第35次《中国互联网络发展状况统计报告》。[①] 统计报告表明,截至2014年12月,中国网民规模达6.49亿人,和上一年相比,全年新增网民3117万人。互联网普及率达到47.9%,在短短十年间互联网的普及率上涨了近六倍。与此同时,中国的电子商务增长迅速。根据商务部在2015年5月15日发布的2014年度《中国电子商务报告》[②],2014年我国电子商务的发展十分迅速:全年电子商务交易总额的增速为28.64%,全年网络零售额比社会消费品零售总额的增速快37.7%;移动电子商务呈现爆发性增长:2014年全年仅移动购物市场交易规模就达到8956.85亿元,年增长率达234.3%;我国最大的两家电子商务企业京东商城和阿里巴巴相继在美国上市;随着电子商务的高速发展,传统的线下企业也将加快进入电商领域的步伐,移动电子商务将持续高速增长的态势。

电子商务的快速发展背后是网上商城之间的充分竞争。互联网降低了信息的获取和发布成本,从而给企业带来了新的市场机会。物流业的快速发展降低了企业开展电子商务的时间和空间约束。此外,电子商务较低的进入门槛和更多的商业机会也导致该市场面临着更大的竞争。网络促销节便是各类电子商务企业在激烈竞争之下而不得不参

[①] 数据来源:http://www.cnnic.net.cn/hlwfzyj/hlwxzbg/hlwtjbg/201502/t20150203_51634.htm。

[②] 数据来源:http://news.xinhuanet.com/fortune/2015-05/16/c_127807341.htm。

与的一种竞争策略。本章将回顾网络促销节的发展历程和相关文献，研究其产生机制及其对不同利益相关者的影响。

本章的研究结果表明，诸如"双十一"这种大的网络促销节产生于互联网平台之间一种类似于"囚徒困境"性质的竞争，平台上的企业在面临具有巨大网络效应的平台方推出网络促销节时，参与网络促销节便是一种理性的选择。手持货币的消费者在面对可预期的未来网络促销节时，在当前消费带来的效用和推迟消费至网络促销节带来的现金节省之间进行权衡。当促销力度足够大，消费者便会推迟在促销节消费。由于参与促销节可以给企业带来非经济效应，具有竞争力的企业有更强的激励参与该节日，并给消费者足够的价格折扣。从这个角度讲，企业参与促销节具有发送其产品竞争力信号的作用，是企业通过竞争实现优胜劣汰的一种市场机制。微观主体的上述策略性行为导致企业现金流的过度波动，但并非所有企业可以从中获得盈利，但是一些非常规好处可以弥补企业参与促销节的潜在损失。

第一节　网络促销节的发展：以"双十一"为例

对于零售商而言，降价促销是再普通不过的事情，而各种各样的节假日往往是商家推出促销活动的最好契机，因为节假日消费者有时间进行娱乐休闲或购物。在互联网与零售业结合形成各种类型的网上商城之后，企业之间的销售竞争也蔓延至网上。各种中西方传统节日，如元旦节、"五一"、儿童节、国庆节、圣诞节、春节等，也被网商选为促销日。不仅如此，凭借互联网平台更加方便有效的信息传播渠道，网商创造了形形色色的网络促销节，其中最为成功的当属"双十一购物狂欢节"。

"双十一购物狂欢节"简称"双十一"，源自网民自创的"光棍节"。该节日时间为每年的11月11日，据传起于九十年代初的南京大学校园，后借助互联网传播开来，被广大单身人群用以自我慰藉单身生活之"苦"。"光棍节"被网商打造为购物狂欢节则源自2009年阿里巴巴于 11 月 11 日在淘宝网站上举行促销活动。阿里巴巴推出该购物节的初衷是，11 月份南方进入深秋、北方进入冬天，消费者需要购置大量的服装鞋袜，而相比较于 10 月份的国庆和 12 月份的圣诞节，11 月份并没有一个满足南北换季消费需求的促销节日。① 于是，"光棍节"应运被阿里巴巴选为填补该促销空白的最佳时点。经过多年的努力，阿里巴巴集团在解决由订单激增导致的"爆仓"和物流不畅问题、虚假折扣问题、线上线下渠道冲突问题之后，实现了快速增长。平台上越来越多的卖家参与到促销节中来，"双十一"对消费者的吸引力和认知度也越来越高。据星图数据统计，2009 年淘宝商城只有 27 家商家参与促销节，取得了 5000 万元的销售记录；而到了 2014 年，"双十一"全网单天交易额高达 805.11 亿元，其中天猫贡献了 571 亿元，占当天总交易额的 70.9%；全网包裹数 4.09 亿个，近 3 万个品牌参与到了购物节中。②

网络购物节之所以发展得如此迅速，原因在于与实体店购物相比网购存在巨大的天然优势。对于消费者来说，网购可以节省购物成本，节约购物时间，增加购物选择，减少购物疲劳，从而提高购物体验等优点；对于商家来说，有减缓库存压力，降低经营成本，扩大市场需求等优势。根据商务部电子商务司公布的数据，2014 年我国的电子商务交易总额约为 13 万亿元，预计未来几年中国移动购物将继续保持高速增长态势，到 2015 年中国网购用户规模有望超过 5.2 亿人。③ 不仅如此，随着智能手机的普及，手机购物也有了飞速发展。2014 年"双十一"天猫突破百亿元交易量时，移动无线端的交易额比重达到 45.5%，而在 2013 年这一数据仅为 20% 左右。无论消费者在何时何地产生了购物决策和冲动，都能通过手机轻易下单，而无须局限于计算机网页购物。这为消费者的购物带来了更多的便捷性，同

---

① 参见逍遥子《做双十一的这五年》，网址：http://www.zhihu.com/question/20573715。

② 资料来源：http://it.21cn.com/itnews/a/2014/1112/14/28543688.shtml。

③ 数据来源：http://homea.people.com.cn/n/2015/0122/c41390-26432297.html。

时也增加了网络购物节的成交量。面对如此庞大的潜在市场,以及阿里巴巴集团从"双十一"中获得的丰厚回报,京东商城、当当网和亚马逊等自营式电商平台也纷纷加入到"双十一"网络促销中来,或者推出自己的在线促销节。

第二节 文献回顾

我们把网络促销节所涉及的利益相关者分为网络平台、平台上的企业和消费者三类。因此,本节对相关文献的简要回顾将分别围绕这三个主体展开。

一 双边市场中的平台竞争

关于双边市场的定义有很多,其中以罗歇和梯若尔(Rochet and Tirole,2006)从平台的定价结构的角度给出的定义最为权威。他们把双边市场定义为"在该市场上,一个或者多个平台使终端用户可以互动,以及通过对每一方适当收费来使各方登录其上。"在双边市场上,一个普遍的现象是双边用户的多平台接入行为。这一特征指的是在平台企业不采取排他性行为,且转移成本非常低的情况下,双边用户为获得自身利益最大化,可以同时接入多个平台进行交易。虽然多接入行为并不是双边市场的固有属性,但这是双边市场发展至今自然形成的一种状态。

已有文献对双边市场的研究集中在双边市场基本理论和竞争策略两方面。在双边市场中,平台之间通过提供不同的价格、质量、补贴等方式展开竞争,以达到吸引消费者、收支平衡或盈利的目标,最终实现长期生存。罗歇和梯若尔(2003)的一篇关于平台竞争的经典文献分别研究了私人平台之间、联合所有权平台之间和非盈利性平台之间的竞争三种情况下,平台厂商利润最大化时的价格结构。结果表明,在私人拥有平台的情况下,平台只考虑自身利益的最大化,两平台对称均衡的结果与垄断平台的定价结构很相似。2006 年,这两位学者又提出并证实了平台厂商在一边市场上制定低价来吸引用户，是为了在另一边市场上获得更多的利润（罗歇和梯若尔，2006）。

阿姆斯特朗和赖特（Armstrong and Wright, 2007）在网络外部性的基础上，比较分析了三种平台竞争的模型：垄断平台模型、两边都是多接入的竞争平台模型、一边是单接入而另一边是多接入的竞争模型。结论表明，在垄断平台的情况下，竞争激烈的一边是平台竞争的焦点，而竞争不激烈的一边获利；在平台一边单接入而另一边是多接入的情况下，单接入的一边将成为平台竞争的焦点，而多接入的一边则被挤压利润。贝利弗莱明和佩兹（Belleflamme and Peitz, 2010）对双边市场上的开放平台和逐利性平台对卖家投资激励的影响进行了研究，结果发现，当卖家增强竞争激烈程度时，逐利性平台比开放平台更有可能提供更好的卖家投资激励。

分析国内电商企业目前的营销模式，可以发现越来越多的电商平台在产品定位和促销活动等方面出现了不同程度的同质化，广告宣传的渠道也大同小异，网站页面的产品内容和分类都十分相似。为了在众多竞争者中突围，越来越多的电商打起了价格战。然而，如何在激烈的竞争中突出自身的特点和优势，为消费者提供有针对性并且人性化的消费体验和服务，是电商企业在制定营销策略时值得思考的问题。程雯（2009）认为，中小型 B2C 应该以消费者需求为重心，制定营销策略：以消费者需求为中心的产品策略、基于消费者行为的定价策略、便利消费者网站设计与服务策略、与消费者的沟通与广告宣传策略和让消费者信任的信用策略。这一点可以借鉴美国的亚马逊公司，它在客户服务、网页设计和增值服务方面，已经远远超越了普通 B2C 电商的"一对多"服务。它向每位用户都提供个性化页面服务，根据用户浏览和购买过的产品信息以及消费习惯，为其呈现"一对一"定制化的页面内容，如消费者可能感兴趣的产品推荐和打折信息等。

二 平台上企业的价格竞争

平台上商家的竞争行为也一直受到学者们的高度关注。李和克拉克（Lee and Clark，1996）通过实证分析的方法，证明了消费者能够利用中介平台轻易地对比各厂商的产品价格，从而使厂商之间形成竞争，迫于这种压力，商家不得不下调价格，而很难保持其心理的边界利润。马修和埃夫拉姆（Matthew and Efraim，2001）提出 B2C 电子商务平台的商家能否成功，取决于消费者对电商平台和商家的信任程度。梅尔尼克和阿尔姆（Melnik and Alm，2002）以金币模拟商品，对影响金币成交价格的因素进行了分析并得出如下结论：信用评价对价格有显著正影响，而负评则有显著负的影响；商家付出的运费对价格有显著负的影响，但只有大约 55% 的运费体现在最终的成交价格当中；利维通（Livington，2005）把某品牌的高尔夫球杆的交易数据作为研究对象，发现声誉对拍卖的成交价有递减的正效应。

在国内文献中，薛伟贤等（2002）通过对古诺模型和斯塔尔伯格模型的分析，提出了一味地价格竞争对整个行业是有害无益的观点，认为主要厂商在技术等领域真正走向全面合作才是行业发展的根本出路。蒋熙敏等（2006）构建了企业电子商务系统评价模型，该模型包含电子商务系统评价指标、指标权重、评价方法三个部分，使用专家群组构权法为指标赋权，和基于兼容度的选择方法和四种具体的评价方法，对国内 45 家软件企业进行调查，利用该模型对数据进行分析，结果发现：提高企业的知名度、降低市场营销费用和提高客户满意度是中国的软件企业实施电子商务的主要目的；徐青等（2012）在淘宝网上分别按搜索量和销量选取了金士顿型号为 DT101G2 的 U 盘和蝉真银杏洁面霜作为研究对象，通过 ANOVA 和回归分析发现，对搜索型产品而言，卖家信誉对于最终的成交价格影响相对较小，而在购买体验型产品时，卖家信誉对于最终成交价格有着显著的影响；齐元（2013）以淘宝网上的 Ivy 皇冠店铺为例，认为增强竞争力的最好方法是自建服装生产厂，扩大生产规模及提升产品交付速率，同时强化内部管理，提高服装产品质量；王碧芳（2013）结合网上购物市场的特点，着重研究 C2C 市场的特性，将卖家信誉分为会员累积信用、店铺动态得分、在线评论三部分，通过相关分析和回归分析验证了卖家信誉与顾客信任之间的关系,证明会员累积信用和在线评论对善意信任有显著正影响,而店铺动态评分则对善意信任没有影响。

三 平台上消费者的购物行为研究

无论是网络平台,还是平台上的企业,其竞争的对象无非是消费者:吸引消费者注册,并进行在线消费。一些文献研究了平台上的消费者对平台和企业促销活动的反应以及网购决策的影响因素。例如,科勒(Keller, 1993)认为促销有助于增加品牌在消费者中的曝光度,从而提高品牌在消费者中的知名度;斯塔福德等(Stafford et al., 2004)研究发现网购意向和年龄之间存在正相关关系,而 Joines (2003)发现年轻人的网络购物动机更强;在刘和魏(Liu and Wei, 2003)的研究中,他们建立了电子商务市场中消费者的行为模型,并用案例对其进行检验,发现消费者行为受消费风险和购物便利程度等因素的影响。

国内的学者也对此进行了丰富的探讨。通过比较寻求方便、省钱、比较、享乐和交流的五个动机在实体店、B2C、C2C 和 C2B 四个购物平台上对购物频率的影响,刘烨(2012)发现购物方便性是阻碍消费者在 B2C 平台上购物的主要因素,提出 B2C 电商运营商应该将注意力放在改善物流和支付模式上;而在 C2C 平台上购物的消费者更享受购物,因此运营商应更注重增加网页的页面设计。缪姝云(2013)通过建立模型和问卷调查发现,消费者对促销利益大小的感知程度与其购买意愿呈正相关,且消费者感知到的促销利益越大,消费者的购买意愿越强烈。

对双边市场中平台竞争、企业的价格竞争以及消费者行为的文献回顾表明,平台之间竞争的焦点是收费标准以及用户的使用体验,企业的竞争则集中于价格战和信誉方面,消费者的购物决策则会全方面考虑商品的价格、质量、服务等因素。但是,已有文献缺乏对三者参与网络购物节的成因以及经济效应进行足够的分析。具体而言,网络电子商务平台为什么推出,或者参与促销节,企业是否需要响应平台方要求，其参与网络促销节的决策是如何形成的，消费者是如何进行购物决策的，以及各方的这些行为如何影响电子商务平台和入驻企业的经营绩效。后文将试图通过一些简单的博弈模型，来理解各方参与网络购物节的决策机制，并通过一些数据来分析这些行为产生的经济效应。

第三节 竞争策略视角下的网络促销节

对于是否要参加像"双十一"这样的网络购物节，电商平台、商家和消费者都有各自不同的权衡。本节将分别基于三方对是否参与网络促销节活动的利润权衡，建立博弈模型和收益矩阵，以理解各方的决策行为，并解释诸如"双十一"之类的网络促销节兴盛的原因。

一 网络购物平台的促销参与决策

（一）基本模型

一般情况下，商家在参与网络促销节时需要向平台方缴纳一定比例的技术服务费，也就是佣金。比如参与天猫"双十一"活动的卖家就要向天猫商城缴纳销售额的3%—5%的交易抽成，根据阿里巴巴官方公布的2014年11月11日当天天猫571.1亿元的成交额来计算，天猫商城至少可以得到17.13亿元的提成。这也是一般意义上电商平台在网络购物节的主要盈利来源。电商为了增加平台访问量和成交额，必然会采取一些宣传措施来刺激消费，在平媒、网媒、移动、电视等媒体大面积投放广告进行预热，并且每隔一小时就会公布小时成交额，这种实时报道可以有效地刺激消费者购买。因为平台本身在吸引消费者方面具有一定的优势，并且对网购节带来的利润很有信心，这样的企业更是会不遗余力地花费巨资进行广告宣传，因为它认为这样做是值得的。

如果两个互相竞争的电商平台分别为A和B，假设他们参与网络促销节的营销宣传成本均为c，且为参与活动的唯一成本，从商家处获得的提成 r/2 为唯一收入，且 r/2 > c。双方均在考虑是否加入促销节。对此，我们可以建立博弈模型，如图 4-1 所示：

		平台B	
		参加	不参加
平台A	参加	(r/2-c, r/2-c)	(r-c, 0)
	不参加	(0, r-c)	(0, 0)

图 4-1 平台企业网络促销节参与博弈：基本模型

由矩阵可得：该博弈中存在唯一的纳什均衡（参加，参加），此时在理想情况下，两平台平均分配利润，各自获得 r/2 - c；如果只有一个平台参与活动，则该平台在市场上形成垄断地位，获得全部利润 r - c；如果双方均不参加活动，则均不盈利。

显然双方在这样的情况下都会选择参加促销节。实际上对于大部分平台式电商而言，这的确代表了活动的一般收益，因为无须太多的运营成本又可以获得较高的提成收入，所以大部分平台都会选择参加促销节。然而，对于自营式平台而言，情况有了明显的改变。首先，自营式平台的利润来源主要为自营商品的售价与成本差；并且其需要考虑的其他成本则远不止营销宣传这一种。其中一个重要的因素就是物流问题，在产品的价格和质量都趋于同化的情况下，物流服务成为决定成败的关键因素，谁能提供更好的物流和售后服务，谁就能占领市场。自营式电商几乎都是自建物流体系，比较著名的如亚马逊、当当、京东商城等都采取了这一模式。因此，在面临是否参与促销节这一抉择时，必须考虑到由于订单量激增而带来的物流成本的提高。

（二）存在物流约束的情形

在此，我们继续假设平台的收益仍为 r/2，宣传成本为 c，且 r - c > 0 仍成立，平台 A 仍然只有宣传成本。但是，平台 B 除了宣传成本之外，还要额外负担一笔物流成本 l。同样写出双方的收益矩阵，如图 4-2 所示：

可以看出，此时，对于平台 A 而言，选择参加促销节仍是它的最

		平台B	
		参加	不参加
平台A	参加	(r/2-c, r/2-c-l)	(r-c, 0)
	不参加	(0, r-c-l)	(0, 0)

图4-2 平台企业网络促销节参与博弈：存在物流约束情形

优战略，无论 B 是否参加，A 参加活动获得的收益始终大于不参加活动获得的收益；而对 B 而言，参加活动则不一定是它的最优战略了。在 A 选择参加和不参加促销节的情况下，B 选择参加活动的收益分别为 r/2 - c - l 和 r - c - l。

若 l ≤ r/2 - c，则无论 A 是否参与促销节，B 选择参加的收益始终 > 0，大于其不参加活动的收益，那么 B 参加促销节即为其最优选择，在这种情况下，博弈中存在唯一的纳什均衡（参加，参加）。

若 r/2 - c < l，即在双方都参加活动的情况下，B 的收益为负，而 A 不参加活动而 B 参加的情况下，B 的收益为正。对应的现实情况为：双方都参与活动时，由于存在竞争关系，平台 A 分流了部分 B 的销售额，导致 B 的利润下降甚至为负；而在市场上只有平台 B 时，由于其处于垄断地位，因此会吸引大量消费者而使营业额大增，尽管物流成本可能也有所上升但由于总体销量水平佳，因而总体呈盈利水平。尽管平台 B 参加促销而获取正利润的唯一可能情况是 A 不参加促销，但这并不是 B 的占优策略。因此，这里的唯一纳什均衡为（参加，不参加），只有 A 参加网络促销节。

对于像天猫商城、QQ 商城这样的平台式电商平台来说，主要通过收取商家使用平台的广告费和佣金来获得收入，而物流则由商家外包给第三方物流公司，他们无须过于担心物流对其造成的影响；因此如果出现消费者对商品不满意的情况，消费者大多会对卖家而非平台本身产生不满，因此大部分平台式电商都会选择参加购物节；而对于像京东商城、亚马逊、当当网这样的自营式 B2C，他们本身亦即卖家，可能面临由于物流因素导致的利润为负的风险，因而这类平台对是否参与网购节会更加谨慎，但出于减少库存、通过折扣以吸引回头客等目的考虑，2012 年以后这类平台也纷纷举办促销节，或者参与到由阿里巴巴最早推出的"双十一"促销节。①

二 平台卖家的促销参与决策

（一）基本模型

为了简化，假设在同一电商平台上有且只有两家企业 C 和 D，双方为同质企业，销售相同质量的商品。假设企业进行古诺博弈，即进行产量竞争。两企业面临的需求函数为 $P(Q) = A - Q$，其中 $Q = Q_1 + Q_2$，分别为企业 C 和 D 的产出。企业的边际成本相同，为 c。两企业在考虑对方产出的情况下最大化自己的利润，即：

$$\underset{Q_i}{Max} \pi_i = Q_i P(Q) = Q_i [A - (Q_i + Q_j)] - cQ_i$$

其一阶条件为：

$$Q_i(Q_j) = \frac{A - c - Q_j}{2} \quad (4-1)$$

由此可以得到企业的均衡产出、利润和市场价格，分别为：

$$Q_1 = Q_2 = \frac{A-c}{3};$$

$$\pi_1 = \pi_2 = (P-c)Q_1 = (P-c)\left(\frac{A-P}{2}\right) = \frac{(A-c)^2}{9};$$

$$P = \frac{A+2c}{3}.$$

$$(4-2)$$

这是企业 C 和 D 不参加促销活动的均衡产出和利润以及市场价格。那么，企业参加促销如何影响其利润？显然，如果促销活动不能改变市场规模 A、成本 c 和价格 P，那么，企业的均衡产出和利润不会改变。此时，企业参与和不参与促销没有差别。但是，现实中的网络促销节的确会改变市场规模和企业销售成本。促销节一方面增加了

---

① 资料来源：http://baike.baidu.com/view/6699158.htm。

企业所面临的市场,另一方面也降低了产品的售价,同时也增加了企业的成本。因此,平台上的企业参与促销节对其利润的影响取决于这几种因素的综合。

假定相对于网络销售平台对平台上的企业具有垄断势力。这意味着平台商有权力要求参与促销节的厂商按照一定的比例,如 m,降低其古诺博弈下的价格。该假设的现实合理性在于平台企业通过掌控大量的注册用户而具有渠道优势。这一点类似于传统的零售商,如沃尔玛和家乐福。给定 $P^p = mP$ 和 $P(Q) = A - Q$,限价后企业面临的需求量为 $Q^p = A - m[(A+2c)/3]$。此时,假定两家企业仍平分市场,各自参加促销节时的利润为:

$$\pi_i^p = (mP - c)\frac{Q^p}{2} = (mP - c)(\frac{A - mP}{2})$$

$$= [m(\frac{A+2c}{3}) - c][\frac{A}{2} - \frac{m(A+2c)}{6}] \quad (4-3)$$

从中可见,限价促销时的企业利润与古诺博弈结果之间的大小取决于限价导致的利润下降和由需求增加导致的利润增长两者之间的总效应。给定一家参与促销节,而另一家不参与促销节,两家企业的利润又如何呢?假设 C 参加价格促销,而 D 不参加价格促销活动。此时,基于伯川德价格博弈模型可知,企业 C 将独占市场。这意味着 C 的利润为:

$$\pi_{1,p} = (mP - c)Q^p = (mP - c)(A - mP)$$

$$= [m(\frac{A+2c}{3}) - c][A - \frac{m(A+2c)}{3}]; \quad (4-4)$$

$$\pi_{2,p} = 0.$$

类似地,我们可以得到 C 不参与促销节降价活动,而 D 参与该活动时,企业 C 和 D 的利润。因此,在平台商具有市场势力时两家平台企业是否参与网络促销节的利润组合可以表达为如图 4-3 所示收益矩阵:

那么,图 4-3 中博弈的纳什均衡是什么?关键在于 $\pi_{i,p}$ 与 π_i 之间的关系。如果 $\pi_{i,p} \geq \pi_i$,该博弈存在一个唯一的纳什均衡,即参加,

		商家D	
		参加	不参加
商家C	参加	(π^p_1, π^p_2)	($\pi_{p,1}$, 0)
	不参加	(0, $\pi_{p,2}$)	(π_1, π_2)

图 4-3　平台卖家网络促销节参与博弈

参加。否则，参加，参加和不参加，不参加都是纳什均衡。注意到，在这里，类似于囚徒困境，只要 $\pi_{i,p} \geq \pi_i$，而不管 π_i^p 是否大于 π_i，两企业均参加促销节是唯一的纳什均衡。

比较式（4-2）和式（4-4）可知，当 m 接近 1 时，$\pi_{i,p} \geq \pi_i$，此时，上述博弈存在唯一纳什均衡，即都参与打折促销活动。这说明，只要促销打折力度不会太大，不至于仅有一家企业参加促销时该企业的利润仍低于两家企业都不参与促销时各自的利润，企业的最佳策略为参加促销。

另外，比较式（4-2）和式（4-3）可知，$\pi_i^p \geq \pi_i$ 的 m 临界值比 $\pi_{i,p} \geq \pi_i$ 的 m 临界值会更大，这意味着，对于平台企业而言，尽管参加网络促销节是其最优策略，但是，其利润小于都不参加促销节时利润的可能性更大。

当 m 太小，以至于 $\pi_{i,p} < \pi_i$，平台上的企业要么都参与促销，要么都不参与促销，即存在两个纯策略纳什均衡。此时，拥有市场势力的平台商将对那个纳什均衡的出现起着关键性的作用。正如前文的分析，平台商可以通过推出促销节来获取利益，处于激烈竞争之中的平台上企业还是不得不选择参与平台商推出的促销节。现实中的结果也是越来越多的网上卖家参与到平台商推出促销节中来。例如，阿里巴巴在 2009 年推出"双十一"促销时仅有 27 家网店参与，到 2014 年参与促销节的卖家达到 2.7 万个。

（二）考虑声誉的情形

在现实网络促销活动中，平台上的企业参加购物节常常会产生物流压力、店铺总体评分下降、退换货率提升等成本问题，后期的退换费用也是一笔不小的开销，因此增加商家亏损的可能和程度。以2014年"双十一"促销节期间为例，据中国新闻网报道，仅天猫一家平台当天的成交额就高达571.12亿元，使得快递量超过2.78亿件；而根据国家邮政局检测结果，阿里巴巴、京东、苏宁易购等主要网络购物平台在11月11日当天共产生订单快递约4亿件。[①] 这样巨额的订单量不仅给物流公司带来了巨大的压力，不可避免地造成了快递丢件、积压、滞留、损坏等情况，而且很多商品的退换率还急剧上升，例如韩都衣舍和杰克琼斯这两家分列女装与男装成交额第一位的品牌，退款率高达64.09%和38.25%。而家电类成交额排位第一的海尔，最近30天的投诉率则高达54.20%。[②]

当然，参与促销也并非没有好处。对于有库存的企业，可以借助促销来消除库存，改善企业现金流；对于产品质量良好而品牌知名度较低的企业，则可以借助促销来推广产品，积攒人气和口碑，从而有助于培养潜在的客户。但是，对这些因素的考虑并不会影响上述分析的基本结论。对参与促销所产生的消极效应的顾虑将会降低平台上企业参与促销的期望利润，从而降低其参与的概率，也反映了该企业在价格竞争以及产品质量和服务等方面的短板，而对参与促销所产生的积极效应的期望则提高企业参与平台促销的意愿。因此，能否响应平台商的网络促销节安排，参与降价促销，本身具有企业效率和竞争力信号的作用。即便平台商不运用其市场势力来要求平台上的企业参与网络促销节，平台商也可以通过平台上企业的选择来间接判断其竞争力和经营状况。换言之，网络促销节也是平台设计的一种通过平台企业的自我参与选择来甄别企业"好坏"的有效机制。

值得注意的是，这里对平台进驻企业是否参加促销节的分析仅仅考察平台上仅有两个卖家的情形。尽管如此，假设平台上存在 n 家企

---

① 资料来源：http://www.chinanews.com/gn/2014/11-12/6767288.shtml。

② 资料来源：http://js.winshang.com/news-429491.html。

业并不会影响这里的分析结论。经典产业组织理论已经告诉我们，n家企业进行古诺博弈时，均衡价格和产出水平随着 n 的增加而趋向完全竞争市场情形。企业参与促销节的利润将不断下降，参与网络促销的动力下降。但是，现实生活中企业并非生产或者销售同质产品，超额利润的存在意味着平台企业存在一定的市场势力，因而存在承受降价促销的能力。促销所具备的广告效应、消除库存效应等附带作用也使平台上的企业通过跨期补贴来弥补参与网络促销节带来的当前利润损失。这些附带功能对于那些具有竞争力的自信企业尤为重要。这也可以部分解释为什么大量的企业愿意积极参与到淘宝的"双十一"促销中来。当然，网络促销节对于平台商和入驻商家的上述功能能否奏效，最根本的还是取决于消费者对可预期网络促销节的跨期消费选择。

三 消费者的购物时点选择

面对可预期的网络促销节，消费者的购物时点选择可以分为三种：节前购物、节中购物和节后购物。在消费者理论中，消费活动可以给消费者带来效用，但是消费者从产品消费中获得的效用增加幅度随着消费数量的增加而不断减少，即边际效用递减效应。因此，在促销节购物首先可以通过增加持有现金的购买力而给消费者带来更多的效用。其次，持有现金把消费时点推迟到网络促销节可以获得无风险回报。第三，推迟消费也延迟了消费者从早日消费产品中所获得的效用，这对于缺乏耐心或者紧迫的消费需求，以及收入约束较松的消费者而言，推迟消费的这种负面效应更大。第四，尽管节中消费可以获得可观的折扣，但是，消费者的购物体验会显著下降，表现为延迟送货、货物损坏、残次品概率的增大。这些因素将会降低消费者在促销节购物的效用。

为了简化，这里主要分析可预期的非刚性消费需求。对于刚性消费需求而言，如主食，消费者往往很难进行跨期权衡，结果只能在当前进行购买。但是消费者可以在促销节进行囤积，以供未来消费。最优的囤积量取决于消费者对节中购买的优惠幅度和节后持有产品的成本二者之间的权衡。

因此，对于可预期的非刚性需求，消费者对消费时间的选择会产生上述所有效应。对上述四种效应的权衡决定了消费者对购物时点的三种选择，而消费者是否选择在节中购物则直接决定了网络促销节的经济效应以及节日前后平台商和入驻商家的收益变化。

假设消费者 i 是同质的，其效用来源包括刚性需求产品、现金和可预期的弹性需求品。我们把前两者记为 d，弹性需求品记为 c。假设消费者的效用函数为如下形式：

$$u_i = u(c_i) + d_i \qquad (4-5)$$

即任一消费者 i 的效用取决于其消费的两类产品的数量。其中，$u'(c) > 0$, $u''(c) < 0$; $d_i \in (0, \kappa]$，即必需品的消费存在一个数量上限 κ。假定 d 的价格标准化为 1，那么消费者面临的收入约束为：

$$Pc_i + d_i = I_i \qquad (4-6)$$

消费者效用最大化问题的一阶条件为：

$$u'(c_i) = P \qquad (4-7)$$

由于 $u(c_i)$ 为凹函数，上式意味着 $c_i'(P) < 0$，即消费者对 c 的消费量随着 c 的价格的上升而减少。因此，降价促销可以增加消费者的消费需求，即

$$\frac{\Delta c_i}{\Delta P} = \frac{1}{u''(c_i)} \qquad (4-8)$$

那么，给定由 (4-7) 决定的最优消费量 c_i^*，网络促销日的降价幅度 mP 给消费者带来的超额货币收益为：

$$\Delta R_i = (1-m)P\left[c_i^* - \frac{(1-m)P}{u''(c_i)}\right] \qquad (4-9)$$

上式表明，降价促销给消费者带来的额外收益分为两部分，原来价格下的最优消费量 c_i^* 的购买成本下降，以及降价导致新增消费量的购买成本下降。现在我们进一步考虑购物时点的选择问题。

面对可预期的网络促销节，消费者面临的选择问题是：当前购买，还是促销节购买，或者节后购买。当前购买意味着消费者按照自己的效用最大化购买产品，其支出金额为 $I-d_i$。以此作为基准，消费者不存在超额的收益，即 $\Delta R_{0,i}=0$。假定当前离促销节的时间长度为 t，消费者当前购买 c 的价格为 P。P 由市场供求外生决定。现金的无风险利率为 r。下面分别对节中消费和节后消费进行分析：

（1）节中消费。消费者推迟消费意味着可以获得超额的货币收益，即 ΔR_i。通过购买更多的 c 该收益可以给消费者带来的效用为 $u_i(\Delta R_i/mP)$。由于 ΔR_i 是未来的超额收益，该超额收益贴现到现在后实际可以带来的效用为 $u_i(\Delta R_i e^{-rt}/mP)$。但是，推迟消费意味着不能及时消费产品，意味着效用的损失。假设贴现系数为 $\delta(t)$，且 $\delta'(t)<0$，即促销节离当前的时间越长，消费相同数量的产品带来的效用水平越低。那么，推迟消费 c_i^* 单位的效用损失为：$(1-\delta(t))u(c_i^*)$。因此，消费者把消费推迟至网络促销节时的净效用 NU 为：

$$NU_i = u_i(\frac{\Delta R_i e^{-rt}}{mP}) - [1-\delta(t)]u(c_i^*) \quad (4-10)$$

（2）节后消费。消费者把消费推迟到节后，意味着既不可以获得折扣优惠，也无法早日享受产品带来的效用。因此，节后消费还不如当前消费。

因此，消费者的关于消费时点的决策为 NU_i 与 0 之间的大小。当 $NU_i>0$ 时，消费者 i 选择在购物节消费，否则他选择在当前消费。而 NU_i 的大小又取决于其他各种外生参数。通过用各参数对 NU_i 求一阶偏导可知：

$$\begin{aligned}&\frac{\partial NU_i}{\partial m}>0;\\ &\frac{\partial NU_i}{\partial r}<0; \quad (4-11)\\ &\frac{\partial NU_i}{\partial t}<0.\end{aligned}$$

式（4-11）表明，网络促销节打折力度越大、无风险回报越低、距离促销节的时间越近，消费者更可能会推迟至促销节购物。而平时产品价格的大小与消费者的购物时点选择没有一个简单的单向关系，但依赖于 m, r, t：更大的 m、更小的 r 和 t，将会使越高的 P 倾向于使消费者选择在网络促销节购物。对节间由消费者购物激增导致的购物体验的恶化则会抑制部分消费者选择在节间消费。消费者的耐心、对节间不良购物体验的忍受能力，均可以体现为较小的 δ，而纳入上面的分析框架。因此，只要式（4-10）大于 0，节间消费便是消费者的理性选择。

事实上，网络促销节凭借较高的价格折扣的确激发了空间巨大的消费热情。这可以通过淘宝、京东、亚马逊、当当等网商平台在诸如"双十一"期间巨大的交易额和平台上卖家巨大的销量得以间接印证。尽管网上存在不少报道指出，卖家在促销节期间提高产品原价（或者专柜价）进行虚假折扣，或者降价幅度，但是，网络平台上产品价格较高的透明性使消费者可以充分进行价格比较。大范围的虚假促销不会导致消费者的疯狂参与，也不会实现如此惊人的交易额增长。网络比较宽松开放的竞争环境使平台商和平台卖家不得不参与销售竞争，以获取市场份额，提高知名度和美誉度，以及消化库存，换取现金流。因此，无论是淘宝网推出网络促销节，还是京东商城、亚马逊等选择参与到网络促销节，以及平台上的企业选择响应平台商的要求参与价格促销，都是消费者主权时代各类线上线下企业相互竞争的结果。

第四节　网络促销节的经济效应

那么，网络促销节对不同的参与者具有何种影响？对于企业而言，最重要的是，参与网络促销节能否给其带来更大的利润？对于消费者而言，参与网络促销节能否给其带来超额的效应？在可预期网络促销节的冲击之下，消费者的购买时点的选择如何影响到企业的财务波动？显然，前文关于网络促销节成因的理论分析已经对此进行部分回答,并不能对上述所有问题给出一个非常确定性的答案。例如,在一定的条件下,平台上的商家虽然会选择参与网络促销,但是这并不能导致比不参加更好的利润。对于提取佣金的平台商而言,推出网络促销节以实现更大的销售额的确可以给其带来更多的节间收入。问题是,消费者会进行跨期抉择,可预期降价促销刺激出来的消费会不会导致其收入在节前后和节中的巨大波动?而且,这种跨期抉择是否能总体上扩大整个财务周期的企业表现?下面,我们将利用企业的财务数据和相关资料对此进行分析。

一 对平台商的影响

阿里巴巴集团是中国最大的 C2C 电子商务平台,也是"双十一"促销节第二始作俑者。在此,我们将运用其财务数据来分析推出促销节对平台商的诸种效应。具体而言,我通过观察其季度收入变化来分析促销节对平台方的经济效应。表 4-1 报告了 2012 年第 2 季度至 2014 年第 4 季度,阿里巴巴集团成交额及其增长率。从中可知,汇集"双十一"、"国庆"、"双十二"以及"圣诞节"等各种重要促销节的第 4 季度阿里巴巴集团成交额,在这三年间均相对于第 3 季度实现了大幅的增长,从 2012 年的 3460 亿元增至 2014 年的 7870 亿元。尽管 2013 和 2014 年增幅较 2012 年有所下降,但仍达到 40% 以上。其中,天猫商城在第 4 季度成交额的增长速度比淘宝商城更快:尽管成交额环比增长速度在逐年下降,但 2014 年第 4 季度天猫商城交易额相对前一季度的增长率仍高达 66%。

B2C 平台天猫商城相对于 C2C 平台淘宝网在促销节实现了更快速的增长,这说明了两个问题:首先,消费者在进行购物选择时不仅考虑产品价格,也关心产品质量。由于 B2C 平台上的商家比 C2C 平台上的商家具有更好的声誉,销售质量更好的产品,因于在促销节更受消费者欢迎。其次,正因为 C2C 平台上商家较低的声誉,其销售的产品往往价格更低,利润更薄,这些企业在促销节降价的空间较低,因而对消费者的吸引力更低。

表4-1同时报告了阿里巴巴总收入的季度变化。可以看出，阿里巴巴在2012至2014年间第4季度总收入相对于第3季度实现了更快速的增长，每年的增长率均超过了60%，收入额分别达到95.88亿元、161.49亿元和212.75亿元。第4季度收入增长速度超过了交易额的增长，这说明促销节的推出对阿里巴巴这种收取佣金、广告费等收入的平台商家带来了更快的收入增长。因此，阿里巴巴推出促销节的确可以使其获益。

问题是，促销节是否抑制了节前节后平台商的收入增长？表4-1对此给出了肯定的回答。无论是交易额，还是总收入，阿里巴巴在第3季度和第1季度环比增长缓慢，甚至为负。这与前面关于消费者购物时点选择的分析一致。由于大量的大幅度节日促销发生在第4季度，消费者选择在节日期间，从而挤压了电子商务平台在节前节后的交易额。

表4-1　2012—2014年阿里巴巴集团成交额和总收入及其增长

	2012			2013				2014			
	Q2	Q3	Q4	Q1	Q2	Q3	Q4	Q1	Q2	Q3	Q4
总成交额	209	228	346	294	345	374	529	430	501	556	787
季度增长率	17%	9%	52%	-15%	17%	8%	41%	-19%	16%	11%	42%
天猫成交额	42	49	91	71	88	99	183	135	159	176	293
季度增长率	27%	17%	86%	-22%	24%	13%	85%	-26%	18%	11%	66%
淘宝成交额	167	179	255	223	257	275	346	295	342	380	494
季度增长率	15%	7%	42%	-13%	15%	7%	26%	-15%	16%	11%	30%
天猫占比重	20%	21%	26%	24%	25%	26%	35%	31%	32%	32%	37%
总收入	50	56	96	68	87	86	161	94	126	128	213
收入增长率		11%	71%	-30%	28%	0%	87%	-42%	35%	1%	67%

注：成交额单位为十亿元；总收入单位为亿元。
数据来源：阿里巴巴官方网站季度业绩：http://alibabagroup.com/cn/ir/Alibaba_Financials_and_Metrics_Eng.pdf。

那么，"双十一"促销节对节前节后的平台交易挤出效应有多大？我们可以看一看这一天的交易额相对于第4季度交易额的大小便可知道这种挤出效应的强弱。阿里巴巴2009年第一次推出"双十一"促销活动时，只有27个品牌参加，促成了5200万的销售额，2010年"双十一"一天实现了9.36亿元的交易额，超过了香港一天的零售额；2011年和2012年"双十一"一天的销售额分别达到33.6亿元和191亿元。[①] 2013和2014年的"双十一"当天创造的空前规模的销售额分别为350.19亿元和571亿元。通过将其与表2-1进行比较可知，2012至2014年间"双十一"一天的销售额分别占第4季度总成交额的比重为5.25%、6.62%和7.26%，远远高于第4季度每天的平均交易额。经计算可知，2012年"双十一"的销售额为第4季度日均交易额的5.08倍，此后两年分别为6.09倍和6.67倍。因此，可预期的大幅降价促销节对平台商节前节后销售额具有很强的挤出效应。

表4-2进一步对比阿里巴巴与当当网两家电商网站在2009—2014六年中各季度的营业收入和增长率变化。从中可见，阿里巴巴自2009年举办淘宝商城"双十一"购物节以来，前三年中每季度营业收入只是缓慢增长，特别在第四季度这种线下实体店的打折高峰期，线上经营会面临顾客流失、营业收入增幅减小等不利情况；但从2012年起，伴随着移动购物新时代的到来，消费者可以随时随地登录手机淘宝进行消费，第二季度的营业收入增长幅度就达到327.50%，其中无线成交金额同比增长683%。在2012年第四季度"淘宝嘉年华"等促销活动高峰期，营业收入更是突破110亿，较第三季度上涨55.46%。之后每年的第四季度一直保持着这样的高增长率。从第四季度到第一季度的增长率总是为负，尤其是在2012年，双十一活动在全国兴起之后，跌幅下降了10%左右。

当当网从2011年举办"双十一"促销节以来，第四季度同比增长也有了较大突破，但是增长幅度不如阿里巴巴；一方面可能因为当

[①] 参见逍遥子，《做双十一的这五年》，网址：http://www.zhihu.com/question/20573715。

当网主营为图书产品，消费者对此类商品的价格波动感知可能不如服装、电子设备等商品强，另一方面也可能由于当当网宣传力度不够大，活动形式不够新颖丰富，在竞争力相当的平台市场上对消费者缺乏吸引力。此外，当当网为 B2C 电子商务平台，通过自有物流体系满足网上订单的快递服务要求。自有物流系统的弊端在于无法保证快速的交易增长的快递服务需求，从而限制了其在"双十一"的销售增长步伐。尽管如此，当当网自 2011 年以来在促销活动较多的第 4 季度实现了更快的营业收入增长，而在此前和此后的季度里实现的营业收入增长则十分缓慢。

因此，上述分析表明，电子商务平台推出的网络促销节的确可以给其带来显著的销售收入增长，但是其后果是更大的销售收入波动和非节日期间交易的挤出效应，其中又以对节后交易和收入的挤出效应更为显著。此外，正如前文分析，作为交易中介的平台型商家比作为交易一方的非平台型商家从促销节中获得的好处更大。

表 4-2　　2009—2014 年阿里巴巴和当当网营业收入及其增长

年份	阿里巴巴		当当网	
	营业收入（亿元）	季度增长率（%）	营业收入（亿元）	季度增长率（%）
2009				
Q2	9.083		3.339	
Q3	10.324	13.59	3.893	16.59
Q4	11.057	7.13	4.480	15.08
2010				
Q1	12.206	10.31	4.48	0
Q2	13.662	11.97	5.16	15.18
Q3	14.493	6.10	6.07	17.64
Q4	15.214	4.98	7.109	17.12
2011				
Q1	15.317	0.69	6.876	-3.28
Q2	16.238	5.99	7.908	15.01
Q3	16.024	4.60	9.089	14.93
Q4	16.590	3.53	12.318	35.53
2012				
Q1	15.89	-4.22	10.836	-12.03

续表

年份	阿里巴巴		当当网	
	营业收入（亿元）	季度增长率（%）	营业收入（亿元）	季度增长率（%）
Q2	67.93	327.50	12.078	11.46
Q3	74.57	9.77	12.9	6.81
Q4	115.93	55.46	16.0	24.03
2013				
Q1	86.74	-25.18	13.338	-16.64
Q2	107.78	24.26	14.935	11.97
Q3	109.5	1.60	15.259	2.17
Q4	187.45	71.19	19.719	29.23
2014				
Q1	120.31	-35.82	17.358	-11.97
Q2	157.1	30.58	19.6	12.92
Q3	168.29	7.12	20.028	2.18
Q4	261.79	55.56	25.05	25.07

单位：亿元

数据来源：阿里巴巴、当当网年报；Techweb：http：//www.techweb.com.cn/internet/2010-11-18/720264.shtml；同花顺财报。

二 对平台卖家的影响

尽管推出网络购物节大大增加了平台的访问量和成交量，并为其带来可观的收入增长，但是网络购物节对于平台上的卖家意味着什么？前文的理论分析已经表明卖家参与降价促销很可能导致一种"囚徒困境"，即尽管参与网络促销节并不能给卖家带来更高的收益，但是参与是更好的选择。当然，也有可能，参与比不参与，平台上的卖家可以获得更高的利润或者其他好处。现实中，参与网络购物节的平台卖家既可能从中获得超额好处，也可能导致利润下降，乃至亏损。但无论如何，越来越多的卖家参与到诸如"双十一"之类的网购节说明了参与降价促销是以利润最大化为导向的理性选择：2009年阿里巴巴举办的第一届"双十一"购物节时仅有27家网店参与，到

2014年则有近2.7万个商家参与该活动。尽管每个企业参与网络购物节的目的和效果不同,且由于数据的缺乏我们无法获得商家从中获得的总体收益,但是我们仍可以分析平台卖家参与购物节的各种经济效应。这些效应包括:

(1)减缓库存压力,改善现金流。无论是传统线下商铺还是网店,都会受社会流行风尚变化等因素的影响,时常伴随着压货滞销的风险。而这些库存产品一旦过季,往往面临难以出售从而亏损的情况。在这种情况下,像"双十一"这样的网络购物节给众多商家提供了一个疯狂甩卖的时间,减轻了企业的库存风险。尽管商家的利润看似微乎其微,但其实不但能帮助商家快速清理库存,还能避免更大的损失。更何况双十一位于企业的财务年度的尾期,"甩卖"可以尽快回笼资金,降低财务风险,改善财务状况。

(2)提高品牌知名度,抢占或者维护市场份额。现在,越来越多的商家已经把"双十一"从寻求销量延续到品牌之争,这也能代表大部分商家参与促销节的主要目的。一些不知来源的调研数据认为,2012年,天猫商城约有50%的商家亏损或持平,到了2013年,这一数据上升到了70%。[①] 但是,不可否认的是,无论是从理论还是从现实来看,盈利并非是平台卖家参与网络促销节的唯一目的。更直观的例子是在2014年的"双十一"中,为了保证"江湖地位",天猫酒类店铺销量排名前四的酒仙、四川1919、购酒、中酒网共计亏损5000万以上。[②] 这也表明很多商家并非把利润放在第一位,而是为了在消费者心中树立品牌的口碑。同类商品市场竞争中,许多品牌商由于受到龙头企业的压制,一直未能打开消费者市场。"双十一"给他们提供了一个有利的契机,将商品价格压到行业平均价格以下,通过价格优势吸引消费者,在"同质低价"的前提下,让消费者体验品牌,从而迅速提高品牌知名度和影响力,尽快打开市场。但是,降价

---

① 参见http://news.ittime.com.cn/news/news_2663.shtml。
② 参见http://www.022net.com/2014/11-14/423966243246757.html。

促销也可能会产生不利的影响。当一种商品开始折价促销以后,可能会降低该种商品在消费者心目中的定位,降低品牌的自身价值和地位,从而给以后的涨价造成很大的压力。

(3)借助"双十一"降价促销机会促进线上和线下融合。除了为了广告和市场份额,平台上的卖家参与网络购物节的另一目的在于以降价促销为契机探索新的网络营销模式,培养新的消费习惯。2013年10月17日,银泰商业集团与天猫宣布达成战略合作,共同探索中国商业线上线下融合发展的O2O模式。天猫积极向线下延伸、搭建完整销售与体验链,银泰则继续深入、跨界向线上延展。一方面天猫通过其手机客户端将当年加入"双十一"活动的各大线上品牌官方旗舰店和线下实体店相互连通;另一方面,消费者可以通过由阿里巴巴收购的高德地图的手机客户端,轻易地找到自己所在城市所有参与"双十一"活动实体店的具体位置,并将线下体验与天猫会员体系相打通。这种新颖的方式使消费者能事先到线下实体店体验自己心仪的商品,避免了网购产生的实物与店铺图不符的弊端,更让线上和线下相互融合、互动,有利于企业品牌宣传。因此,电商企业可以借助网络促销节带来的人气形成线上线下协同合作的发展模式,注重从产品的开发设计与供应链管理等环节达到线上线下无缝对接,精准确定消费者需求,实现持续发展。

(4)更大的交易波动和现金流波动。与平台商一样,参与网络促销节也会增强平台上卖家的交易流和现金流的波动性。根据一些报道,参加"双十一"促销需要向阿里巴巴缴纳3%—5%的手续费,可观的广告费以及人员配备支出;在"光棍节"前两周,商家网上和线下销售明显下降,通常下降50%。不仅如此,不少商家仅在这几天的销售量占到全年网上销售量的15%。[①] 由参与网络促销节导致的财务成本和财务流波动以及交易量的非规则变化将对平台卖家产生

---

① 参见http://z.hangzhou.com.cn/gundong/2014ssy/content/2014-11/11/content_5521841.htm。

不利的影响。这种影响可能对于天猫商城卖家的影响更大：因为B2C关系中的卖家具有更大的资金实力，销售的产品具有更好的品牌形象，更高的价格和降价空间，因而更能承受参与网络促销节带来的成本和风险，结果其交易波动和现金流波动更大。

总之，不管平台上的卖家出于何种目的参与网络促销节以及最终能否如愿以偿，参与降价促销是市场竞争的需要。以平台商推出的网络促销节为契机，具有成本优势的卖家或清除了库存，或打出了品牌，或实现了薄利多销，或扩大了市场份额，或培养了客户需求，等等。消费者可以根据产品质量和购物体验对卖方进行评价，因而以次充好、虚假折扣等不良商家将会损失未来收益，而缺乏资金实力和降价空间的卖家将无法从中获利。从这个角度讲，降价促销起着促进市场竞争和优胜劣汰的作用，从中可以窥视和辨别卖家的竞争实力。

三　对消费者的影响

网络购物节中成交量的强劲增长，主要是受到活跃买家数量的增幅驱动。阿里巴巴集团在2015年1月29日公布的2014年第四季度业绩显示，截至2014年底12个月的年度活跃买家数量达3.34亿，比去年同期增加45%，最后一季度内约增加了2700万个用户。年度活跃买家大增，主要是由于来自全国的活跃用户量上升，特别是一、二线之外城市的用户持续出现急速增长，这也体现了网购节对消费者的巨大吸引力。据一项在2014年"双十一"之前针对网民的调查，35.1%的受访者明确表示将在"双十一"进行网购，而受访者对淘宝网的双十一活动的关注度高达98.4%。[①]

从消费者角度来看，促销节最大的好处当然是能以低于平时的价格买到自己心仪的物品。而且，只有足够低的价格才能保证消费者选

[①] 参见《双十一前夕网民关注度调查报告》，http://digi.163.com/14/1107/15/AAF7OQEA001618JV.html。

择在购物节消费。经过多年的宣传和越来越多电子商务平台的参与，"双十一"已经成为消费者可预期的网络促销节。为了保证足够的低价，具有市场势力的平台寡头，如阿里巴巴制订了严格的低价政策，具体包括如下两条：必须低于9月15日至11月10日期间成交最低价的九折；11月12日至12月11日期间不得低于双11当天售价出售。① 因此，如果商家严格执行政策，那么"双十一"价格基本上是9—12月这四个月中最低的价格。由于平台上的卖家没有权限去改变历史交易价格，阿里巴巴等交易平台可以很轻松地监督其平台上的卖家是否遵守上述规则。

网络促销能够营造一种类似于现场打折叫卖的环境，形成一个临时的社区，消费者可以对卖家服务态度和产品质量进行评价。如果商品的性价比不高，或者卖家的服务较差，坏名声将在客流量极大的网络购物节期间迅速传开。结果卖家很难在该平台上维持经营。因此，一个不受卖方控制的在线互评系统可以有效地抑制卖家的机会主义行为，从而营造了一个良性循环的有序电子商务市场环境。

透明的交易价格、充分的市场竞争、有力的低价监控和产品质量评价的确可以给用户带来切实的好处。这正是阿里巴巴等电子商务平台能够在短短一天实现逐年递增的惊人交易量的秘诀所在。对于消费者而言，在"双十一"进行抢购优于在节前和节后进行消费，从而导致其网购支出在其可支配收入中的比重大幅增加。不仅如此，由于消费信贷的存在，不少网友甚至透支自己的当期收入。此外，面对促销节的巨大优惠，部分不会进行网购的消费者也参与到网购中来。因此，网络促销节对于消费者而言增进了消费者的效用水平，导致消费者消费支出的大幅跨期再分配，由此传递为平台商和平台卖家跨期交易额和现金流的巨幅波动。

---

① 资料来源：http://money.sohu.com/20141110/n405863881_1.shtml。

第五节 研究结论

本章主要以"双十一"促销节为例从在线企业竞争策略的视角分析了网络促销节的成因及其对利益相关者的经济影响。

采用博弈论的分析工具，本章的研究表明平台商和平台上的卖家推出和参与网络促销节是平台之间相互竞争的结果。对于平台式电商而言，参与网络促销节活动的驱动力来自高成交额为其带来的提成和从商家处获得的广告收入。尽管平台式电商需要为网络促销节投入成本，但是该成本相对于其从成功推出促销节而获得的收益而言，显得微不足道。因此，这类平台的典型代表天猫商城通过推出"双十一"而大获丰收。对于自营式电商而言，受自营物流能力的约束，它们参与网络促销节的热情不及平台式电商，因而诸如当当、京东商城等自营式电商参与"双十一"促销节的时间均晚于阿里巴巴，并且盈利能力不如阿里巴巴。

对于平台上的卖家而言，参与平台商推出的网络促销节是卖家在平台商掌控海量终端市场的环境下相互竞争的必然选择，但是这并不意味着此时卖家的利润均比不参与促销节时要好。参与降价促销能够实现利润增长取决于促销节降价产生的消费需求增长以及由此带来的利润增长能否超过降价导致的利润损失和参与促销节的成本。

消费者关于购买时点的抉择取决于其对参与网络促销节的好处与提前消费的好处两者之间的对比。面对可预期的网络购物节降价促销，消费者推迟消费可以获得额外的效用，而当前消费则可以提前从消费产品中获得效用。消费者对两者净现值的比较决定了其购物时点的选择。可预期促销节更大的折扣、离促销节的时间更近、无风险利率更小，将会使消费者选择在购物节消费的概率更大。

可预期网络促销节带来的巨大消费需求和消费者的跨期购物时点选择对平台商和平台上的卖家产生如下影响：首先，导致企业在促销节前、中、后期间更大的现金流波动和经营风险；其次，企业特别是平台商可以在促销节期间实现更多的收入；再次，企业可以获得广告效应，提高产品和卖家的知名度，培养新的客户和新的消费习惯；最后，促销节对整个产品市场起着优胜劣汰的有效竞争作用。本章运用相关平台商的财务数据以及一些新闻报道资料对上述经济效应进行分析。

值得一提的是，本章基于网络促销节成因和经济效应的研究有助于我们理解一般性的促销活动。商家降价竞销的力度、距离促销的时间长度、消费者的忍耐度等因素同样影响到线下商场的促销效果。但是，与线下促销相比，在线促销节对消费者以及对商家的影响存在如下典型特征：首先，历史价格记录的搜寻成本极低导致虚假降价的可能性下降；其次，在线交易较低的时空约束导致消费者参与促销的成本极低；再次，网络促销节期间卖家之间和平台商之间的竞争程度更高；最后，线上促销的上述特征往往会导致卖方在促销前、中、后更大的资金流波动、更好的广告效应。

第五章

二手产品在线拍卖的价格形成机制
——以京东夺宝岛为例

第一节 引言

近年来,互联网对传统拍卖行业的渗透导致在线拍卖交易的迅猛发展。相对于传统现场拍卖,在线拍卖具有如下三个显著特征:第一,消除了拍卖的空间限制,使全世界各国的人们可以参与到拍卖中来;第二,降低了时间约束,一场拍卖可以持续几天乃至一周;第三,降低拍卖的运营成本,包括更低的佣金、吸引更多的买卖方(艾瑞里和西蒙森,2003)。结果,在线拍卖成为一种日益重要的交易形式和企业竞争的手段。

已有的在线拍卖平台可以分为两类:C2C 形式的在线拍卖平台和 B2C 形式的在线拍卖平台。前者如 eBay、淘宝拍卖、孔夫子旧书网,后者如京东商城的夺宝岛、嘉德拍卖公司开发的嘉德在线。这两类拍卖平台最大的差别是卖方数量:在 B2C 拍卖平台上只有一个卖方,即拍卖平台,而在 C2C 拍卖平台上有大量不同类型的卖方,且拍卖平台仅仅为联结交易双方的中间商。由于仅存单一卖方,B2C 在线拍卖可以比 C2C 在线拍卖更好地控制交易风险,排除了卖方声誉差异对拍卖成交价格的影响,有助于集中分析拍卖双方的行为对成交价格的影响。

本章将利用京东夺宝岛(http://auction.jd.com/index.action)的在线拍卖数据来估计 B2C 二手品在线拍卖价格的影响因素。正如本章第 2 节的文献回顾所示，目前，实证研究在线拍卖的文献主要是基于 C2C 在线拍卖平台的数据，如 eBay 和淘宝等，强调卖方声誉对于竞标者行为和拍卖价格的影响，而以 B2C 在线拍卖数据为基础的实证文献十分少见。这里的实证分析可以弥补已有文献在这方面的不足，有助于理解 B2C 在线拍卖中拍卖价格的形成机制及其与 C2C 在线拍卖的不同。

夺宝岛拍卖的产品均为京东商城用户退回的新旧程度不同的二手产品。京东商城作为中国最大的 B2C 电子商务平台，每天会产生大量的退换货产品。京东商城把这些产品按照新旧程度进行分类，在夺宝岛上通过一口价或者拍卖的方式进行再次销售，以充分挖掘二手产品的价值。夺宝岛采用固定结束时间的英式拍卖，由京东商城注册用户对二手品进行竞拍，出价最高者赢得产品。本章将基于夺宝岛拍卖比较 B2C 拍卖与 eBay 和淘宝等 C2C 拍卖的不同，实证估计买卖双方行为对 B2C 二手产品拍卖成交价格的影响。

我们的实证研究发现，B2C 二手产品拍卖中卖方的信号发送行为相对于竞标者行为对拍卖最高出价的贡献更大。其中，具有直接价值参考作用的新品价格对最高价的影响最为显著，但是这种影响随着拍卖品价值的提高而具有递减效应；而竞标者行为对拍卖最高价的影响虽然较小，但是随着拍卖品价值的提高而具有递增效应。

接下来的文章安排如下：第二节将回顾已有实证文献；第三节介绍京东夺宝岛的拍卖规则，并将其与 eBay 和淘宝拍卖进行比较；第四节介绍数据来源和变量选取情况；第五节报告实证分析结果；最后是本章结论。

第二节　文献回顾

与传统的现场拍卖相比，在线拍卖固然降低了拍卖的参与和运营成本，但同时也带来了更大的信息不对称，从而为机会主义行为提供了空间。对此，拍卖平台通过声誉机制，卖方通过信息发送行为，来缓解信息不对称带来的问题。买方则根据拍卖平台上的诸种信息进行估价和出价。已有文献利用在线拍卖数据检验了声誉机制、卖方的信号发送以及竞标者的估价和竞价策略对拍卖成交价格的影响。

一 声誉机制

作为对接拍卖双方的中间商，网上拍卖平台解决信息不对称的一个核心机制是交易反馈机制：双方可以在交易结束后对对方信誉进行评价。基于差评对未来收益损失的考虑，卖方会避免采取机会主义行为。因此，卖方良好的声誉可以吸引竞标者参与竞标，提高其支付意愿，并最终提高拍卖成交价格，而声誉溢价则进一步促进卖方对声誉进行投资，遵守诚信。

大量的实证文献运用 eBay 在线拍卖数据检验了声誉机制能否提高拍卖成交价格及其影响机制。例如，德万和许（Dewan and Hsu, 2004）不仅提供了信息不对称程度与拍卖成交价格之间反向关系的证据，也证实了卖家声誉可以缓解 eBay 拍卖中的逆向选择问题，对拍卖价格和成交概率产生促进作用。同样基于 eBay 的拍卖数据，豪泽和伍德斯（Houser and Wooders, 2006）以及勒金-赖利等（Lucking-Reiley et al., 2007）分别发现，在电脑 CPU 拍卖和收藏硬币的网上拍卖中，卖家声誉可以显著提高成交价格。雷斯尼克等（Resnick et al., 2006）在 eBay 通过拍卖旧明信片进行声誉控制实验，结果发现具有良好声誉卖家的成交价格比新的卖家要高出 8.1%，但是一两个差评对于新卖家拍卖成交价格的影响并不大。在大样本环境下，周黎安等（2006）和普雷泽皮尔卡（Przepiorka, 2013）分别利用易趣和 eBay 的拍卖数据发现，卖方信誉对成交价格和成交概率均具有提高作用。

一些实证文献进一步区分了声誉类型、声誉变化对拍卖成交价格的影响。张（Zhang, 2006）的实证研究发现，仅有拍卖方作为卖方的好评对成交价格和成交概率具有显著的促进作用，作为卖方的差评对成交价和成交概率具有显著的抑制效应，且差评的影响比好评更大。勒金－赖利等（2007）对 eBay 硬币拍卖数据的实证研究也发现好评和差评对成交价格的非对称效应。利维斯通（Livingston，2005）的实证研究表明，最初的几个好评可以增加竞标者数量，给卖方带来可观的回报，但是更多好评的边际回报具有很强的递减效应。卡布拉尔和霍塔苏（Cabral and Hortacsu，2010）通过分析 eBay 卖方的历史信息发现，卖方初次获得差评将会导致其周销售率从5%下降至8%，且声誉越差的卖方更可能退出 eBay。

但是，也有文献认为不应高估交易评价系统在缓解网上拍卖中信息不对称上的作用。例如，金哲和加藤（Jin and Kato，2006）在购买 eBay 上在线拍卖的棒球卡并对其进行专家评级后发现，买方花了更高的价格买入棒球卡。因此，交易评价机制并不能阻止卖方的欺骗行为，买方容易被卖方的不实信息所误导，花更多的钱买入劣质的产品。声誉仅增加了买方的竞标意愿和提高成交概率，但是对成交价的影响并不显著。迪瓦利和埃德林通（Dewally and Ederington，2006）利用 eBay 上漫画书拍卖数据发现，尽管声誉对拍卖价格具有促进作用，但是其重要性不及第三方认证，尽管两者在缓解信息不对称上可以相互替代。

尽管一些实证研究对网上拍卖平台通过声誉机制来抑制机会主义行为的重要性和有效性存在分歧，但总体而言，网上拍卖数据表明声誉机制有助于抑制卖方信息优势下的机会主义行为，从而提高拍卖的成交价格和效率。因此，声誉是一种有价值的信息，可以给拍卖带来溢价，也使卖家愿意对信誉进行投资，正如普雷泽皮尔卡（2013）基于 eBay 大样本拍卖数据得出的研究结论。正是声誉机制的有效性，交易互评系统被国内外网上交易平台广泛采用。

二 信号发送

卖方积极的产品质量信息发送行为源自经济利润的激励。这种产品质量信号发送行为包括三个方面：详细的信息披露、积极的声誉投资和充分利用拍卖规则。大量的实证文献检验了卖方的信号发送行为对拍卖价格的影响。

首先，通过提供产品照片，详细描述产品细节等方式，卖方可以缓解信息不对称，降低交易摩擦，提高拍卖品成交价格。一些利用 eBay 礼品卡拍卖数据（杜拉民和维泽，2011）和 eBay 二手汽车拍卖数据（刘易斯，2011）进行的实证分析支持了卖方详细的信息披露对于成交价格的促进作用。葛雷和欧弗曼（Goeree and Offerman, 2003）的实证研究也支持了信息披露与成交价格之间的正向关系。有经验的卖方总是充分利用在线拍卖系统展示产品信息，吸引竞标者和提高拍卖成交价格与概率（苟斯等，2013）。

另一方面，卖方总是愿意通过发送产品质量信号来降低拍卖中由信息不对称导致的逆向选择，或者投资于这些信号。（普雷泽皮尔克，2013）运用 eBay 上近 176000 个样本发现，卖方在更好声誉带来的更高拍卖价格和收益的激励之下会积极通过一口价交易对声誉进行投资，并凭借好声誉从更高拍卖成交价中获得回报。缺乏信誉记录的卖家还可以诉诸于其他途径，如第三方认证和评估信息，来增强竞标者对其信任程度（迪瓦利和埃德林通，2006；王等，2013）。

第三，卖方还可以通过设定拍卖时间、保留价与加价幅度来提高拍卖效率和成交价格。大量基于 eBay 等在线拍卖数据的实证研究（艾瑞里和西蒙森，2003；苏金-赖利等，2007；迪瓦利和埃德林通，2004；张，2006）表明，时间较长的拍卖可以吸引更多的竞标者，更容易产生更高的成交价格和增加卖方收益。但也有不同的研究结果：冈萨雷斯等（Gonzalez et al., 2009）对 eBay 上计算机显示器拍卖中竞标者策略行为的分析却发现，拍卖时间与最终成交价格以及竞标者人数之间关系微弱，声誉好的卖方往往会缩短拍卖时间，因为他们无须通过延长时间来吸引更多的竞标者。

与拍卖时间和价格之间相对简单的正向线性关系相比，保留价的设定与拍卖价格和效率之间的关系更加复杂。已有文献把保留价分为两种：一种为公开保留价，又称起拍价；另一种是秘密保留价，即通常所说的保留价。

拍卖理论认为，卖方设立保留价可以增加其收益（梅耶森，1981；瑞雷和萨缪尔森，1981）。如果竞标者的估价不是相互独立的，保留价则可以提高竞标者对拍卖品价格的估计（米尔格罗姆和韦伯，1982）。实证研究支持了保留价与拍卖成交价格之间正向关系的条件性：①当只有一个竞拍者时，保留价可以保证卖方收益不低于保留价，因而保留价相当于一个竞标者，有助于提高拍卖成交价格（勒金－赖利等，2007；冈萨雷斯等，2009）；②当拍卖品书面价值更高时，通过设定秘密保留价和较低的起拍价，既可以吸引更多竞拍者，也可以防止成交价过低，从而有助于降低拍卖风险（巴加里和霍塔苏，2003）；③在不存在替代品时，保留价具有价值参考作用，也可以提高拍卖成交价格（艾瑞里和西蒙森，2003）。

由于较低的进入门槛，在线拍卖方面临着更大的竞争。市场竞争一方面会降低卖方的机会主义行为，另一方面使卖方相互学习和模仿——每个卖方都学会充分利用网上拍卖平台发送产品信息。这可以解释为什么在 eBay 漫画书拍卖中高达 96.5% 的卖方都提供了产品扫描图片（迪瓦利和埃德林通，2006）。

三　估价和出价策略

竞标者行为与拍卖价格之间的关系可以从三个方面来考察：竞标者的数量、估价和出价。竞标者的数量是竞标者估价和出价的基础。当竞标者很少时，如只有一人，竞标者的估价和出价很简单，即只要不超过估价，尽可能地出低价。随着竞标者数量不断增加，竞标者的估价和出价变得复杂。当竞标者对拍卖品价值不确定时，他们需要通过一些参照点来估价；当竞标者对其他竞标者估价不清楚时，他们需要采取一些策略来出价。多人竞拍时竞标者的估价和出价影响着最终的成交价格。

竞标者数量通过两个渠道影响拍卖价格：估价空间和竞标激烈程度。更多的竞标者意味着更大的估价空间，从而提高拍卖品成交的价格空间和概率；更多竞标者会增强竞争，诱发羊群效应，从而也会提高成交价格（葛雷和欧弗曼，2003；考夫曼和伍德（Kauffman and Wood，2005；张，2006；西蒙森和艾瑞里，2008）。直接把竞标者数量作为网上拍卖成交价格的解释变量会导致内生性问题。竞标者数量往往与影响拍卖成交价格的遗漏变量存在很强的相关性。这就需要寻找竞标者数量的工具变量。基于（巴加里和霍塔苏，2003）对在线拍卖中竞标者进入决策的实证研究，利维斯通（2005）运用起始出价占面值的比值和好评率作为竞标者数量的工具变量，来估计网上拍卖成交价格的影响因素。冈萨雷斯等（2009）在分析 eBay 显示器拍卖中竞标者的策略性行为时则把拍卖持续时间用作竞标者数量的解释变量，理由是拍卖持续时间对价格的影响并不大，有经验的竞标者会对此作出反应。类似地，亚当斯（Adams，2007）采用拍卖天数和拍卖月份作为竞标者人数的工具变量。欧那和维拉姆里（Onur and Velamuri，2014）使用相连拍卖结束的时间间隔、周末虚拟变量以及卖方评分作为竞标者数量的工具变量，发现由 2SLS 估计出来的竞标者数量变量的系数超过了 OLS 估计的 3 倍。

当竞标者不确定拍卖品的价值时，竞标者会充分参考拍卖中的各种信号来估价：

首先，卖方发送的一些能够直接反映产品价值的信息，如书面价值和第三方评估价值对竞标者估价具有很强的参考作用（参见迪瓦利和埃德林通，2004；苏金-赖利等，2007；杜拉民和维泽，2011，等等）。如果卖家同时提供一口价（Buy-Now Prices），那么一口价也具有价值参考作用（波普科维斯基等，2009）。

其次，在英式在线拍卖中，后出价者可以观察到此前的出价，因而竞拍者对拍卖品的估价不再相互独立。已有出价不同程度上反映了竞标者对拍卖品的偏好和估价，从而具有提供产品价值参考作用（艾瑞里和西蒙森，2003；考夫曼和伍德，2005）。

第三，起拍价和保留价也可以提供拍卖品价值的信号。（艾瑞里和西蒙森，2003）的实证研究表明，由于起拍价的价值参考作用，起拍价提高 1 美元将导致成交价格提高 0.8 美元。但前提是对拍卖品的估价存在信息不对称。否则,起拍价不具有价值参考作用,而只有防止成交价太低的作用(特芳特曼和特拉克勒,2010)。

策略性出价被竞标者用以降低竞争程度和受其他竞标者的影响,或者在获取产品价值信息,以防止过度竞标和"赢者的诅咒"。在刚性拍卖结束时间下,竞标者降低自己出价受其他竞标者影响的最优出价策略往往是采取狙击出价策略。罗斯和欧旨菲尔斯(Roth and Ockenfels,2002)发现,在采用固定结束时间的 eBay 拍卖中拍卖结束前半个小时内的出价超过总出价次数的 2/3,而在采用弹性结束时间的亚马逊在线拍卖中结束前半个小时内的出价数仅占 1/4。

竞标者的出价时机差异还被解释为竞标者在独立私人价值下的学习行为。不确定拍卖品价值的竞标者利用多次出价和起拍价等信息来获取或调整对产品价值的估计,而知道价值的竞标者则采用狙击策略,限制其他竞标者的学习行为(侯赛因,2008)。想搜集产品估价信息的竞标者可能采取提前出价策略(文特,2008)。

竞标者的策略性竞标行为还表现为如下两个方面:当意识到卖方存在潜在的托标行为时,竞标者降低出价水平(查克拉波提和科斯摩波罗,2004);当存在多种产品同时拍卖时,竞标者通过交叉比较以一个较低的成交价竞得拍卖品(安瓦尔等,2006)。

那么,策略性竞价能否降低在线拍卖成交价格?波瓦那和沃克(Pownall and Wolk,2013)的研究发现,由于竞标者的学习行为,10次以上的竞拍经验会降低 26% 的竞标价格。加拉特等(Garratt et al.,2011)的拍卖实验表明,富有经验的竞标者过度竞标的倾向更低,导致更低的拍卖效率。科斯坦蒂尼等(Kostandini et al.,2011)和西蒙森和艾瑞里(2008)运用 eBay 上的同质产品拍卖数据发现,经验更丰富的竞标者会避开由低起拍价导致的羊群效应,以一个较低的平均价格购得同质产品。

第三节 京东夺宝岛

京东夺宝岛是京东购物网站上的一个专门拍卖其二手产品的电子商务平台，属于京东商城网站的一个部分，网址为http://auction.jd.com/。根据京东商城网站的介绍，这家成立于2004年的B2C公司已经是中国最大的自营式电商企业，2014年第2季度在中国自营式电商市场的占有率为54.3%。毫无疑问，这样一个大规模的自营式电子商务平台必然会产生大量的退换货问题。通过夺宝岛，京东把各种二手产品通过在线拍卖或者一口价的方式再度销售。截至2014年11月份，已有207万余件二手品被成功拍卖。在确保产品功能完备的条件下，夺宝岛会给京东和消费者带来双赢的结果：京东可以尽可能地榨取退回产品的剩余价值，而消费者则有机会以较低价格获得与新品具有基本等同功能的二手产品。

夺宝岛拍卖的二手产品分为三类：未使用的产品，包括未拆封和已拆封但未使用的产品；使用过的产品，即短期被使用过，或者略有瑕疵，但功能完好的产品；维修过的产品，即返修过但功能完好的产品。因此，夺宝岛拍卖的二手品均为功能完好的产品，具有与新品基本相同的使用价值。被拍卖品分为六大类：家用电器、手机数码、电脑办公、运动健康、礼品箱包钟表和其他产品。拍卖快要结束的产品被置于网页的醒目位置。

夺宝岛的产品竞拍页面如图5-1所示。产品拍卖页面显示产品基本信息、夺宝编号、产品存放地、当前价格（出价者）、新产品在京东的价格、剩余拍卖时间、使用状态、包装外观、附件清单、参与资格以及出价输入口。夺宝岛拍卖采用规定结束时间的英式拍卖，拍卖期内出价高者中标。拍卖规则设定了起拍价、最低和最高加价幅度。拍卖页面还提供了出价次数、出价人、出价价格以及出价时间。此外，每个产品的拍卖网页还会展示拍卖交易流程、详细商品信息、产品的口碑、夺宝攻略以及方便用户比较的"去商城查看商品"的点击链接。

图 5-1　京东夺宝岛竞拍页面

图片来源：笔者截自京东夺宝岛

　　如果我们把京东夺宝岛与 eBay 和淘宝网等国内外在线拍卖平台进行比较，我们可以发现这种 B2C 形式的二手产品拍卖平台存在一些典型的差别：

　　首先，夺宝岛为只有单一卖方（即京东商城）的 B2C 形式的在线拍卖，而 eBay 和淘宝拍卖具有大量卖方。因此，夺宝岛并不像 eBay 和淘宝拍卖那样是一个开放的拍卖平台。由于只有单一卖方，夺宝岛相对于淘宝和 eBay 在线拍卖具有更低的信息不对称。

　　其次，拍卖规则存在差异。由于更大的信息不对称，为了保护卖方的利益，eBay 和淘宝拍卖的卖方可以设定保留价，发布第三方的价格评估信息，而淘宝更是要求竞拍者提交保证金；为了保护买方利益，eBay 可以允许中标者事后对交易进行评价或采取第三方支付制度。而 B2C 拍卖性质的夺宝岛则无须上述规则来保护自己和竞标者的利益。

　　第三，京东夺宝岛上拍卖的产品均为二手产品。这些二手品的同款新品构成了这些拍卖品的价格上限。淘宝和eBay上的拍卖品种繁多，许多拍卖品并不存在一个明显的价格上限。因此，夺宝岛给竞标者出价设定了一个理性上限，新品价格具有重要的价值参考作用。

第四，夺宝岛拍卖鲜有流标的情形。相比于淘宝和eBay上卖方设立的较高的保留价格，夺宝岛上所有拍卖品的起拍价为1元，且不存在保留价。较低的进入门槛和起拍价可以避免eBay拍卖数据中由最高价低于保留价和无人竞标导致的样本选择问题（巴加里和霍塔苏，2003），也缓解了由遗漏不同卖方在经验和语言表述能力差异等方面的变量而导致的竞拍者人数内生的问题（勒金－赖利等，2007），从而降低了在线拍卖中的这些数据问题对本章研究结果的影响。

第四节 数据与变量

本章采用的数据来自京东夺宝岛的在线拍卖网页。每天有数千件二手产品在该平台上进行拍卖。手机数码和电脑办公产品占夺宝岛上二手拍卖品的90%以上，其中又以手机通信、手机配件、电脑整机和电脑配件为主。以这类产品为主要拍卖品并不难以理解：由于电子产品的模块化生产特征，其二手产品在功能上与新产品并无实质差别，从而使消费者愿意以一个较低的价格买入这类二手产品，也使京东能够利用夺宝岛拍卖平台来"榨取"更多的二手品"剩余价值"。

基于已有文献、京东夺宝岛在线拍卖特征与网页上所提供的信息，本章构建如下计量模型来研究卖方的信号发送行为和竞标者的估价和出价对成交价格的影响：

$$w_i = c + S_i\beta + B_i\alpha + \varepsilon_i \tag{5-1}$$

其中，w为最高价格；S分别为平台向潜在竞标者发送的产品信号；B为竞标者的出价行为；c为常数项，β和α为待估系数向量；$i=1,\cdots,n$，为拍卖产品；ε_i为随机扰动项，且$\varepsilon_i \sim N(0, \sigma^2)$。各变量的选取与构造解释如下：

最高价格（w），即某二手产品在线拍卖中的最高出价。尽管不少实证研究（如迪瓦利和埃德林通，2006；勒金－赖利等，2007）在估计在线拍卖成交价时采用同类产品的最高价，但是也有不少研究中因变量为不同产品的成交价（如普雷泽皮尔卡，2013；周黎安等，2006）。如果能够控制足够的影响不同类二手产品成交价格的解释变量，那么，采用具有不同价值的不同产品样本不会产生统计推断问题。

拍卖方的信号发送行为 S 采用如下指标来度量：

（1）新品价格。同款全新产品的价格衡量了二手产品的最大内在价值，构成了二手品拍卖的价格上限。给定其他因素，新品价格越高的产品，其拍卖的绝对成交价越高。

（2）产品声誉。与已有基于 eBay 的实证研究不同，这里的声誉为拍卖品声誉，而非京东商城声誉。该指标采用好评率来计算，度量了用户对该产品质量的评价。竞标者更愿意对好评率较高的产品的二手产品出高价。

（3）产品使用程度。该指标为一个三维虚拟变量，反映拍卖品的三种使用程度："使用过"、"维修过" 和 "未使用过"。另外，我们还运用产品包装外观情况来反映使用程度：包装外观良好记为 1，否则为 0。

（4）产品拍卖时间，包括：①是否处于上网高峰时段，即如果最后出价人的出价时间在 18 点以后，22 点之前，则表示拍卖处于网络峰值时期，记为 1，否则记为 0；②拍卖持续时间，即每次拍卖的持续时间。

（5）产品描述和附件。这里采用拍卖品标题的字符长度和附件字符长度来度量。

竞标者的行为 B 采用如下指标来度量：

（1）拍卖竞争程度。本章采用如下指标来度量竞拍的竞争程度：竞拍人数，即拍卖期间参与竞拍的人数。

（2）竞拍者特征，包括：①由竞标者异质性度量的竞标风险。竞标者偏好的多元化会使竞标充满着不确定性，更有可能存在对拍卖品评价更高的竞标者。考虑到不同偏好的人会采取不同的出价策略，我们采用每次加价的标准差来度量竞标风险。②同一竞标者的最大出价次数，即同一个竞标者在一项拍卖中的最大出价次数，用以度量竞拍中是否存在需求很强的竞拍者。③中标者出价次数，用以反映中标者的非理性程度。一般而言，比较冷静的竞标者往往会静观竞标价格，适时出价，从而赢得标的。当然，也有竞拍者会采取恐吓策略，通过大幅加价来吓退其他竞拍者。

此外，考虑到不同类型二手产品在使用价值和内在价值上的差异、产品存放地对竞拍者获取产品费用的影响，以及由此对竞拍者支付意愿产生的影响，我们还控制了产品类型和产品存放地多维虚拟变量。由于京东夺宝岛拍卖中只有一个卖方，所有拍卖品的起拍价为1元且无保留价，对加价幅度的限制很小，我们无须控制这些变量。1元起拍价和无保留价也使夺宝岛拍卖不存在流标问题，从而避免了此类样本选择问题。

我们于2014年5月25至5月28日从京东夺宝岛上随机搜集了862个二手产品拍卖样本，剔除4个最高出价高出全新品价格的非理性样本，得到858个有效样本。表1报告了所有非虚拟变量的描述性统计情况。从中可知，858项拍卖的成交价存在很大的差别，最低只有5元，最高达18889元，均值为1136.191元。新品价格则从10元到29999元，均值为1638.048元，均高于成交价。拍卖平均竞价15.712次，平均有11.231人参与竞价，平均持续时间接近1个小时。商城销售全新竞拍品的平均好评率高达91.836%；竞标风险均值为0.684。单次拍卖中竞价次数最多的竞标者平均竞价3.033次，而中标者平均出价次数仅为1.373次，这说明中标者更理性，往往采取冷静的"狙击"策略。

表 5-1　　　　　　　　　变量的描述性统计

变量（单位）	样本数	均值	标准差	最小值	最大值
最高出价（元）	858	1136.191	1707.334	5	18889
竞标人数（人）	858	11.231	4.910	2	30
竞拍持续时间（分钟）	858	57.795	32.047	2.2	299.45
新品价格（元）	858	1638.048	2368.572	10	29999
好评率（%）	855	91.836	4.130	66.667	100.000
竞标风险	858	49.458	104.104	0.869	1459.299
同一竞标者最大竞标次数（次）	858	3.057	1.853	1	18
中标者竞标次数（次）	858	1.379	1.025	1	18

第五节　实证结果

考虑到计量模型中存在异方差问题，我们采用麦金农和怀特（Mackinnon and White, 1985）提出的方法进行 OLS 估计。表 5-2 中的模型（1）至模型（4）均为控制异方差的 OLS 估计结果。模型（5）为考虑竞标者数量内生性的两步法最小二乘估计（2SLS）。

一　卖方信号发送与拍卖最高价

根据模型（1）可知，在卖方发送的关于二手拍卖品价值和质量的各种信号中，新品售价、外观和包装良好、拍卖持续时间、标题长度等变量均在 5% 以上的显著水平与拍卖最高价正相关。其中，新品价格对拍卖最高价的影响最为显著，新品价格提高 1 个百分点，最高价将会提高 0.96 个百分点。与已有实证研究（如普斯泽克等，2009；杜拉尼和维泽，2011）一致，这意味着新品价格对二手拍卖品价值具有最重要的参考作用。为了进一步观察新品价格在二手品拍卖估价中的重要性，在模型（2）中，我们剔除了新品价格变量。结果发现，剔除该变量将会导致其他变量估计系数的显著水平和大小均会发生巨大变化：一方面使大部分变量的估计系数和显著水平被高估,另一方面使维修过和未使用过产品的估计系数变得不合理。整个模型的拟合优度也从模型(1)的0.979下降至0.881。

维修过的产品的最高价并没有显著高于使用过产品,但是未使用过产品的最高价显著高于使用过产品6.1个百分点。外观和包装良好的产品也会导致一个更高的拍卖价格,其拍卖最高价比外观或包装存在破损的产品要高15.2个百分点。

拍卖持续时间与拍卖最高价显著为正,但是实际影响并不大。拍卖时间延长1分钟,拍卖最高价将提高0.1个百分点。以样本大约1个小时的拍卖时间计算,由拍卖时间贡献的最高价仅为6个百分点。拍卖持续时间比较小的影响反映了一个事实,即它本身并不影响拍卖价格,而是通过影响竞标者人数来影响价格。

标题长度一方面具有拍卖品信息披露的作用,如产品商标、参数、型号等,也反映了产品的价值,从而对拍卖最终价格具有促进作用。但是附件长度并没有显著提高拍卖成交价,这一方面由于标题长度与附件长度之间在披露产品信息上具有替代作用,另一方面也可能是由于字符长度并不能真正反映附件的实际多少。

值得注意的是,在本章所采用的B2C二手产品拍卖中,商城同款产品销售的好评率与最终成交价格之间并不存在一个较高显著水平的联系。作为声誉指标的好评率在已有研究中被广泛证明为具有显著的拍卖溢价效应,但在这里,无论是显著水平还是估计大小,对最高价的促进作用并不大。这说明在B2C拍卖中,唯一卖方京东商城对产品质量的保证对作为产品声誉的好评率具有替代效应。而且,由于这里好评率为产品的好评率,而不是已有研究中卖方的交易好评率,产品声誉已经内化在新品价格之中了。正如我们在模型(2)中看到的,一旦剔除了新品价格变量,好评率则显著促进了拍卖成交价。这也意味着好评率可能更多地在发挥着吸引更多竞标者的作用,而不是直接导致更高的成交价。

上网高峰期变量均没有对在线拍卖价格产生显著的影响。对此的一个解释是，卖方在高峰期投放更多的拍卖品抵消了潜在的需求扩张效应，而且，上网高峰期对在线拍卖的影响更可能表现为对竞标者进入的影响。

二 竞标者行为与拍卖最高价

竞拍人数对最高价的影响与理论预期的一致。更多的竞标者，意味着更大的估价空间和更激烈的竞标，从而推高拍卖最高价。根据模型（1）可知，每增加1个竞标者，最高价提高1.5个百分点。显然，在平均11个竞标者的夺宝岛在线拍卖中，竞标者对最高出价贡献了16.5%个百分点。忽视竞标者数量会高估新品价格的价值参考效应、好评率以及拍卖持续时间对最高价的影响（见模型（3））。因此，正如理论预测，竞标者人数是决定成交价格的重要变量之一。

同样，度量竞标者异质程度的指标，竞标风险与最高价成显著正向关系，估计系数大小为0.03，即竞标风险提高1个百分点，最高出价提高3个百分点。单人最大出价次数也与最高出价正相关，估计系数为0.015，换言之，强烈需求的竞标者对最高出价有显著的影响。考虑到多次出价具有价值披露作用，在关联估价时，多次出价可以提高竞标者对拍卖品的估价，从而推高最高价格。赢标者的出价次数与最高出价没有显著关系，这说明赢标者往往是有经验者，对拍卖品价值有自己的判断，因而并不会单纯靠出价来赢标，而是采取多样化的竞标策略。

三 内生性

一些同时影响着竞标者数量和成交价格的不可见因素将会导致竞标者数量是内生性的。例如，在线拍卖所存在的进入成本既影响到竞标者的参与选择，也会影响到拍卖的成交价格（巴加里和霍塔苏，2003）。我们先采用勒金-赖利等（2007）的方法来处理竞标者人数的内生性问题，即直接在成交价格估计模型中剔除了竞标者数量。他们认为在尽可能控制那些影响竞标者选择的因素的情况下，剔除竞标者数量不会导致错误的推断。结果如模型（3）所示，所有变量的符号并没有变化，但是大小和显著性发生了变化：新品价格、好评率、拍卖持续时间和最大出价次数等指标的影响变大了，而未使用过产品和竞标风险的影响变小了。

由于事实上我们不能控制所有影响竞标者进入的因素，且直接剔除竞标者人数导致新品价格的估计系数增至不合理的 1.003，我们进一步采用工具变量法来解决内生性问题。基于已有文献（如巴加里和霍塔苏，2003；利维斯通，2005；欧那和维拉姆里，2014）对工具变量的探讨，我们选取产品好评率、上网高峰期和拍卖持续时间作为竞标者数量的工具变量。理由是，产品好评率为用户对商场销售产品的好评率，它不受拍卖方和竞标者影响；上网高峰期和拍卖持续时间对最高价格的影响要么不显著，要么影响很小（见模型（1）和（2）），也不受竞标者控制。但是，这些变量无疑都会影响到竞标者的进入选择，而且在模型（1）中剔除这些工具变量对其他变量以及整个模型的解释能力影响很小（如模型（4）所示）。因此，这三个变量可以被选为竞标者人数的工具变量。

模型（5）报告了基于上述工具变量的 2SLS 估计结果。与欧那和维拉姆里（2014）的实证研究一致，控制内生性之后，竞标者数量对最高价格的影响变大了，估计系数为 0.043，是模型（1）的近 3 倍，模型（4）的 2.5 倍。增加一个竞标者，将会使最高出价提高 4.3 个百分点；新品价格的价值参考作用则下降为 0.888；未使用过产品的最高价比使用过的产品显著高 7 个百分点；竞标风险对最高出价的影响增至 0.054，而单人最高出价次数则不显著。这些变化反映了上述变量对最高价格的影响会通过竞标者数量发挥作用。当控制内生性，剥离了这些变量通过竞标者数量对最高价格的影响，其估计系数的大小和显著性也会发生变化。

表 5 - 2　　二手品在线拍卖价格影响因素的 OLS 估计

变量	最高价				
	(1) OLS	(2) OLS	(3) OLS	(4) OLS	(5) 2SLS
新品价格	0.963***		1.003***	0.979***	0.888***
	(0.024)		(0.021)	(0.024)	(0.031)
好评率	0.006*	0.015**	0.007**		
	(0.003)	(0.006)	(0.003)		
维修过	-0.015	0.097*	-0.020	-0.017	-0.008
	(0.028)	(0.058)	(0.028)	(0.027)	(0.023)
未使用过	0.061**	0.047	0.056*	0.055*	0.070**
	(0.030)	(0.071)	(0.031)	(0.029)	(0.030)
外观包装良好	0.152***	0.305***	0.152***	0.154***	0.153***
	(0.048)	(0.096)	(0.049)	(0.048)	(0.031)
上网高峰期	-0.010	0.035	-0.006		
	(0.017)	(0.046)	(0.018)		
拍卖持续时间	0.001***	0.008***	0.002***		
	(0.000)	(0.002)	(0.000)		
标题长度	0.003**	0.017***	0.003**	0.003**	0.002***
	(0.001)	(0.002)	(0.001)	(0.001)	(0.001)
附件长度	0.000	0.002**	0.000	0.000	0.000
	(0.000)	(0.001)	(0.000)	(0.000)	(0.000)
竞拍人数	0.015***	0.084***		0.017***	0.043***
	(0.003)	(0.007)		(0.003)	(0.008)
竞标风险	0.030***	0.182***	0.017***	0.031***	0.054***
	(0.008)	(0.024)	(0.005)	(0.007)	(0.007)
单人最大出价次数	0.015***	0.076***	0.020***	0.018***	0.007
	(0.005)	(0.014)	(0.005)	(0.005)	(0.007)
赢标者出价次数	0.002	-0.010	-0.003	0.001	0.010
	(0.006)	(0.025)	(0.006)	(0.006)	(0.009)
产品所在地虚拟变量	是	是	是	是	是
产品类型虚拟变量	是	是	是	是	是
常数项	-2.038***	1.106*	-2.225***	-1.589***	-1.340***
	(0.293)	(0.568)	(0.301)	(0.295)	(0.129)

续表

变量	最高价				
	（1）OLS	（2）OLS	（3）OLS	（4）OLS	（5）2SLS
样本数	853	853	853	859	853
拟合优度	0.979	0.881	0.978	0.979	0.976

注：模型（1）—（4）括号中的值为稳健性HC3标准误，模型（5）括号中的值为标准误；*、**、*** 分别表示10%、5%和1%的显著水平；最高出价和新品价格均取对数；模型（5）中的工具变量为好评率、拍卖持续时间和上网高峰期；内生性检验表明竞标者人数是内生的（Durbin (score) chi2 (1) = 11.993 (p = 0.0005)；Wu-Hausman F (1, 826) = 11.779 (p = 0.0006)）；过度识别约束检验表明工具变量是有效的（Sargan (score) chi2 (2) = 3.981 (p = 0.137)；Basmann chi2 (2) = 3.868 (p = 0.145)）。

四 分位数回归结果

相对于OLS回归，基于最小绝对值偏差方法的分位数回归的好处是不要求误差项满足特定的分布，对异常值更稳健，且可以观察到因变量不同分位上各自变量的估计系数大小（达维诺等，2014），从而可以得到更丰富的研究结论。对此，我们构建了如下分位数回归模型：

$$Q_{\log(w_i)}(\tau \mid B_i, S_i) = c(\tau) + B_i\beta(\tau) + S_i\alpha(\tau) + \varepsilon_i(\tau) \quad (5-2)$$

其中，w_i、B_i和S_i的含义与模型（1）相同，τ为分位数，且$Q_\tau(\varepsilon_i(\tau) \mid B_i, S_i) = 0$。考虑到竞标者人数的内生性，我们采用与表5-2中模型（5）相同的工具变量，基于Lee（2007）提出的不存在数据审查的（uncensored）分位数工具变量法来估计模型（2）。该方法类似于两阶段最小二乘法，先采用一个简化模型来估计内生变量的残差，然后运用估计出来的残差以及其他解释变量来估计模型（2）。该方法不需要对估计出来的残差和模型（2）中随机扰动项之间的随机关系施加函数形式限制。由此，我们得到卖方的信号发送和竞标者行为在不同分位上的估计系数，并将其与2SLS结果进行比较，如图5-2所示。

根据图5-2可知，新品价格对二手品产品拍卖成交价的价值参

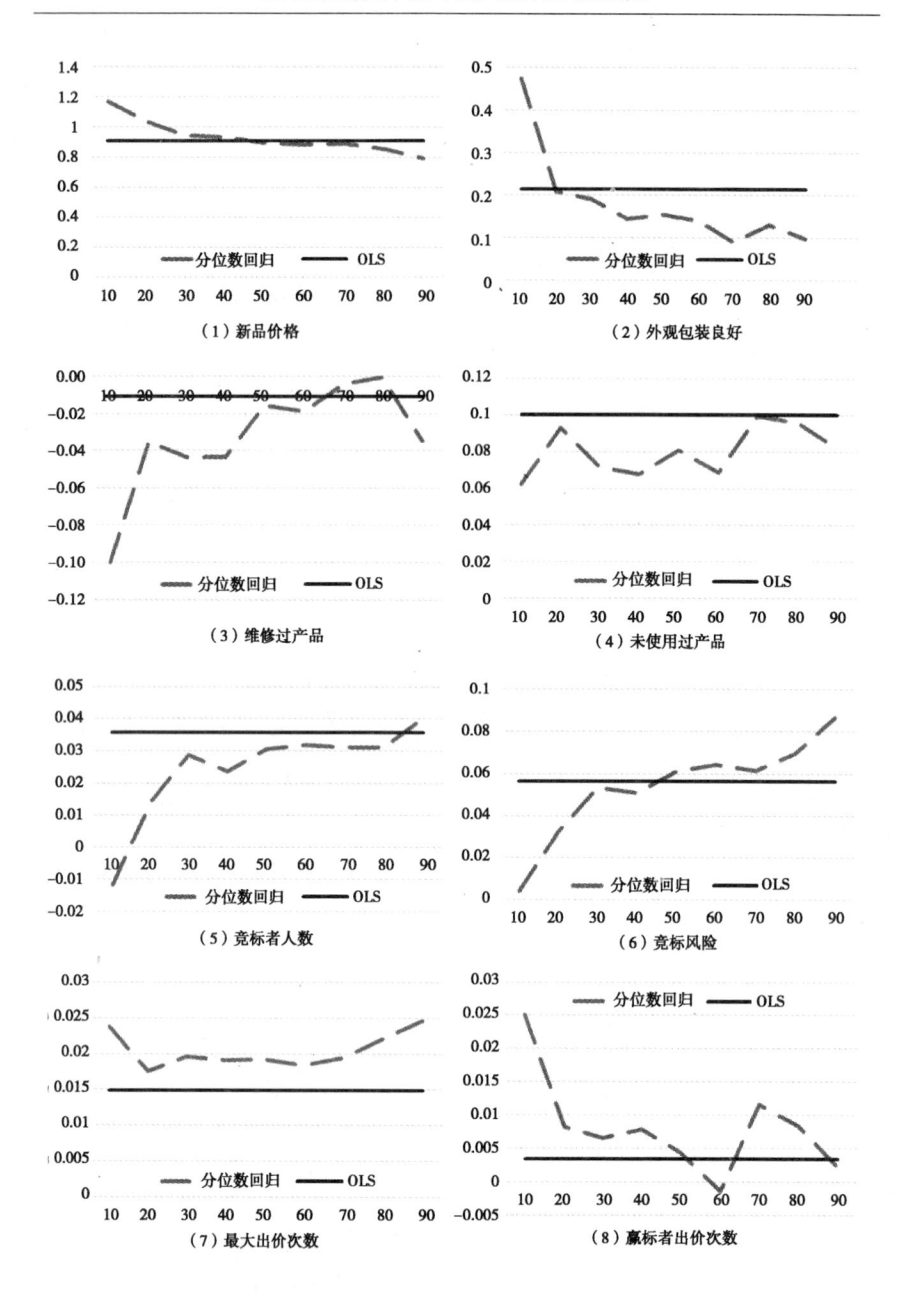

图 5-2　分位数回归下的卖方信号发送、竞标者行为与最高出价

注：第一阶段为 OLS 回归；结果由分位数 IV 回归（uncensored）给出；内生性的处理与表 5-2 一致。

考作用随着成交价分位数的提高而不断下降，在 90% 的高分位下，其估计系数大约为0.8。这说明新品价格的价值参考作用具有递减效应。类似地，外观和包装均良好的二手品拍卖价格对成交价格的影响也随着因变量分位数的提高而具有递减的效应：在10%的分位下，外观和包装均良好的产品的成交价格比其他产品成交价格平均高出近50%，而在高分位上，其大小仅为10%。维修过的产品和使用过的产品在成交价上的差异主要表现为成交价的低分位上，而在高分位上两者成交价之间的差别在缩小。未使用过的产品与使用过的产品成交价的差异在不同分位上差别不大。从竞标者行为方面来看，竞标者人数和风险对成交价格的影响具有递增的效应：在高分位上竞标者和竞标风险对成交价格的影响高于低分位。单人最大出价次数对成交价格的影响在低分位和高分位高于中间分位，且不同分位上的估计系数均高于OLS回归下的结果。赢标者出价次数对成交价的影响仅在低分位上较大，这也说明中标者更可能采取相机抉择的出价策略，具有更丰富的竞拍经验。

鉴于成交价格与产品内在价值之间的正向关系，分位数回归的结果具有更直接的对策含义。首先，从卖方而言，对于更高价值的二手产品拍卖，由于诸如新品价格和产品新旧程度能够发挥的信号发送和估价参考作用在下降，而竞标者之间的竞标则具有更大的促进成交价格的作用，提高拍卖效率则需要吸引更多的竞标者。其次，对于竞标者而言，想要从拍卖中获取更大的收益，则需要避开竞标者过多、价值太低和存在强烈需求者的拍卖，采取相机抉择的出价策略。

第六节 研究结论

本章运用京东夺宝岛二手产品在线拍卖数据来分析信息不对称时卖方的信号发送和竞标者策略对最高出价的影响。通过以唯一卖方的信誉为保证，B2C形式的二手产品在线拍卖极大地降低了对交易互评声誉机制的依赖，而新品价格发挥着最重要的二手品价值参考作用，是决定最高价的最重要变量。产品外观和包装对二手产品拍卖的最高出价也具有显著的影响。但是,卖方的其他信号发送行为对成交价格的影响十分有限。这反映了单一卖方的有效质量保证降低了在线拍卖对卖方发送产品质量信号的需要。

竞标者行为中,竞标者的数量、由竞标者异质性程度决定的竞标风险以及同一竞标者最大出价次数均对最高出价产生显著影响。但是,这些因素的影响远远小于卖方信号发送行为。赢标者的出价次数与最高出价没有显著关系,这说明赢标者往往采取相机抉择式的竞标策略。考虑竞标者数量的内生性问题会显著提高竞标者人数对最高出价的影响。

分位数回归结果表明,新品价格的价值参考作用随着最高出价分位数的提高具有显著的递减效应;而竞标风险和同一竞标者的最大出价次数则随着分位数的上升具有显著的递增效应。产品外观和包装在低分位具有更高的提高最高出价的作用,而在中高分位对最高出价的影响基本不变。其他变量无论在哪个分位,对产品价格的提升作用均十分有限。

京东夺宝岛作为一家最为典型的 B2C 二手产品在线拍卖平台,本章以此平台拍卖数据为基础的实证研究意味着:

首先,对于 B2C 二手品在线拍卖平台而言,提高拍卖效率的最根本做法是发布可靠的估价参考信号,如同款新品的价格。但由于新品价格的估价参考作用随着产品价值提高而具有递减效应,拍卖方需要进一步通过增加竞争人数、吸引不同类型的竞拍者和鼓励出价来提高拍卖效率。

其次,对于竞标者而言,想要在 B2C 二手品拍卖中避免"赢者的诅咒",则需要慎重出价,避开竞拍者众多、偏好差异大且存在非理性竞拍者的二手品拍卖。对于固定结束时间的二手品拍卖,竞拍者最好采取先观察,然后等到拍卖快要结束时进行相机抉择的出价策略。

尽管我们的线性模型可以很好地解释 B2C 形式的二手品在线拍卖

的成交价格,但是值得注意的是,线性模型的常数项总是显著为负。这意味着该模型未能充分揭示那些抑制最高出价的竞标者策略方面的因素。由于夺宝岛在线拍卖数据的限制,对这些抑制拍卖成交价格因素的剖析仍有待未来研究。

第六章

P2P 网络借贷平台的违约风险估计
——以人人贷为例

第一节 引言

互联网改变了传统的以银行为主导的资金融通模式。借助互联网借贷平台，资金供求双方可以轻松建立借贷关系。自从 2007 年我国成立第一家 P2P 网络借贷平台以来，各种互联网融资平台纷纷注册成立，满足正式金融市场之外的各种投融资需求，极大地提高了社会资金的使用效率。根据易观智库（2015），中国 P2P 网贷市场规模从 2011 年的 96.7 亿元增至 2014 年的 2012.6 亿元。2015 年上半年 P2P 网贷市场交易规模达到 3006.19 亿元，全年预计突破 5000 亿元（网贷之家和盈灿咨询，2015）。尽管增长迅速，P2P 信贷相对银行信贷具有更大的信息不对称和交易风险。具体而言，P2P 借贷市场上的投资者面临着两种风险：融资平台的倒闭和借款人的违约。投资者对这些风险的顾虑将抑制 P2P 平台的资金供给，能否缓解这些风险则关系到 P2P 信贷市场的生存基础和发展潜能。

为了保证投资者的利益，从而吸引社会闲散资金，P2P 平台一方面为平台借出资金提供本金或者本息担保，另一方面加强对借款人进行事前审核和事后监督，以降低违约风险。相对于银行中介，P2P 平台的劣势在于对借款人的事后监督。P2P 平台的小额信贷需求和分散投资者特点导致其无法进行有效的事后监督。结果，对 P2P 信贷市场上违约风险的控制更多地依赖 P2P 平台和投资者事先对借款人的信用进行审核和甄别。为了促使借款人按时还款，P2P平台还鼓励借款人通过重复借贷来累积信用和提高信用额度，并以此对其进行信用评级。

总之，事先对借款人进行信用审核和甄别，以有效地控制违约风险，是P2P信贷市场生产和发展的基石。各种借贷平台均要求借款人提供能够证明其真实身份和信用能力的各种信息，对其进行信用评级，并赋予其信用额度。由于借款人的信用属于私人信息，为了获取资金，借款人有提供虚假信息的空间。由此而产生的亟待回答的问题是：这些虚实相糅的信息在多大程度上能够充当借款人的信用指示器？基于重复借贷关系的信用累积机制能否有效地降低违约风险？本章尝试回答P2P信贷市场上的这些核心问题，估计能够反映借款人信用的指示器因素，并评价重复借贷关系在抑制违约行为上的有效性。

本章运用P2P借款平台人人贷网站自2010年5月成立以来至2014年4月份期间的借款数据实证分析信息不对称条件下P2P平台降低信息不对称的措施、借款人的个人特征信息、借款信息以及重复借款与借款人违约行为之间的关系。人人贷平台的一个重要特征是它为借出资金至少提供本金保障。这意味着投资者面临的唯一投资风险是平台倒闭。换言之，人人贷平台累积和承担了所有的违约风险，成为唯一的借款人信用甄别方。这可以使我们专注于分析借款人信息和平台信用评估机制对借款人违约行为的影响，也使本章的研究结论对于改善类似P2P平台的风险控制具有参考作用。

研究结果表明，实地认证和引入担保的确可以控制平台违约风险；借款人的教育、婚姻、车产、工作年数、借款利率和期限对违约风险具有显著的预测作用；以重复借贷关系为基础的信用累积和授信机制产生了双重效应，即"守信效应"和"钓鱼效应"，更大的"钓鱼效应"导致人人贷平台上重复借贷者更高的违约风险。因而，为了降低违约风险，P2P平台一方面应该加强可以显著预测违约风险的信息在借款人信用评级和授信上的权重，另一方面降低还款记录在该授信系统中的作用。

接下来的内容安排如下：第二节简要梳理 P2P 网络借贷市场的发展情况，第三节将对相关文献进行简要回顾，并指出本章的贡献；第四节则基于 P2P 信贷市场运行特征提出三个待检验的研究假说；第五节介绍数据来源和变量选取；第六节为实证分析部分，介绍研究方法，报告实证结果和检验理论假说；第七节总结全文。

第二节　P2P 网络借贷市场的发展

2005 年 3 月，世界上第一家 P2P 借贷平台 Zopa 在英国伦敦成立，其主要目的是向社区群体提供小额的贷款服务。作为世界 P2P 网贷的"鼻祖"，Zopa 不仅在英国取得了巨大的成功，而且也先后在美国（2006 年 3 月）、日本（2008 年 3 月）、意大利（2008 年 10 月）成立分公司，开展业务。截至 2014 年 8 月 11 日，Zopa 平台的累积成交额已经突破 10 亿美元，拥有 5 万活跃投资者，6.3 万借款人，批准了 10 余万份贷款。

美国最早的 P2P 借贷平台 Prosper 成立于 2006 年 2 月。相比于 Zopa，Prosper 平台引入客户小组的概念，即将有相同兴趣或者相同背景的用户分在相同的一组，事实证明这样做显著提高了小组内的用户的融资成功率。截至 2015 年 8 月，Prosper 平台上的累计交易额已经达到 40 亿美元，拥有成员数量达 200 万。[①]

除了 Zopa 和 Prosper，在国外还出现了一些有特色的 P2P 借贷平台。例如，成立于 2005 年的 Kiva 是一家非营利性的 P2P 平台，它以发展中国家的小型企业为主要服务对象。又如成立于 2007 年的 Lending Club 则主要依托于 Facebook 强大的社交网络来进行借贷信息的匹配，已经发展成为全球最大的 P2P 网上借贷平台，并于 2014 年 12 月 10 日上市。

中国的 P2P 网络借贷起步较晚。中国第一家 P2P 平台是成立于

---

① 2015 年 9 月 3 日笔者取自 Prosper 网站：https：//www.prosper.com/about。

2007年的拍拍贷，早期由于没有民间借贷的经验以及缺乏完善的个人征信体系，P2P信贷主要以线上撮合为主，发展相对缓慢。到2011年，我国网络借贷平台的数量增加到20家。此后互联网与金融加速融合，网贷平台的数量激增，到2015年共有1300余家P2P借贷平台，P2P网络借贷的月成交金额也由2011年的5亿元增长至2014年的300亿元。①

近年来呈爆发式增长的中国P2P借贷平台背后的经营模式存在巨大差异。尽管如此，我们大致也可以将其分为如下几类：第一类为纯线上模式的P2P借贷，在国外以Prosper为代表，在国内以拍拍贷为典型。这类网贷对借方借入资金无抵押要求，对投资方借出资金也不提供担保，要求借款人按要求提供相关认证资料供平台在线审核，且几乎所有借款程序在网上完成。

第二类为线上线下相结合模式，在国外以Zopa平台为代表，在国内被宜信网所采用。在这种网贷模式下，借款人可以没有抵押，但是平台方对借出资金提供担保，且在借款审核过程中要求借款人亲自到场，以降低违约率。有些网贷平台则允许借款人从线下引入担保，或者对借款人进行实地认证，如人人贷。

第三类网贷则以服务特定群体为目标，兼具公益性质。在国内以已经倒闭的齐放网为代表，在国外则如Kiva平台。前者将其服务群体定位于能承担自己学费但有参加培训需求，从而额外资金需求的学生，后者则以发展中国家的小企业为服务对象。

随着P2P借贷平台之间竞争的日益激烈，现实中的网贷平台往往朝着第一和第二类借贷模式相结合的方向发展。例如，拍拍贷虽为纯线上P2P平台，也为部分借款提供本金保障，或者与线下第三方机构形成合作关系，为借出资金提供担保。而第三种模式只有充分融合前两类网贷模式才有更好的发展潜能。

---

① 数据来源：http://www.iresearch.cn/。

第三节 文献回顾

如何解决不对称信息下的逆向选择和道德风险是 P2P 平台面临的一个核心问题。P2P 借款平台上留下的历史信息方便了学者们检验不同借款机制安排能否有效控制借款人的违约行为。早期文献运用美国的 P2P 平台 Prosper 网站的借款数据检验了社会网络对借款人坏账行为的影响。该借款平台允许借款人加入某个客户组，经客户组负责人批准后，组内成员可以凭借投资者对客户组的信任而以优惠的条件获得资金。组内的成员之间往往存在亲人或者朋友关系。组中借款人的违约将会影响到整个组的信用和未来借款优惠程度。此外，组内成员也可以相互借贷。

由于事先知道借款人的品质和事后可以监督借款人还款，诸如朋友圈和同事圈之类的社会网络中的借款人具有更强的激励去还款。弗里德曼和金（Freedman and Jin，2008）基于 Prosper 平台从 2006 年 6 月到 2008 年 7 月的交易数据进行的实证分析发现，朋友担保或者投标的借款有助于减少坏账和提高投资回报，但是团体借款的回报显著低于非团体贷款。类似地，林等（Lin et al.，2013）的实证研究也表明，借款人的朋友关系反映了其信用质量，增加借款成功的概率，降低了借款利率和坏账率。博格和格莱泽（Berger and Gleisner，2009）运用 14000 个 P2P 借贷数据分析中介在电子商务市场的作用，认为在网上借贷市场上，可以把筛选潜在借款人和监督还款的工作委托给团体领导，从而降低信息不对称和改善借款人信用条件。因此，缺乏信用记录的借款者则可以通过申请加入某些团体来获得更好的融资支持。

为了获取融资支持，不同信用水平的借款人总有很强的激励在 P2P 借贷平台上发布能够增强其信用的信息。P2P 信贷市场上借款人的信息优势使其可能会发布一些不可证实的或真实或虚假的信息。那么，借款人的信号发送行为如何影响到其违约行为？关键在于借款人发送的信号能否被投资者所接收和甄别。已有文献从两个方面，即投资者是否接收到借款人发送的信号，以及投资者是否有效从中甄别出可信借款人。

米歇尔斯（Michels，2012）和荷增斯坦等（Herzenstein et al.，2011b）基于 Prosper 平台数据进行的实证分析表明，投资者的确会受未被证实信息的影响，借款人提供的未被证实的信息有助于提高融资效率，降低融资成本，但是借款人的机会主义行为会产生较差的还款意愿和还款表现。李悦雷等（2013）对拍拍贷数据的分析发现借款人和借款信息均有助于提高借款效率，说明投资者行为的确受到借款人和平台发送的信号影响。杨（Yang，2014）基于 P2P 平台的实验研究也发现投资者信息甄别过于简单：借款人提供给人以信任感或开心照片时可以借入更多的金钱。但也有一些意外的结论。同样是不可证实的信息，杜阿尔特等（Duarte et al.，2012）的实证研究却发现，看起来可信的借款人不仅更可能借款成功，而且具有较低的坏账率。对此，一种解释是相貌具有发送难以操纵的声誉资本价值的作用，另一种解释则认为可信性相貌与可信性之间的联系具有生物学基础，是演化力量的结果。

借款人信息能否影响其违约行为，关键在于投资者能否有效甄别这些信息的真伪。在人人贷平台上，投资者不仅可以直接通过借款利率来判断借款人的违约风险，做出相对正确的投资选择，从而提高投资的预期收益，也可以在相同的利率情况下根据违约风险做出理性的投资选择（廖理等，2014）。在 P2P 信贷市场上，利率既是资金的价格，反映资金需求，也是对交易风险的度量，即借款人以高回报为诱饵骗取资金的可能。类似地，较长的借款期限也值得投资者警惕，因为较长的借款期限会导致较高的监督成本，也反映了借款人较差的资金流和还款能力。埃默科特等（Emekter et al.，2015）运用 Lending Club 上的借款数据证实了这点，期限长的借款坏账率更高，对高风险借款人收取更高利率并不能弥补违约损失。这说明，在逆向选择和道德风险的双重作用之下，更高的利率只会导致更高的违约风险和坏账概率。

投资者还可以采取羊群行为来应对P2P借贷平台上的信息不对称，即对那些已经有更多人投资的借款进行投资。羊群行为被认为是投资者在信息不对称下的一种理性反应，它具有信息发现的作用，可以降低其信息处理成本，提高投资者的投资效率和借款人的融资效率。李和李（Lee and Lee，2012）运用韩国最大的P2P平台的数据、廖理等（2015）对人人贷数据的分析以及李悦雷等（2013）基于拍拍贷数据的分析均发现该市场上存在很强的羊群效应。荷泽增斯坦等（2011a）基于Prosper数据的实证分析则进一步发现P2P信贷市场上的羊群效应与借款人的还款表现成正向关系。

作为交易中介的P2P平台也会采取积极的措施去控制平台上借款人的违约风险。它们一方面要求借款人提供真实身份材料和信用材料，并对其审核和贷后催缴，另一方面鼓励借款人通过重复借贷来累积信用。平台基于借款人信息进行的信用评级有助于降低投资者的信息甄别成本，提高平台的投资效率。埃默科特等（Emekter et al.，2015）基于Lending Club数据的研究，以及廖理等（2014）基于人人贷数据的研究均发现，较低的信用级别与较高的坏账率联系在一起。但是，由于P2P平台上借款人的信用记录为历史信用，不良借款人可能会为了骗取大额资金而保持良好记录，因而缺乏对该信用等级能否用于预测借款人未来违约行为的研究。

因此，以P2P平台数据为基础，国内外文献对信息不对称下的借款人违约行为进行了大量的研究。本章基于人人贷数据进行的实证分析将在以下几个方面拓展已有研究：首先，本章检验了最直接的信息披露机制、实地认证和第三方担保，对于抑制借款人违约行为的有效性；其次，本章比较了单次借贷和重复借贷之下借款人信息对其违约风险的影响差异；第三，本章评估了以历史还款记录为基础的信用评级系统能否有效约束借款人违约行为，从而弥补已有文献在这方面的不足。

第四节 研究假说

新古典经济学的重要假设之一是不存在交易成本。但是，现实经济总是存在各种交易摩擦。一种普遍的交易成本源自信息不对称下理性人的机会主义行为。互联网之于信息不对称的悖论在于，它一方面通过方便信息发布和获取而降低了信息不对称，另一方面由于信息量的暴涨和交易时空的分离而产生更大的信息不对称。相对于银行系统，P2P借贷由于借款人和投资者分散程度更高而产生严重的信息不对称，导致更大的信息审核和监督成本。银行在借贷双方信息不对称下的理性策略之一是信贷配给斯蒂格利茨和魏斯（Stiglitz and Weiss，1981）。即便P2P借款是以满足小额信贷需求为目标，但只要存在信息不对称，信贷配给总是无法避免，部分融资需求无法得到满足，而且违约行为总是存在。类似于银行中介，P2P平台也通过对借款人资料进行审核和对借款人进行信用评级来帮助投资者对卖方信用进行甄别，或者通过为借出资金提供担保来吸引投资者。除了自己提供担保，P2P平台还通过借款人提供担保，或者引进第三方担保来约束借款人的违约风险，以及通过对借款人进行实地考察来降低信息不对称。根据P2P平台降低信息不对称的措施与平台违约可能之间的潜在关系，我们提出如下研究假说：

假说6-1：在非对称信息P2P借贷关系中，P2P平台可以通过实地考察或者引进第三方担保来有效地降低借款人的违约风险。

尽管实地考察和建立资金担保有助于降低信息不对称和违约风险，但是这会削弱P2P平台相对于银行的竞争力。银行的优势在于监督和担保（戴蒙德（Diamond），1984 and 1991），由此产生的较大成本也导致银行系统无法满足小额资金需求。如果P2P平台坚持以满足小额信贷需求为目标，那么必然要求其采取"纯线上"模式，并由此形成在小额信贷市场的核心竞争力。P2P平台的信息处理优势是专注于在线信息搜集、审核和对借款人进行信用评估（谢平等，

2012）。与此同时，作为资金需求方的借款人通过积极发送能证明自身还款能力的各种信息，以降低信息不对称程度，提高融资效率。

P2P平台上借款人提供的信息，部分来自平台方的要求，部分来自其主动的信号发送。由于信用状况及其证明材料往往属于私人信息，借款人为了获取资金，总有提供虚假信息的激励。类似于在信息不对称的劳动力市场上教育作为分离均衡的结果具有向雇主发送应聘者能力信号的作用斯宾塞（Spence，1973），资质良好的借款人可以通过发送难以造假的信用信号来把自己与不良借款人区分开来。这些信号被称为"硬信息"。与之对应的是无法证实或者容易伪造的信息，即"软信息"。目前，实证文献并没有对"软信息"和"硬信息"进行明确的界定。例如，在（林等，2013）的研究中，"硬信息"包括借款人的信用评级、债务收入比、银行卡信用额度使用的百分比、发布借款信息之前的半年内对其信用报告的查询次数以及借款人信用历史长度。而在陈等（Chen et al.，2014）的文章中，"硬信息"包括借款人的人口信息、信用级别和借款标上列出的信息，而"软信息"则指借款人的社会网络。但不管哪种划分，"软信息"和"硬信息"之间的核心差异在于可证实的难度。可以预见，"硬信息"相对于"软信息"对借款人的违约行为具有更强的预测能力。由此我们得到第2个待检验假说：

假说6-2：在信息不对称的条件下，借款人的"硬信息"对P2P平台借款人的违约概率具有显著的预测能力，而借款人的"软"信息对违约行为不具预测作用。

重复借入者可以在P2P平台上累计信用记录。基于历史还款表现来评价借款人信用等级的做法被P2P平台所广泛采用。还款记录良好的借入者将被平台授予更高的信用等级和额度，从而可以满足更大的不时之需，而违约者将无法继续在该平台融资。因此，对于需要累积信用以满足未来资金需求的借款人而言，该信用系统将会产生一种积极的"守约"效应，即鼓励借款人保持良好还款记录，累积信用，获取更高的信用额度。

但是，把借款人享受的信用额度和其历史记录联系起来也会产生一种消极的"钓鱼"效应。不良借款人为了获取更大的信用额度而通过重复借款来累积信用，在获取预期资金之后选择违约。因此，借款人的信用记录与其违约风险之间的关系取决于哪种激励效应起主导作用。这种关系联系到重复借款上来则是，如果该信用评价系统导致的"钓鱼"效应超过"守约"效应，重复借贷关系并不足以抑制借款人的违约行为。同时由于重复交易市场上混杂着诚实的和不诚实的借款人，即由于不良借款人的存在，"硬信息"对借款人违约行为的预测能力将被弱化。由此，我们提出本章第3个待检验假说：

假说6-3：在P2P平台上，如果基于历史还款记录来评价借款人信用等级和赋予其信用额度，那么：（1）重复借贷关系将会产生双重激励效应，即"守约"效应与"钓鱼"效应，两者的相对大小决定了该信用评价系统能否有效抑制借款人的违约行为；（2）"钓鱼"效应会弱化重复借贷关系下借款人"硬信息"对违约风险的解释作用。

第五节　数据与变量

一　数据来源

本章运用人人贷网站（renrendai.com）上的历史借款信息来检验不对称信息环境下借款人违约行为的研究假说。人人贷公司成立于2010年5月，业务范围覆盖全国各省的2000个地区，迄今已为数十万人提供融资服务。根据该公司在其网站公布的2014年年度报告，2014年网站注册用户超过100万人，平台完成了61265笔交易，实现了37.28亿元的成交额，网站坏账率为0.34%。目前，人人贷提供三类借款产品：适用于工薪阶层的工薪贷、适用于私营企业主的生意贷和适用于淘宝网店商户的网商贷。借款人如想在平台上发布借款信息，需要满足一些基本的申请条件，并上传一些指定的资料给人人贷审核。例如，申请工薪贷的借款人首先必须满足三个条件：22—55周岁的中国公民、在现单位转正满 3 个月、月收入 2000 以上，然后需要上传身份证、个人信用报告、劳动合同或在职证明以及近 3 个月工资卡银行流水供人人贷审核。这些准入条件说明该 P2P 借贷平台存在着信贷配给问题。此外，借款人在填写贷款申请时，还被要求填写少于 14 个字的借款标题和 20—500 字的借款描述。为了吸引投资，借款人还可以主动提供更多的资料给人人贷审核，如房产、车产、技术职称、结婚认证、居住地、学历，等等。人人贷为所有借出资金提供本金保证，并为部分借出资金提供本息保证。因此，平台方承担所有违约风险。

我们采用爬虫软件从人人贷网站抓取了该网站自 2010 年 10 月 12 日上线至 2014 年 3 月间的 169906 条散标借款信息。由于本章关注的焦点是成功借款者的违约行为，我们首先剔除了借款失败的借款申请；由于无法知道尚未到期借款的最终坏账情况，我们也剔除了未到期的借款数据，由此得到 11413 条成功借款且还款到期的借款数据。对每一笔借款抓取的信息包括：借款标的编码、类型、金额、利率、期限、保证形式、还款方式、提前还款费率、逾期或者坏账信息、借款描述、借款标题、用户账号及其编码、用户性别、年龄、教育、婚姻、所处行业、所在企业规模、职位、公司所处城市、工作年数、收入、房车及其贷款信息、信用评级以及历史借款信息等。由于存在重复借款，该借款数据一共涉及 6848 个借款人，其中多次借贷者共计 1913 人。

二 变量选取

本章进行实证分析的因变量为违约率，采取"是否坏账"和"坏账率"来度量。在人人贷平台上，如果借款人超过 30 天未还款，即意味着坏账发生，那么将由平台方垫付剩余借出资金。坏账率为一笔借款中坏账资金占借出资金的百分比，用以度量违约程度。

根据人人贷平台上每笔历史借款的信息特征，以及已有实证研究的变量选取（如弗里德曼和金，2008；林等，2013；李悦雷等，

2013；廖理等，2014），我们把影响坏账率的潜在变量分为三类：借款人特征变量、借款信息变量以及平台信用评估变量。

借款人特征变量包含：①人口学特征：借款人的性别、年龄、婚姻状况；②借款人的教育水平；③收入和财产状况：收入水平、是否有房产、车产；④工作特征：工作年数和公司规模。除年龄之外的借款人特征变量均处理为虚拟变量，具体如表4-1所示。

借款信息变量包括：借款金额、利率、期限、借款标题和借款描述。其中，借款标题和借款描述为字符数，反映借款人提供的诸如借款目的、还款能力和意愿等信息的详细程度。

P2P信用评估变量为P2P平台针对借款人信息和信用对每笔借款贴上标识，包括标的类型、资金保证类型以及借款人信用水平。借款标的类型分为四类，即"机构担保标"、"实地认证标"、"信用认证标"和"智能理财标"；资金保证类型分为"本金保证"和"本息保证"；平台方根据信息完整程度和历史信用记录把借款人的信用水平从高至低标记为7个等级，依次标记为AA、A、B、C、D、E、HR。这些变量亦被处理为虚拟变量。

所有变量的构建和描述性统计如表6-1所示。从中可知，人人贷平台上的坏账率约为4.94%，即564笔坏账；违约金额占借款金额的平均比重为4.1%。男性借款人比重为83%，借款人的平均年龄为35.25岁。48%的借款人有房产，41%的借款人有车产。借款人的平均借款金额为4.59万元，平均借款年利率为13.44%，平均借款期限为10.81个月。借款人平均用23.58个字来填写借款标题，用359个字来描述借款目的。86%的借款提前还款需要缴纳1%的费用，平台为67%的借款提供本金保证，为其余33%的借款提供本息保证。

表6-1　　　　　　　　　变量定义及其描述性统计

变量	变量的定义（单位）	样本数	均值	标准差
是否违约	虚拟变量："坏账"=1；否则=0	11413	0.05	0.22
违约率	违约金额占借款金额比重（%）	11413	4.10	19.11

续表

变量	变量的定义（单位）	样本数	均值	标准差
性别	虚拟变量：男性＝1；女性＝0	11413	0.83	0.37
年龄	周岁	11413	35.25	7.81
婚姻状况	三类：已婚、未婚、离异或丧偶	11413	—	—
教育	学历：高中以下、专科、本科、研究生以上	11411	—	—
收入水平	月收入：＜0.2万元、0.2万—0.5万元、0.5万—1万、1万—2万、2万—5万元、＞5万元	11410	—	—
房产	虚拟变量：有＝1；无＝0	11413	0.48	0.50
车产	虚拟变量：有＝1；无＝0	11413	0.41	0.49
工作年数	＜＝1年、2—3年、4—5年、＞5年	11400	—	—
公司规模	员工数：＜10人、10—100人、100—500人、＞500人	11337	—	—
借款金额	借款数（万元）	11413	4.59	14.37
利率	年利率（%）	11413	13.44	2.82
期限	月数	11413	10.81	8.78
标题长度	字符数（个）	11413	23.58	14.13
借款描述	字符数（百个）	11413	3.59	2.67
1%的提前还款费	虚拟变量：有＝1；无＝0	11413	0.86	0.35
标的类型	信用认证标、实地认证标、智能理财标、机构担保标	11413	—	—
借款保证	虚拟变量：本金保证＝1；本息保证＝0	11413	0.67	0.47
借款人信用等级	7个等级：AA、A、B、C、D、E、HR	11413	—	—

第六节 实证分析

一 计量模型

当借款人的违约行为采用是否坏账来度量时，由于因变量是一个虚拟变量，我们采用 Probit 模型（伍德里奇，2007：第15章）对其进行估计，即估计如下模型：

$$P(defcult = 1 \mid x) \mid = G(x\beta) \qquad (6-1)$$

其中 $G(\cdot)$ 表示标准累积正态分布函数，default 为是否违约变量，x 为前文所述自变量向量，β 为待估系数向量。考虑到异方差问题，我们将估计稳健性回归结果。为了观测自变量对因变量的影响大小，我们将仅报告基于稳健性 Probit 模型得到的边际效应结果，即由 (6-1) 式对 x_i 求偏导数：

$$\frac{\partial P(x)}{\partial x_i} G'(x_i\beta)\beta_i \qquad (6-2)$$

当因变量为坏账率时，由于该变量为一个百分比，其取值范围在 (0—100)% 之间，即因变量存在一个上下限，我们采用考虑异方差的稳健性 Tobit 模型 (伍德里奇，2007：第 16 章) 进行估计，同样为了便于解释，文中仅报告其边际效应结果。

二 实地认证和引进担保的有效性

当我们尝试运用表 6-1 中所有自变量基于 Probit 模型估计借款人违约概率时发现，是否存在 1% 的提前还款费率、资金保证类型、借款标的类型以及部分信用等级指标均因完全无法预测违约行为而被模型自动剔除。对此，我们进一步观察这些变量之间及其与违约行为之间的关系。根据表 6-2 可知，在实地认证标、机构担保标、智能理财标和信用认证标中，仅有信用认证标发生坏账。这直接说明 P2P 平台通过实地认证来降低信息不对称，或者通过机构担保来抑制借款人的道德风险，均有效地控制了借款人的违约行为。因此，人人贷的借款数据直接证明了假说 6-1。

根据表 6-2 我们还可知，几乎所有的坏账发生在存在 1% 提前还款费率的借款标的，所有的坏账发生在仅提供本金保证的标的，而且所有的坏账发生在 D 级及以上信用级别的标的，其中又以 HR 信用级别为主。由于人人贷为所有信用认证标设定了 1% 的提前还款费率、仅提供本金保证和较低的信用评级，这些变量之间存在高度相关性：实地认证标与提前还款费率之间的相关系数接近 -1；信用认证标与仅提供本金保证之间的相关系数为1；AA信用等级与信用认证标以及提供本金保证之间的相关系数均为-0.96。

因此，由于在人人贷平台上述变量反映了一致的信用水平，且坏账仅发生于信用认证标，后文仅关注信用认证标。另外由于坏账率仅发生在信用等级为D及以上的借款人，类似于廖理等（2014）把信用评级简化为HR和非HR，我们把借款人信用等级简化为C及其以下、D、E和HR四个等级。

表6-2 标的类型、提前还款费、资金保证类型与借款人违约行为

是否坏账	标的类型				提前还款费		资金保证类型		总计
	信用认证	实地认证	智能理财	机构担保	无	有	本金	本息	
否	7139	1603	87	2020	1604	9245	7139	3710	10849
是	564	0	0	0	1	563	564	0	564
总计	7703	1603	87	2020	1605	9808	7703	3710	11413

是否坏账	信用等级							总计
	A	AA	B	C	D	E	HR	
否	3709	249	674	810	1086	2045	2276	10849
是	0	0	0	0	3	10	551	564
总计	3709	249	674	810	1089	2055	2827	11413

三　非对称信息下的违约行为

由于存在重复借贷关系，特别是以还款记录为依据的信用累积和评价系统，不良借款人有很强的激励采取"钓鱼"策略，即通过保持良好的还款记录来累积信用和信用额度，最后通过违约来骗取大额资金。此时，用所有借款数据估计出来的个体特征信息、借款信息和信用记录与借款人违约行为之间关系是有偏的。因为在不良借款人的前期借款中，守约是一种策略性行为。对此，我们采取借款人最后一次借款数据进行实证分析。在P2P平台上，一旦违约的借款人将无法继续在该平台上借款，这意味着最后一次借款数据更能反映借款人特

征、借款信息以及信用等级与借款人违约行为之间的真实关系。表6-3报告了采用所有借款人最后一次借款数据进行的违约行为估计。其中，考虑到收入低于2000元和工作年限低于1年的观察值太少，我们把收入低于5000元和工作年数不超过3年的观察值分别作为收入和工作年数虚拟变量的基准。

模型（1）和模型（2）为控制借款人信用等级的估计结果。其中信用等级与借款人的违约行为之间存在高度显著的正向关系。HR信用等级在Probit边际效应模型下的估计系数大于1，即与D以下信用级别的借款人相比，信用级别为HR的借款人的坏账概率竟然要高出118.2%，因此模型存在误设问题。值得注意的是，由于本章抓取的信用等级信息为借款人"事后"的信用记录，即该信用等级为借款人的历史信用记录，它更新于借款人最后一次借贷关系结束之后，包含了借款人所有过去的违约信息，因而两者之间的显著关系并不能说明该信用评级可以预测借款人的违约行为。另外，由于不良借款人的策略性行为，借款人的历史信用可能并不是很好的违约风险指示器。也正由于这些问题，当我们尝试采用Tobit模型对坏账率进行估计时，发现模型无法收敛，因此模型（2）报告了OLS估计结果。同样可以发现，HR变量与违约率之间的显著性和系数大小处于异常水平。鉴于此，我们在模型（3）和（4）中剔除了信用等级指标。

根据模型（3）和（4），在借款人特征变量中，离异或丧偶、低教育水平、无车产、较短的工作年数与较高的违约概率和违约率显著相关，而性别、年龄、未婚、收入水平、房产状况和企业规模等变量与借款人的违约行为没有显著关系。值得注意的是，借款人的收入无法预测其违约行为。原因在于，该平台上显示的借款人收入水平属于"软信息"：借款人只需提供近3—6个月的银行卡流水账或者单位开具的收入证明，而不良借款人可以轻松提供虚假收入材料来夸大其信用能力。企业规模与违约行为不存在显著关系，说明企业规模不具备已有研究（如林等，2013；弗里德曼和金，2008）所发现的社交网络或者社会资本的功能，因而对借款人违约行为缺乏约束作用。车产相对于房产更能显著预测借款人的违约行为，则表明车产反映了借款人更宽松的资金流——用车需要更多的资金，因而其信息"硬度"更高。

在借款信息中，仅有借款利率和期限对借款人的违约行为具有显著的预测作用。借款利率提高1%，坏账风险增加2.4%，坏账率增加2.22%；借款期限延长1个月，坏账风险增加0.7%，坏账率增加0.46%。在信息不对称市场上，利率具有双重身份，即资金价格和信用风险。利率和坏账风险之间的正向关系说明P2P市场上利率是最直接的违约风险指示器，这也说明P2P平台上存在逆向选择问题。借款期限一方面反映了借款人的还款能力，另一方面反映了回款监督的成本，两者均会导致更大的违约风险。但是，借款标题和借款描述长短与借款人违约行为没有显著关系，原因在于他们属于"软信息"，无法被投资者或者P2P平台证实。借款金额与违约行为之间没有显著关系。一方面，借款金额由P2P平台根据借款人信用评级决定，另一方面，更大的借款金额虽然可以给借款人带来更大的违约好处，但是也增加了其违约成本，如被起诉的风险，因而两者之间并不存在一个简单的线性关系。

因此，对借款人违约行为具有预测作用的变量为"硬信息"，即离异或丧偶、教育、车产、工作年限、借款利率和期限，而诸如性别、年龄、收入、房产、借款金额和借款描述等与违约风险没有直接关系或者难以证实的"软信息"不对借款人违约行为具有预测作用。研究假说6-2得以证实。

表6-3　　P2P网络借贷关系中的违约行为估计：全样本情形

变量	(1) Probit	(2) OLS	(3) Probit	(4) Tobit
	所有最后一次成功借款数据			
	是否坏账	坏账率	是否坏账	坏账率
男性	0.018	2.487*	0.033	2.934*
	(0.019)	(1.473)	(0.021)	(1.775)

续表

变量	(1) Probit	(2) OLS	(3) Probit	(4) Tobit
	所有最后一次成功借款数据			
	是否坏账	坏账率	是否坏账	坏账率
年龄	0.000	0.063	-0.001	-0.054
	(0.001)	(0.085)	(0.001)	(0.094)
未婚	-0.007	-0.885	0.012	0.805
	(0.016)	(1.696)	(0.020)	(1.699)
离异+丧偶	0.085**	3.710	0.127***	8.724**
	(0.042)	(5.147)	(0.048)	(3.623)
专科	-0.016	-2.774*	-0.028*	-2.262
	(0.014)	(1.460)	(0.017)	(1.389)
本科	-0.049***	-3.360**	-0.104***	-8.164***
	(0.018)	(1.593)	(0.021)	(1.740)
研究生及以上	-0.151**	-3.766	-0.231***	-19.693***
	(0.074)	(2.401)	(0.081)	(6.876)
0.5万—1万元收入	0.005	1.937	0.005	-0.027
	(0.018)	(1.922)	(0.023)	(1.855)
1万—2万元收入	-0.026	-1.114	-0.032	-2.957
	(0.023)	(2.094)	(0.027)	(2.253)
2万—5万元收入	0.022	3.933*	0.010	0.964
	(0.022)	(2.048)	(0.025)	(2.099)
>5万元收入	0.054**	5.162**	0.026	2.029
	(0.022)	(2.104)	(0.026)	(2.178)
有房产	0.021	1.279	0.014	0.509
	(0.013)	(1.303)	(0.016)	(1.361)
有车产	-0.011	-0.719	-0.049***	-4.396***
	(0.014)	(1.336)	(0.016)	(1.368)
4—5年工作时间	-0.042***	-4.261***	-0.076***	-6.173***
	(0.016)	(1.556)	(0.019)	(1.624)
>5年工作时间	-0.028*	-1.872	-0.046**	-3.242**
	(0.016)	(1.537)	(0.019)	(1.528)
企业规模：10—100人	0.005	1.043	0.025	1.550
	(0.018)	(1.823)	(0.022)	(1.800)
企业规模：100—500人	-0.002	1.252	0.003	-0.577
	(0.025)	(2.339)	(0.029)	(2.398)

续表

变量	（1）Probit	（2）OLS	（3）Probit	（4）Tobit
	所有最后一次成功借款数据			
	是否坏账	坏账率	是否坏账	坏账率
企业规模：>500人	-0.014	0.790	-0.015	-1.947
	(0.023)	(2.196)	(0.028)	(2.292)
借款金额	0.007***	0.389***	-0.001	-0.019
	(0.001)	(0.083)	(0.001)	(0.094)
借款利率	0.012***	1.718***	0.024***	2.222***
	(0.002)	(0.314)	(0.003)	(0.243)
借款期限	0.006***	0.359**	0.007***	0.456***
	(0.001)	(0.150)	(0.001)	(0.118)
标题长度	0.000	0.085*	-0.001*	-0.050
	(0.000)	(0.045)	(0.001)	(0.047)
借款描述长度	-0.009***	-0.746**	-0.006	-0.470
	(0.003)	(0.309)	(0.004)	(0.365)
信用等级：D	0.721***	1.069		
	(0.047)	(0.892)		
信用等级：E	0.807***	2.788***		
	(0.054)	(0.963)		
信用等级：HR	1.182***	34.631***		
	(0.052)	(1.670)		
观察值	2692	2692	2692	2692

注：括号中的值为标准误；Probit模型和Tobit模型为边际效应结果；*、**、***分别表示10%、5%和1%的显著水平。

表6-4为把最后一次成功借款的信用借款数据分为单次借款数据和多次借款数据得到的估计结果。如模型（1）和模型（2）所示，在单次借款中，与借款人坏账至少在5%的显著水平上呈正向关系的变量包括离异或丧偶、借款利率和期限，与坏账至少在5%的显著水平上呈负向关系的变量则包括本科及以上的教育水平、有车产以及工作时间超过4年。根据模型（3）和模型（4）可知，在多次借款关系中，仅有教育、4—5年的工作时间和借款利率对两项违约指标具有显著的影响：受过专科和本科以上教育的借款人相对于高中及以下借款人而言，其坏账概率分别低4.7%和9.9%；工作时间为4—5年

的借款人的坏账概率分别比工作时间低于 4 年的借款人要低 5.5%；而借款利率每提高 1 个百分点，坏账概率提高 2.6%；期限每提高 1 个月，坏账概率提高 0.5%，但对坏账率则没有显著影响。

相对于单次借款关系，在多次借款关系中仅有借款人的教育、特定年限的工作时间和借款利率对借款人的违约行为显著的预测作用，而车产和婚姻状况则失去了信用或收入信号作用。一些"软信息"，如借款人提供的收入水平、借款标题和描述长度仍然对借款人的违约行为没有显著影响。（荷增斯坦等，2011b）的研究结论可以对此进行解释，即"软信息"仅会提高融资效率，但无助于约束违约行为。因此，分样本结论仍支持了研究假说 6-2，同时部分支持了研究假说 6-3（2），即发现重复借贷关系弱化部分"硬信息"对违约行为的预测作用。对假说 6-3 的完整检验还需分析在以历史还款记录为基础的信用评价系统下重复借贷关系是否催生了"守约"和"钓鱼"双重激励效应。我们接下来对此进行分析。

表 6-4　　P2P 网络借贷关系中的违约行为估计：分样本情形

变量	(1) Probit	(2) Tobit	(3) Probit	(4) Tobit
	单次借款		多次借款	
	是否坏账	坏账率	是否坏账	坏账率
男性	0.034	2.698	0.033	3.248
	(0.028)	(2.370)	(0.032)	(2.662)
年龄	-0.001	-0.009	-0.001	-0.134
	(0.001)	(0.125)	(0.002)	(0.134)
未婚	0.049*	4.168*	-0.042	-3.762
	(0.029)	(2.356)	(0.028)	(2.466)
离异+丧偶	0.235***	15.196***	-0.026	-1.261
	(0.060)	(4.213)	(0.081)	(7.027)
专科	-0.009	-0.583	-0.047*	-4.153**
	(0.023)	(1.872)	(0.024)	(2.075)
本科及以上	-0.120***	-8.710***	-0.099***	-8.675***
	(0.029)	(2.365)	(0.028)	(2.440)
0.5万—1万元收入	-0.003	-0.469	0.003	-0.386
	(0.032)	(2.474)	(0.031)	(2.721)

续表

变量	(1) Probit	(2) Tobit	(3) Probit	(4) Tobit
	单次借款		多次借款	
	是否坏账	坏账率	是否坏账	坏账率
1万—2万元收入	-0.024	-1.385	-0.051	-5.332
	(0.037)	(3.005)	(0.041)	(3.474)
2万—5万元收入	-0.006	0.619	0.031	1.685
	(0.036)	(2.914)	(0.035)	(2.956)
>5万元收入	0.003	1.192	0.053	3.474
	(0.038)	(3.072)	(0.036)	(3.023)
有房产	0.031	1.761	-0.003	-0.563
	(0.022)	(1.882)	(0.022)	(1.950)
有车产	-0.067***	-5.450***	-0.015	-2.276
	(0.023)	(1.916)	(0.023)	(1.936)
4—5年工作时间	-0.083***	-6.030***	-0.055**	-5.363**
	(0.027)	(2.267)	(0.027)	(2.309)
>5年工作时间	-0.061**	-4.278**	-0.018	-1.174
	(0.027)	(2.117)	(0.025)	(2.125)
企业规模：10—100人	0.058*	4.237	-0.005	-0.766
	(0.033)	(2.627)	(0.028)	(2.403)
企业规模：100—500人	0.032	1.733	-0.030	-2.797
	(0.042)	(3.313)	(0.040)	(3.485)
企业规模：>500人	0.015	0.687	-0.053	-4.692
	(0.041)	(3.275)	(0.037)	(3.230)
借款金额	-0.001	-0.004	-0.002	-0.107
	(0.001)	(0.127)	(0.002)	(0.139)
利率	0.022***	2.087***	0.026***	2.345***
	(0.004)	(0.358)	(0.004)	(0.326)
期限	0.009***	0.641***	0.005**	0.280
	(0.002)	(0.164)	(0.002)	(0.172)
标题长度	-0.001	-0.042	-0.001	-0.041
	(0.001)	(0.066)	(0.001)	(0.065)
借款描述长度	-0.006	-0.459	-0.008	-0.820
	(0.005)	(0.447)	(0.008)	(0.665)
观察值	1540	1540	1152	1152

注：括号中的值为标准误；*、**、***分别表示10%、5%和1%的显著水平；研究生及以上学历变量因没有坏账而与本科学历变量合并。

四　重复借贷关系与借款人的违约行为

为了检验 P2P 平台的信用评价系统是否具有"守信"和"钓鱼"双重激励效应，及其与借款人违约行为之间的关系，我们先在自变量中添加了借款人借款次数变量，结果如表 6-5 所示。从模型（1）可以看出，在所有最后一次成功借款数据下，借款人借款次数与其是否坏账没有显著的关系。但是，根据模型（2），平均而言，单次借款者的坏账概率比两次及以上借款者显著高 2.8%。该结果主要是由于两次成功借款者相对于单次成功借款者较低的坏账发生所致。如模型（3）和模型（4）所示，如果我们进一步比较更多次成功借款者与更少次成功借款者的坏账率，结果发现 3 次及以上的成功借款者的坏账概率并没有显著低于 1—2 次成功借款者。模型（5）也说明，仅仅是成功借款两次的借款人的坏账率以 5.5% 的水平显著低于单次成功借款者。而且，直接运用两次以上的成功借款者数据进行的估计也表明，更多次借款反而倾向于与更高的坏账概率联系在一起（见模型（6））。这说明人人贷以历史还款记录为基础的信用评估系统的确导致了"钓鱼"效应。图 6-1 进一步列出了不同成功借款次数的借款人中发生坏账的借款人的比重。从中也可以看出，借款成功次数与借款人坏账率之间并没有一个简单的线性关系。成功借款两次、4 次、5 次、7 次和 9 次的借款者平均坏账率低于单次借款者，但是成功借款 3 次、6 次、8 次以及 10 次以上借款人的坏账率则高于单次借款者。因此，正如假说 6-3 的预测，人人贷平台的坏账数据说明重复借贷关系之下存在双重激励效应："守信"效应和"钓鱼"效应。

表 6-5　　　　　　　重复借款与借款人的违约行为估计

变量	(1)	(2)	(3)	(4)	(5)	(6)
	所有借款					多次借款
	是否坏账					
重复借款次数						
成功借款次数	0.001					0.003*
	(0.002)					(0.002)

续表

变量	(1)	(2)	(3)	(4)	(5)	(6)
	所有借款					多次借款
	是否坏账					
1次=1；>1次=0		0.029**				
		(0.015)				
1—2次=1；>2次=0			-0.016			
			(0.018)			
1—3次=1；>3次=0				-0.018		
				(0.024)		
2次借款					-0.056***	
					(0.018)	
3次借款					-0.003	
					(0.024)	
>3次借款					0.004	
					(0.024)	
观察值	2692	2692	2692	2692	2692	1152

注：本表控制了借款人特征和借款信息变量，但这些变量的估计系数基本保持不变；本表为 Probit 边际效应模型估计结果；*、**、*** 分别表示 10%、5% 和 1% 的显著水平；括号中的值为标准误；观察值均为最后一次成功借款数据。

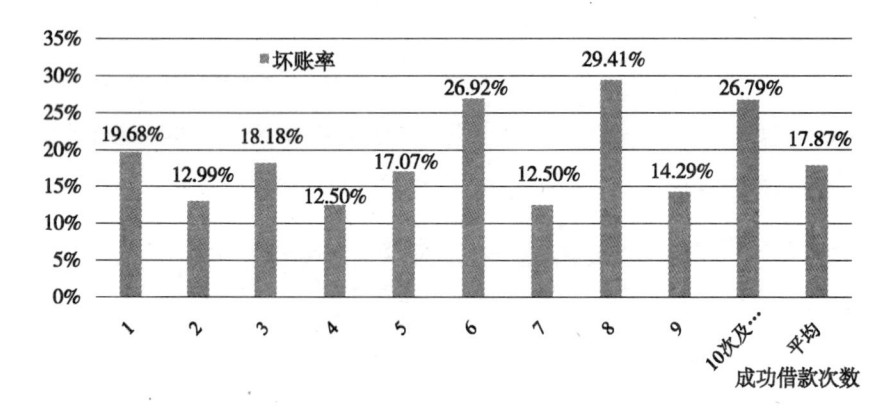

图 6-1 成功借款次数与坏账率

对信用标的坏账数据进行分析有助于我们进一步判断单次借款者和多次借款者中不良借款者的违约行为的差异。首先，我们比较不良借款者在这两类借款者中的比重差异。在 7703 个成功借款的信用认证标中，一共有 2993 个借款人，其中单次借款人 1834 个，两次及以上借款人 1159 个。由于违约者将无法继续在平台上融资，我们仅需考察借款人最后一次借款的坏账情况来评估两类借款人的违约行为差异。根据表 6-6 可知，单次借款数据中共发生了 305 笔坏账，因而单次借款人的坏账率为 16.63%，即违约者占单次借款者的比重；在 1159 个多次借款人中，发生了 259 笔坏账，多次借款人的坏账率为 22.35%。因此，多次借款人的坏账率更大。

其次，我们分析两类借款人中违约者恶性程度的差异。尽管无法知道借款人的真实借款动机，但是我们可以通过坏账率来间接判断借款人恶性程度。一个"钓鱼者"在 P2P 平台上借入预期的信用额度后，通常会全额违约，而一个因还款期内经济条件恶化或者因高估还款能力而违约的借款人，至少会偿还部分本息。因此，坏账金额占借款金额的比重可以成为违约者"不良程度"的一个间接度量。根据表 6-6 可知，单次借款人中的 305 名违约者中有 175 名分文未还的"钓鱼者"，"钓鱼者"比重为 57.4%，占所有单次借款人的比重为 9.54%。而在 259 笔由多次借款者产生的坏账中，由分文未还的"钓鱼者"产生的坏账为 192 笔，占该类违约者的比重为 59.32%，占所有多次借款人的比重为 16.57%。这也说明多次借款吸引了更多的"钓鱼"借款人。

注意到，多次借款者最后一次借款的坏账笔数比多次借款数据中的坏账笔数少 78 笔，这说明部分违约者发生多笔坏账。原因在于人人贷允许借款人在未偿还完前期借款的情况下继续借款。如果剔除非最后一次借款的坏账笔数，那么，1159 个多次借款者发生的坏账笔数为 182 笔，坏账率为 15.70%，稍低于单次借款关系下 16.63% 的坏账率。因此，P2P 平台应该慎重给予仍处偿还期内的欠款者新的借款机会，以降低平台坏账风险。

总之，重复借款关系并不足以降低平台的违约风险。对人人贷坏账数据的分析发现，重复借贷关系仅在两次借贷时产生更大"守约"

效应，在更多次的借贷关系中则导致了更大的"钓鱼"效应。因此，假说6-3（1）得以证实，即以借款人历史还款记录为基础的信用评级和信用额度授予系统具有双重的激励效应。在人人贷平台上，我们看到了很强的"钓鱼"效应。由于"钓鱼"效应的确存在，假说6-3（2）亦得到进一步的证实。

表6-6　借款次数、坏账标的数量与坏账规模的描述性统计

	单次借款数据				重复借款数据			
	笔数	均值	最小值	最大值	笔数	均值	最小值	最大值
所有坏账	305	51067.81	451	300000	259	35201.97	722	500000
完全坏账	175	81594.29	3000	300000	192	35447.4	3000	500000
部分坏账	130	9974.47	451	47888	67	34498.64	722	252600
借款人数量	1834				1159			
违约率（%）	16.63				22.35			

注：坏账率为所有坏账标的数量/借款人数量。

第七节　研究结论和含义

P2P借贷平台在降低资本交易成本的同时增加了信息的不对称，由此产生的逆向选择和道德风险将恶化P2P平台的违约风险，威胁P2P借贷平台的生存基础。本章运用人人贷平台的11413条借款信息检验了P2P平台和借款人降低信息不对称的各种机制和行为是否有助于约束借款人的违约行为。实证研究表明，直接对借款人进行实地认证可以降低P2P平台上的信息不对称，引进担保机制则可以降低借款人的道德风险，从而有效抑制了借款人的违约行为。

为了降低信息不对称，P2P平台还要求借款人提供身份和信用资料供其甄别，同时借款人为了筹集资金，积极发送其信用信号，供投资者和P2P平台进行甄别。研究结果表明，仅部分借款人信息对借款人的违约行为具有预测作用：诸如婚姻、教育、车产、工作年数、借款利率和期限等能够反映借款人还款能力且不容易被借款人操纵的

"硬信息"可以显著地解释借款人的违约行为,而借款人的性别、年龄、企业规模和容易被借款人操纵的诸如收入和借款描述之类的"软信息"则不对违约行为具有预测作用;重复借贷关系下借款人的策略性行为弱化了车产、教育和工作年数等"硬信息"对借款人违约行为的解释作用。

最后,对重复借款和借款人坏账率之间关系的分析表明,以历史还款表现为基础的信用评价系统会产生"守信"效应和"钓鱼"效应,此时,由于借款人的策略性行为,重复借贷关系并没有有效地抑制信息不对称下借款人的违约行为。我们还发现,允许借款人在未还完期内欠款的情况下继续借款会强化重复借贷下的"钓鱼"效应,导致更大的违约风险。这说明,这种"向后看的"信用评价系统主要是通过鼓励重复借贷,发挥着增加交易规模而非控制违约风险的作用。

因此,本章的研究结论强调了借款人的"硬信息"对于预测其违约行为的重要性,同时指出基于历史还款记录的"向后看的"借款人信用评价系统在预测借款人违约行为上的局限性,并提出了一些改善人人贷平台运行风险的具体措施。但值得注意的是,人人贷公司是一个为借出资金提供本金保证的平台。这意味着平台方完全承担着借款人的违约风险,其对借款人信息的有效甄别至关重要。因而基于人人贷借款数据的研究结论对于类似P2P平台具有直接的借鉴意义,但是这些结论是否适用于其他类型的P2P平台,则仍需更多的研究支持。此外,由于人人贷网站上可供抓取的借款人信用数据所存在的局限性,直接估计这种"向后看的"信用评价系统在抑制借款人违约行为上的有效性,亦需要进一步的实证工作。

第七章

P2P 网络借贷平台上的融资效率估计
——以拍拍贷为例

第一节 引言

在中国，传统的银行金融系统一直以来主导着全社会的资金融通功能。信贷市场上的信息不对称、银行系统的重资产特征和放贷的抵押担保要求导致银行金融系统在审批贷款方面存在很强的信贷配给问题。结果，大量的小微企业和个人无法从银行系统获得信贷支持，只好转而诉求成本极高的民间借贷。互联网和信息技术为满足正规金融系统之外的融资需求提供了无限可能。借助互联网借贷平台，借贷双方相互匹配，融通资金有无。这种以互联网技术为基础的新型的直接融资模式即为 P2P 网络借贷（Onlme Peer to Peer Lending）。

尽管相对于银行信贷，在线 P2P 借贷可以显著减少融资的手续进而提高融资效率，但是它面临着更大的信息不对称进而坏账风险。在第 6 章我们已经探讨了 P2P 借贷平台上的违约风险问题，本章则进一步研究 P2P 借贷平台上融资效率问题。显然，作为资金需求方的借款人在选择借款渠道时更加关注融资的成本和效率。本章将采用拍拍贷平台的借款数据来实证分析融资效率的决定因素。拍拍贷作为中国最早的 P2P 借贷平台，采用"纯线上"模式，并不为投资者提供资金担保，因而是最典型的中介型 P2P 平台。截至 2015 年 8 月，拍拍贷的注册用户已经超过 750 万。2015 年上半年的交易额突破 13 亿元，共收到143万笔借款申请,审批通过25万笔借款。① 我们将用该平台2010至2014年的借款数据估计P2P借贷平台的融资效率。

本章分融资成功率和融资时间两个维度来度量融资效率,实证研究结果表明:相对于38岁以上的借款人,20—25岁的借款人的借款成功概率更低,但是并没有显著更短的借款花费天数和借款进度;相对于工薪族,私营业主和网店卖家的借款申请具有更高的成功概率、更短的借款花费时间和更高的投标进度;更高的借款利率显著降低借款成功概率和投标进度,但也会显著缩短借款申请所花费的天数;更长的借款期限会显著降低借款成功概率和投标进度,延长借款花费天数,因而降低融资效率;更长的借款描述则与更低的融资效率联系在一起;借款人资料得分与融资效率呈正向关系;安全标具有更高的借款成功概率和更短的借款花费天数,而预审标虽然具有更高的借款成功概率和投标进度,但是会花费更长的借款时间。我们结合拍拍贷平台的特征对上述结论进行了解释。

接下来,我们将先基于已有文献对影响P2P借款平台融资效率的因素进行梳理,然后在第3节介绍数据来源和变量的选取。第4节运用Logistic模型来估计人人贷平台上的融资效率。我们在第5节总结本章研究内容。

第二节 文献回顾

与传统银行信贷一样,P2P网络借贷面临的最基本问题仍是借款人和贷款人之间的信息不对称,以及由此导致的逆向选择和道德风险。因此,在P2P网络借贷中,借款人上传至平台的资料和在平台上累计的经过平台处理过的信息是投资者进行投资抉择的所有依据。已有文献对影响P2P平台融资效率的诸种因素可以归纳成以下几个方面:人口特征、财务因素、社会资本、信用评级以及其他因素。

---

① 参见拍拍贷2015年上半年年报:http://www.ppdai.com/help/MediaReports187。

一 人口特征

人口特征包括借款人的种族、性别、年龄等。不少国内外学者研究了这些人口特征对P2P平台融资效率的影响。泼彼和西德诺（Pope and Sydnor，2011）的研究表明：在提供信息的数量和质量几乎相同的黑人和白人中，黑人的借款成功率要比白人低30%左右，而且黑人的借款利率比白人借款利率高0.6%—0.8%。由于黑人较高的违约率，即使黑人提供更高的借款利率，他们的预期回报率却低于白人的回报率。荷增斯坦（2008）的研究也证实，黑人得到贷款的可能性确实比其他种族的人要小。

由于我国并不存在种族歧视问题，所以目前的研究主要集中在年龄和性别上。宋文（2013）在估计影响融资成功率的影响因素时发现，女性借款人比男性借款人更容易借到款项，说明女性借款人更容易得到投资者的信任。

泼彼和西德诺（2011）还研究了借款人的年龄对借款成功率的影响，发现随着年龄的增长，借款成功率会逐渐下降：35岁以下的借款人的借款成功率要高于35—60岁以及60岁以上的借款人，且35—60岁的借款人的借款成功率同样也高于60岁以上的借款人。但是，国内研究（如陈建中和宁欣，2013；宋文，2013）却发现，年龄越大的借款人越容易得到贷款人的信任，其借款成功率也越高。

当然，这些因素本身并不会对P2P平台上的融资效率产生影响，而是这些个人特征与投资者对借款人违约风险和还款能力的信念联系在一起，从而对投资者的投资意愿和融资效率产生影响。

二 财务因素

发达国家的个人征信制度比较健全，个人的信用信息容易获取，因此国外大多数P2P借贷平台都会要求借款人提供自己的财务信息，并且以此判断借款人信用等级。借款人提供的财务因素主要包括：信用评级、月收入和月预算、房屋以及债务收入比等。这些通常由第三方评级机构给出的财务信息被已有文献用来估计借款人财务信息与融资效率之间的关系。

克拉弗特（Klafft，2008）通过分析 Prosper 平台上的数据发现，借款人是否提供银行账户信息是决定借款能否成功的最重要因素，而借款人的信用评级对融资成功概率的影响小于账户信息。由于提供银行账户有助于投资者和平台对借款人信用和还款能力进行甄别，信用差和还款能力低的借款人则选择不上传其银行账户信息。结果借款人提供银行账户信息与更高的融资成功概率联系在一起。弗里德曼和金（Freedman and Jin，2008）基于 Prosper 数据进行的实证研究发现，从 2005 年 11 月—2006 年 6 月之间至 2007 年 3 月—2008 年 7 月期间，Prosper 平台上的平均借款成功率从 5% 上升到了 10%，原因是 Prosper 平台于 2007 年增加了更加详细的借入者的财务信息，包括当前收入、就业状况和职位。

由于国内的个人征信制度还不够健全，个人财务信息的搜集及评估体系还没有建立，所以目前国内关于财务因素对 P2P 融资效率的影响还非常少。胡宏辉（2014）对拍拍贷平台的研究发现，提供房屋认证的借款人比没有提供房屋认证的借款人的融资成功率要高 10%，而房产信息则从侧面反映了借款人的财务状况。

三 社会资本

弗雷拉（Ferrera，2003）的研究发现，投资者会利用借款人的社交网络因素来评估借款标的的风险，所以借款人的社会网络对其借款成功率有着重要的影响。何雷罗－洛佩兹（Herrero-Lopez，2009）分析了另一种形式的"社会资本"对借款成功率的影响，结果发现，加入"可信社团"的用户的借款成功率比不加入的用户提高了大约 2 倍。（弗里德曼和金，2008）对 Prosper 平台上 2006 年 6 月至 2008 年 7 月间的数据进行的研究发现，当投资者并不能借助完整的信息来对借款人进行系统的评估时，他们会通过社交网络关系来对借款人的信用和还款能力进行评估。实证结果则表明，社交网络关系确实对贷款结果有着显著的影响。那么，社交网络如何影响借款人的融资效率？林（2011）的研究指出，社交互动能够在一定程度上降低投资者和借款人之间的信息不对称和道德风险。而更多的信息有助于投资和甄别借款人的信用和还款能力。在我国，有些P2P平台并不要求用户提供社交网络的信息，且社交网络对成员行为并不存在太大的约束，因而在某种程度上社交网络信息对融资成功率的影响可能并不太大。胡宏辉（2014）的实证研究发现，借款人社交网络中的朋友数量每增加一个，其借款成功率约增加1%。

四　信用评级

克服借贷关系中的信息不对称问题是构建可持续信贷市场的关键之处。在存在更严重信息不对称的P2P借贷平台上，如能把借款人的信息整合为不同的信用等级，将极大地降低投资者的风险甄别成本。现实中有两种途径对借款人进行信用评级：第一种由专业化的信用评级机构对资金需求方进行信用评级，第二种是由融资中介根据借款人的信息和历史还款表现对借款人进行信用评级。

国外文献很少涉及借款人的历史还款表现问题。其原因在于发达国家更加完整的信用评级制度和独立的第三方信用评级机构降低了投资者通过借款人还款表现来判断其信用和还款能力。克拉弗特（2008）的实证研究发现：借款人的信用评级是仅次于银行账户信息的影响借款人融资效率因素，信用评级为HR的用户的借款标的只有5.5%的借款成功概率，而信用评级为AA的借款人的借款成功率却高达54%。

在国内P2P信贷市场上，则是由融资平台对借款人进行信用评级。首先，P2P平台根据借款人上传认证资料的详细度和完整度对借款人进行信用评级。结果，借款人上传更完整的认证资料将提高融资效率。李文佳（2011）利用问卷调查和案例分析得到的结论表明，平台认证的资料数越多，借款成功率就越高。其次，借款人的信用评级还可以通过借款人在平台上的还款表现来累积。更好的还款表现和更多的借款记录可以累积更高的信用等级和获取更高的信用额度。因此，武小娟（2014）的实证研究发现，借款人借款成功的次数越多，借款成功的概率越高，而流标次数则和借款成功率负相关。这些结论在李悦雷等（2013）的实证研究中得到进一步的证实。

由此可见，在P2P借贷平台上，有效的信用评级有助于降低投资者的信息甄别成本，更高的信用评级有助于提高借款人的融资效率。

五　其他影响因素

对于P2P平台的新用户而言，他们缺乏历史信用记录。此时，借款人可以通过详细描述借款用途和还款能力来获得更多的投资支持。索能申和多拉基娅（Sonenshein and Dholakia, 2011）发现，信用等级低的借款人可以通过合理的解释赢得投资者的信任，从而增大了获得借款的可能性，但事实上，他们的还款表现却一直不尽如人意，因此他们认为通过借款描述来判断是否出借给借款人可能并不是一种明智的方法。胡宏辉（2014）也发现借款描述的字符数与融资成功率之间存在正向关系。

借款列表信息也会对借款成功率产生影响。借款利率、期限和金额所包含的风险因素而影响到投资者的投资意愿，进而影响到P2P平台上的融资效率。陈建和宁欣（2013）发现，P2P平台上成功借款标的的借款期限和利率短于/低于所有借款标的平均借款期限和利率。原因在于，成功借款者的信用等级更高，从而发布的借款标的的利率更低、期限更短。宋文（2013）的研究发现，更高的借款利率、更长借款期限和较低的借款成功率联系在一起，而且没有发现较低的借款金额有助于提高融资成功概率。这些结论意味着，更高的利率、更长的借款期限以及更低的借款金额往往与更高的信用风险联系在一起，而投资者对该风险的顾虑则抑制了其投资意愿，从而降低了借款人的融资效率。

已有关于P2P网络借贷市场的文献为本章选择可能影响P2P平台融资效率的因素提供了研究依据。本章在对融资效率的度量不仅采用已有文献常用的融资成功率,还采用了融资成功所花费的时间和进度两个指标。的确,在过去几年内,由于P2P借贷平台上的融资成功率一直不高,融资成功率是平台融资效率的一个核心指标。但是随着P2P借贷市场上投融资机制的日益完善,以及越来越多的投融资者参与到该市场中来,借款人在P2P平台上融资成功的概率会越来越高。不仅如此,考虑到货币的时间价值,融资效率则不仅仅指融资成功,还取决于能以多快的速度借出和借入资金。因此,除了融资是否成功,本章还选择融资时间(即投标开始到投标结束的时间)和标的投标进度来度量P2P网络借贷平台的融资效率。

第三节 数据及变量选择

一 数据来源

本章估计P2P网贷平台融资效率的数据来自拍拍贷(ppdai.com)。拍拍贷是中国第一家P2P互联网借贷平台。截至2015年4月,拍拍贷拥有超过580万注册用户,累计有效投资人(拍拍贷定义累计有效是指9个月之内有行为的用户)有30万,借款人250万,数据40亿条,用户量和数据量均为全国第一。拍拍贷分别于2012年完成2500万美元的A轮融资,2014年完成5000万美元的B轮融资,2015年完成近亿美元的C轮融资,它是国内首家完成B轮和C轮融资的P2P互联网借贷平台。充足的数据量、国内较为成熟的发展水平以及备受投资人看好的发展前景是本章选择拍拍贷作为研究对象的重要原因之一。

本章选择拍拍贷借款数据作为研究对象的第二个原因是拍拍贷是国内唯一一家对平台上的大部分借款不提供本金保障的纯线上P2P网贷平台。相对于那些提供本金或者本息保障的借款平台,如人人贷,由于拍拍贷不提供本金保障,这意味着该平台上投资者必须自担借方违约风险,因而投资者在选择是否投资某项借款标的时,会更加谨慎。因此，拍拍贷平台上借款人的融资效率远远低于人人贷。这种差异可以使我们充分获得关于融资效率的不同维度度量。

拍拍贷的借款流程是，借款者首先注册成为拍拍贷用户，填写基本信息，包括借款者姓名、身份证号、联系方式、家庭住址和财力证明即有无房、车以及存款。继而填写工作情况，包括就业状况和有无社保、公积金，如果借款者为学生则需要提供学籍认证。完成必要的个人信息填写后，即可发布借款申请。根据借款者个人身份的不同，拍拍贷为其制定了不同要求，参照要求借款者填写借款标题，借款金额，借款期限，年利率以及借款理由等重要信息。提交借款申请之后，有借款意向的投资者会根据借款者的情况决定借出金额。借款标的如果在投标时间内未满标则借款标的流标。若借款标的满标，则通过拍拍贷预审之后便可成功借款。

我们通过爬虫软件从拍拍贷网页上根据借款标的的编号抓取借款标的信息。这些信息包括如下几类：

（1）借款列表信息：借款列表信息要素是指与每次借款都相关的合同信息要素，例如，借款金额、借款利率、借款期限、借款描述、题目长度等。

（2）借款人特征：借款人主体信息要素是指借款人的自然属性和社会属性的信息要素，例如，年龄、性别、工作性质等。

（3）历史借款信息：历史数据信息要素是指借款人在平台上的与借贷活动相关的历史表现和记录，例如，成功借款次数、流标次数、逾期次数、全额还清次数等。

（4）第三方信息：第三方信息要素是指由借款人和贷款人以外的第三方（主要是平台）对借款人的整体信息的评估，例如，资料得分、借入信用、借出信用、资料得分、收到本息得分等。

借款标的部分页面如图6-1所示，借款人特征和信用状况如图6-2所示。为了提高数据抓取和处理的效率，我们只抓取了2010至2015年的部分数据。其中2011年的数据为所有借款数据，而2010和2011年仅有很少数据；由于2012年以后借款量增长过快，我们采取随机抽样的方式获取 2012—2014 年借款样本。借款数据编号的选择采取如下方法，即在被抓取的当前标的编号按年份分别加上一个服从 N（1，8）、N（1，20）和 N（1，70）分布的随机数。由此我们随机抓取了 8575 个借款数据。各年数据规模如表 6–1 所示。

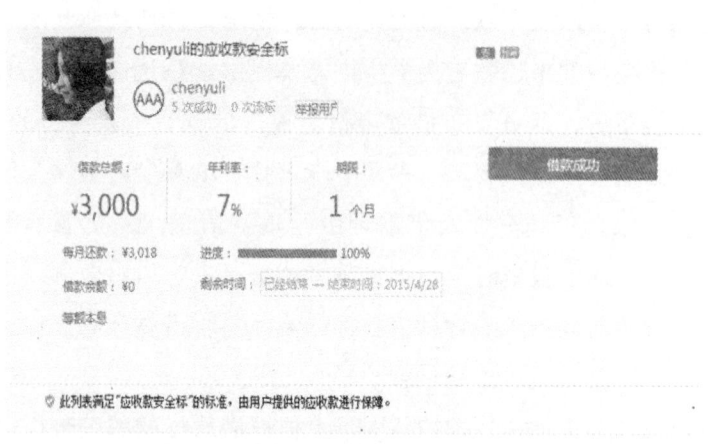

图 7–1　借款信息列表页面截图（部分）[1]

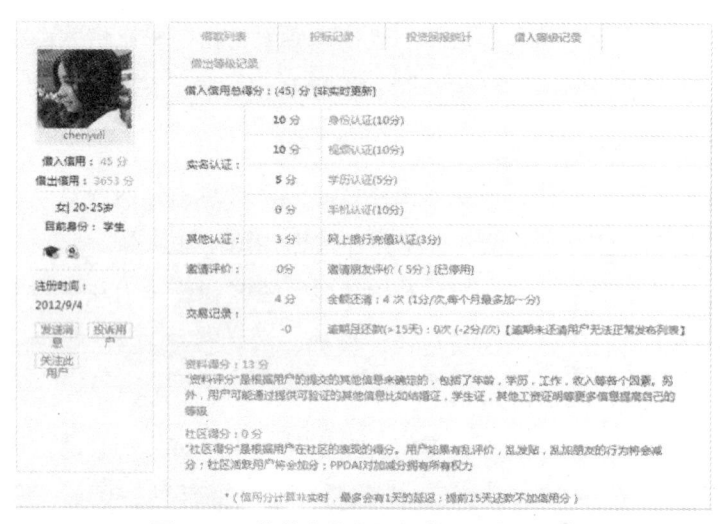

图 7–2　借款人信息页面截图（部分)[2]

[1]　信息来源：http://invest.ppdai.com/loan/info？id=2289517。
[2]　信息来源：http://www.ppdai.com/user/chenyuli。

表7-1　　　　　　　　各年数据量分布情况

年份	频次	比例（%）	累计比例（%）
2010	71	0.83	0.83
2011	3522	41.07	41.9
2012	1457	16.99	58.89
2013	1306	15.23	74.12
2014	2198	25.63	99.76
2015	21	0.24	100
Total	8575	100	

二　变量选取

基于已有文献对P2P网贷平台融资效率影响因素的讨论，以及拍拍贷网站借款标的信息的可得性，我们选择如下变量开展实证分析：

首先，因变量为融资效率。本章采用三个指标进行度量，分别为：（1）借款是否成功，即如果某个借款标的标记为"借款成功"，那么该变量取值为1，否则取值为0。（2）融资时间，即一笔借款标的自开始投标到投标结束时间之间的天数。（3）投标进度，即投资者累计投资的金额占申请借款额度的比重。投标进度为100%的标的与借款成功的标的并不相同，部分投标成功的借款并没有通过平台的审核批准。该指标反映投资者对借款人信用的认可程度，为融资效率的另一个不同的度量维度。

自变量分为借款列表信息变量、借款人特征变量、历史信用数据和标的类型。借款人特征变量包括：借款人的年龄、性别和职业，由于拍拍贷上借款人年龄为区间值，所有借款人特征变量处理为虚拟变量。借款列表信息变量包括：借款年利率、借款期限、借款金额、借款描述字符数和借款标题字符数。历史信用信息变量仅包括借款人全额还款次数、资料得分、借入得分和投标得分。标的类型为"安"、"赔"、"预审"值。其中，"安"、"赔"、"预审"值为拍拍贷赋予的借款标的类型，"安"是指拍拍贷平台评级该借款标的为"安全标"，

"陪"是指该标的为"赔标",即拍拍贷将为借款人的违约提供赔付,"预审"为拍拍贷提前审批的借款标的,这类借款满标即为融资成功。该变量处理为多维虚拟变量。除此以外,我们还控制借款年份变量,用以控制未能观测的影响信贷市场供求的宏观环境和政策变化。

值得注意的是,尽管抓取的信息中包含各种认证得分,如身份认证、手机认证、视频认证、网银认证等,但是由于拍拍贷要求所有借款人提供这些认证资料,我们并没有控制这些变量作为自变量。另外,由于魔镜等级为拍拍贷2014年引入的基于用户所有可得资料(包括历史坏账记录)整合出来的信用等级,且该信用等级为借款人在数据抓取之前更新后的等级,并非标的发布时的等级,因此,我们也未控制该变量为自变量。

因变量和自变量和描述性统计如表7-2所示。在8575个借款标的中,有65.5%的标的借款成功,标的的平均花费的借款天数为1.5天,投标平均进行了5.53个小时。借款者以男性为主,占比85.2%,其年龄以26—38岁为主,占比74.1%;其职业以工薪族为主,占79.3%。借款的平均年利率为15.96%,最高至26%;借款金额均值为5232.6元,最高至30万元,这说明拍拍贷以满足小额信贷需求为主;借款期限平均为半年,最高至24个月。借款人平均用了44个字符来填写借款标题,用115个字符来描述借款目的、借款人情况和还款能力。借款人平均全额还款次数为9.5次,借入得分均值为53.42,投标得分均值为970。样本中,不带"安"、"赔"或者"预审"标签的借款标的占67.9%,安全标占19.3%。这些简单的描述性统计表明,相对于银行融资而言,P2P平台上具有更短的融资时间,它可以满足不同群体以及更小额的融资需求,同时要求更高的借款利率。

表7-3分年报告了借款成功和借款失败的标的数量、借款成功率和投标时间长度。从中可知,尽管样本数量存在很大差异,借款成功率不断上升,从2010年的36.62%提高至2015年的90.476%,借款平均花费天数则在2013年最低,为0.628天,2014年稍微有所增

加，至 1.534 天，低于 2011 年的 1.9 天。因此，总体上，拍拍贷平台上的融资效率在不断提高。

表 7-2　　　　　　　　变量及其描述性统计

变量	样本量	均值	标准差	最小值	最大值
借款成功（成功=1；否则=0）	8575	0.655	0.475	0	1
借款花费天数（天）	8575	1.504	2.520	0	24
投标小时数（小时）	8575	5.528	7.683	0	23.999
男性（男性=1；女性=0）	8575	0.852	0.355	0	1
年龄					
20—25（此年龄=1，否则=0）	8575	0.116	0.321	0	1
26—31（同上）	8575	0.410	0.492	0	1
32—38（同上）	8575	0.331	0.471	0	1
>38（同上）	8575	0.142	0.349	0	1
职业类型					
学生（此职业=1，否则=0）	8573	0.006	0.078	0	1
工薪族（同上）	8573	0.793	0.405	0	1
私营业主（同上）	8573	0.094	0.292	0	1
网店卖家（同上）	8573	0.078	0.268	0	1
其他职业（同上）	8573	0.029	0.167	0	1
利率（%）	8575	15.962	5.850	0	26
金额（元）	8575	5232.613	9147.063	100	300000
期限（月）	8575	5.913	3.380	1	24
标题长度（字符数）	8576	44.039	16.416	0	126
描述长度（字符数）	8576	115.238	121.178	0	2404
全额还款次数（次）	8575	9.462	9.136	0	72
资料得分	8575	19.818	12.456	0	201
借入得分	8575	53.424	19.655	10	99
投标得分	8575	969.667	3547.538	2	42212
标的类型					
其他标签（其他标签=1，否则=0）	9575	0.679	0.467	0	1
安全（此标签=1，否则=0）	8575	0.193	0.395	0	1

续表

变量	样本量	均值	标准差	最小值	最大值
赔付（此标签=1，否则=0）	8575	0.044	0.206	0	1
预审（此标签=1，否则=0）	8575	0.029	0.167	0	1
安全+预审（此标签=1，否则=0）	8575	0.007	0.086	0	1
赔付+预审（此标签=1，否则=0）	8575	0.047	0.211	0	1

表 7-3　　　　不同年份借款标的成功率及其花费时间

年份	借款失败	借款成功	小计	借款成功率（%）	借款花费天数
2010	45	26	71	36.620	3.789
2011	1610	1912	3522	54.287	1.900
2012	584	873	1457	59.918	1.108
2013	412	894	1306	68.453	0.628
2014	305	1893	2198	86.124	1.534
2015	2	19	21	90.476	6.333
总计	2958	5617	8575	65.504	1.504

第四节　P2P 借贷平台的融资效率估计

一　借款是否成功的影响因素

我们将采用 Logistic 模型来估计 P2P 平台的融资效率。通过估计出各自变量的比数比（odds ratio），Logistic 模型可以估计各个变量的变化对因变量发生概率的非线性影响。由此，我们构建如下 Logistic 模型：

$$\ln(\frac{p}{1-p}) = c + x_i\beta + \lambda t + \varepsilon_i \qquad (7-1)$$

其中，$p = P(y_i = 1 \mid x_i)$，即给定各因变量，借款成功发生的概率。c 为截距项，x 为由前文介绍的各自变量构成的向量，t 为年份虚拟变量，ε_i 为随机扰动项。

表 7-4 报告了借款成功概率的估计结果。其中，第（1）—

(3) 列为运用全部数据的估计结果，第（4）列和第（5）列为运用一次借款申请数据和多次借款申请数据得到的估计结果。当控制所有自变量时，可以看出，相对于38岁以上的借款人，20—25岁的借款人借款成功的概率显著低28%；如果借款人职业为私营业主和网店卖家，其借款成功概率分别显著高于职业为工薪族的借款人52%和33%；利率更高、金额更大、借款期限更长、描述更长的借款成功的概率更低；全额还款次数越多、借入得分越高，借款成功的概率会显著更高，但是资料得分越高反而显著降低借款成功的概率。相对于借款人特征、借款描述和历史借款描述，标的类型对借款成功概率的影响更显著。安全标、预审标、"安全＋预审"标以及"赔付＋预审"标的借款成功概率是其他借款标的的数倍乃至数十倍，但赔付标的借款成功概率并没有显著高于其他标的（以上见模型（1））。

值得注意的是，在模型（1）中，资料得分和赔付标没有对借款成功概率产生显著的影响。前者原因是资料得分与其他历史信用指标呈高度相关。对此通过模型（2）可知，当信用评分仅保留资料得分时，它的增加将显著提高借款成功的概率。赔付标没有显著影响借款成功概率的原因则在于拍拍贷平台上对借款逾期的赔付为"有限赔付"，以提取的风险准备金为上限，而且拍拍贷平台一直以来宣称自己为不提供资金保障的中介型P2P借贷平台。[①] 另一个值得注意的是，借款标题和借款描述的长度与借款成功概率之间呈反向关系。这与（荷增斯坦等，2011）的实证结果不一致。原因在于：首先，借款标题以及描述长度并非能够体现借款人的信用程度，聪明的投资者并不会基于借款人自我报告的信用和还款能力来做出投资决策，相反，"言多必失"，更多的表述反而更能方便投资者判断不良借款者，或者显示出借款人的不够自信，从而导致两者之间的反向关系。

另一个值得注意的问题是，全额还款次数、资料得分、借入得分

[①] 参见拍拍贷网站上的本金赔付规则介绍：http：//www.ppdaicdn.com/download/doc/Risk_reserve_fund_rules.pdf。

和投资得分属于笔者抓取数据之前平台自动更新后的结果，而不是借款人申请借款时平台授予借款人的信用记录，因此，这些变量存在很大的偏误，并不能反映各项借款标的发布时借款人的历史信用。对此，我们在模型（2）—模型（5）中剔除了这些变量。结果发现：男性借款人的借款成功概率显著高于女性借款人近18%；20—25岁以及26—31岁的借款人与38岁以上的借款人比借款成功的概率更低；也强化了职业类型、借款利率和借款期限对借款成功概率的影响；但是弱化了标的类型的影响。当我们进一步提出标的类型变量之后，如模型（3）所示，借款人性别、特定年龄段、特定职业和借款利率对借款成功概率的影响变得更大。而借款金额不再对借款成功概率具有显著联系。

表7-4中，我们还把样本分为单次申请借款样本和多次借款申请样本分别进行借款成功概率估计。结果发现，如模型（4）所示，在615个单次申请借款中，个人特征变量中，仅有网店卖家这种职业的借款人具有比工薪族借款人显著更高的成功借款概率，借款期限更长的借款人借款成功的概率更低，但是更高借款利率对借款成功概率的抑制作用在下降。这是因为单次借款标的的利率已经居于高位，进一步提高利率所蕴含的风险差别在缩小。单次借款如果被平台审核为安全标，则会显著提高借款成功概率。在多次借款标的中，我们则发现了与全样本类似的结果：男性、较低的年龄、私营业主和网店卖家、借款利率、借款期限，特别是标的类型对借款成功概率的影响更大，但是借款描述对借款成功的影响不大。换言之，对于多次借款申请，投资者更依赖一些硬信息，如反映收入能力的私营业主和网店卖家、反映风险的借款利率和期限以及平台给予的标的类型，来做出投资选择，从而影响到借款成功的概率。

因此，总体来看，投资者主要通过平台整合后的信息，即标的类型来做出投资抉择，因而借款标的类型对借款成功概率具有很强的影响，而职业类型、年龄和借款利率和期限成为投资者判断投资风险的次要变量。

表7-4 对借款能否成功的估计

变量	(1)	(2)	(3)	(4)	(5)
	\multicolumn{5}{c}{借款是否成功}
借款人特征					
男	1.111	1.148*	1.180**	1.215	1.168**
	(0.082)	(0.082)	(0.083)	(0.295)	(0.088)
20—25岁	0.717***	0.699***	0.574***	0.670	0.596***
	(0.081)	(0.074)	(0.058)	(0.245)	(0.064)
26—31岁	0.937	0.948	0.824**	1.286	0.852*
	(0.083)	(0.081)	(0.067)	(0.357)	(0.075)
32—38岁	0.961	0.984	0.929	0.969	0.980
	(0.087)	(0.085)	(0.078)	(0.278)	(0.089)
其他职业	1.022	0.951	0.828	0.888	0.796
	(0.202)	(0.187)	(0.153)	(0.870)	(0.157)
学生	1.102	0.839	0.909	0.220*	0.836
	(0.348)	(0.261)	(0.280)	(0.196)	(0.275)
私营业主	1.522***	1.655***	1.531***	0.689	1.567***
	(0.196)	(0.200)	(0.170)	(0.639)	(0.188)
网店卖家	1.333***	1.614***	1.548***	5.015***	1.613***
	(0.145)	(0.162)	(0.154)	(2.733)	(0.164)
借款列表信息					
借款利率	0.931***	0.926***	0.885***	0.947***	0.916***
	(0.005)	(0.005)	(0.004)	(0.017)	(0.006)
借款金额	0.989***	0.997	1.000	0.993	1.000
	(0.003)	(0.003)	(0.003)	(0.006)	(0.004)
借款期限	0.837***	0.904***	0.924***	0.765***	0.920***
	(0.008)	(0.007)	(0.007)	(0.036)	(0.008)
借款标题长度	0.996**	0.998	0.996**	0.979**	1.000
	(0.002)	(0.002)	(0.002)	(0.009)	(0.002)
借款描述长度	0.999***	0.999**	0.999**	0.995***	1.000
	(0.000)	(0.000)	(0.000)	(0.001)	(0.000)

续表

变量	(1)	(2)	(3)	(4)	(5)
	\multicolumn{5}{c}{借款是否成功}				
借款人信用资料					
全额还款次数	1.107***				
	(0.006)				
资料得分	0.980***	1.020***			
	(0.005)	(0.004)			
借入得分	1.008***				
	(0.002)				
投资得分	1.000				
	(0.000)				
借款标的类型					
安全标	5.317***	4.899***		9.357***	4.168***
	(0.697)	(0.582)		(5.778)	(0.508)
赔付标	1.013	0.997		1.844	0.919
	(0.153)	(0.139)		(1.119)	(0.129)
预审标	67.036***	43.981***			39.022***
	(33.344)	(20.016)			(17.661)
安全+预审	4.250***	3.058**			2.444*
	(1.991)	(1.413)			(1.130)
赔付+预审	91.283***	53.421***			40.057***
	(51.473)	(30.269)			(22.322)
年份效应	是	是	是	是	是
Constant	3.366***	1.669*	6.129***	2.203	3.321***
	(1.026)	(0.505)	(1.820)	(2.342)	(1.024)
Observations	8573	8573	8573	619	7922

注：括号中的值为稳健性标准误；*、**、*** 分别表示10%、5%和1%的显著水平；估计出来的系数为比数比。

二 借款花费时间和投标进度的影响因素

在此，我们进一步分析另一种层次的融资效率，即借款花费天数的长短和最终投标进度。借款人选择通过哪个渠道融资，还取决于他能多快时间获得所需的资金。借款花费天数的长短采用借款发布开始至投标结束的天数来度量,这既由平台的审核效率决定,也由投资者的投标速度决定。最终投标进度为所有投资者投标金额之和占借款金额的百分比,完全为投资者所决定。最终投标进度为100,并不意味着借款成功。除非是"预审"标,满标的借款申请还需拍拍贷平台进行审批才能获得资金。根据本章的样本,满标的借款最终成功借款的比重为72.11%。这说明超过四分之一的满标借款最终未能成功获得资金。因此,相对于借款是否成功和借款花费天数,投标进度可以更好地反映投资者基于借款人和借款标的信息对借款标的风险的评价和投资选择。毕竟,投资者与平台方对于借款标的风险的看法会因掌握的信息差异而不同,从而做出的决策也不同。由于借款花费天数为大于0的一个变量,而借款进度为取值范围0—100的百分比,我们采用Tobit模型来对这两个受限变量进行估计。

在自变量的选取上,个人特征变量、借款标的信息变量以及标的类型变量与前文保持不变,而对于历史信用记录方面的变量,由于它们基本上不是借款人申请借款时的取值,我们仅控制资料得分。原因是资料得分为借款人在第一次申请借款时会根据平台要求上传完备,其变化不如其他信用记录变量(如全额还款次数、投资得分或者借入得分)变化那么大。

在此,为了便于解释,我们直接报告Tobit模型的边际效应,结果如表7-5所示。其中,模型(1)和(2)为对借款融资时间的估计,模型(3)和(4)则是对借款进度的估计。从模型(1)和模型(3)可知,在借款人的特征变量中,仅有职业显著影响借款花费天数和最终投标进度:相对于其他职业,私营业主和网店卖家的借款所花费的时间分别短0.3天和0.8天,其标的的最终投标进度分别提高2.9和5.7个百分点。更高的借款利率将减少借款筹资所需的时间,但是也降低借款标的的最终投标进度。借款列表信息中,借款利率提高1个百分点,借款花费天数将降低0.013天,最终投标进度将降低0.23个百分点。借款金额的提高和借款期限的延长会显著降低两种度量下的融资效率,但是借款期限的影响更大:借款期限延长一个月,将会使借款融资时间延长 0.09 天,使最终投标进度降低 0.62 个百分点。借款标题和描述的长度对借款融资时间和最终投标进度的影响虽然有时显著,但是其边际效应十分小:更长的标题反而降低借款所花费的时间,降低最终投标进度。借款人的资料得分更高,会显著提高融资效率:每提高一分,借款所需天数会降低 0.04 天,最终投标进度会提高 0.3 个百分点。

表 7-5　借款时间和投标进度的影响因素的 Tobit 估计

变量	(1)	(2)	(3)	(4)	(5)
	借款花费天数		投标进度		投标时长
借款人特征					
男	0.080	0.080	0.065	-0.529	0.050
	(0.062)	(0.079)	(0.538)	(0.726)	(0.177)
20—25 岁	0.133	0.175	-0.403	-0.656	0.315
	(0.095)	(0.133)	(0.781)	(1.081)	(0.266)
26—31 岁	0.042	0.024	0.159	0.312	-0.167
	(0.075)	(0.102)	(0.637)	(0.908)	(0.200)
32—38 岁	0.120	0.117	-0.278	-0.536	0.079
	(0.074)	(0.098)	(0.640)	(0.925)	(0.201)
其他职业	0.049	0.411	-0.229	-1.381	0.043
	(0.146)	(0.319)	(1.365)	(2.873)	(0.343)
学生	-0.114	-0.278	1.919	7.795	-1.449 **
	(0.296)	(0.598)	(3.045)	(5.855)	(0.626)
私营业主	-0.265 ***	-0.422 ***	2.861 ***	4.961 ***	-0.045
	(0.081)	(0.161)	(1.062)	(1.827)	(0.214)
网店卖家	-0.753 ***	-1.046 ***	5.662 ***	6.254 ***	-1.067 ***
	(0.093)	(0.117)	(1.071)	(1.359)	(0.209)
借款列表信息					
借款利率	-0.013 ***	-0.019 ***	-0.231 ***	-0.316 ***	-0.427 ***
	(0.004)	(0.005)	(0.042)	(0.054)	(0.020)
借款金额	0.005 **	0.007 *	-0.053 ***	0.009	0.028 ***
	(0.002)	(0.004)	(0.017)	(0.050)	(0.007)

续表

变量	(1)	(2)	(3)	(4)	(5)
	借款花费天数		投标进度		投标时长
借款期限	0.092***	0.120***	-0.616***	-0.878***	0.217***
	(0.007)	(0.009)	(0.055)	(0.071)	(0.020)
借款标题长度	0.008***	0.018***	0.005	-0.026	0.029***
	(0.001)	(0.002)	(0.013)	(0.018)	(0.004)
借款描述长度	0.0004**	0.0003	-0.006***	-0.005***	0.002***
	(0.0002)	(0.0002)	(0.002)	(0.002)	(0.001)
借款人历史信用信息					
资料得分	-0.041***	-0.043***	0.296***	0.434***	-0.070***
	(0.005)	(0.007)	(0.034)	(0.045)	(0.008)
借款标的类型					
安全标	-0.810***		0.804		-4.063***
	(0.079)		(0.735)		(0.263)
赔标	-0.138		6.350***		-2.862***
	(0.135)		(1.729)		(0.317)
预审	2.247***		7.870***		0.882**
	(0.141)		(2.124)		(0.383)
安全+预审	0.392		-1.227		-1.275*
	(0.238)		(2.246)		(0.751)
赔付+预审	2.612***		10.22***		-1.001***
	(0.116)		(2.460)		(0.350)
年份效应	是	是	是	是	是
Observations	8573	5825	8573	5825	8573

注：本表为边际效应结果；括号中的值为Delta-method标准误；模型（2）和模型（4）为非安赔预审标数据估计的结果；*、**、***分别表示10%、5%和1%的显著水平。

标的类型对融资效率有显著的影响，但是影响方式比较复杂。安全标和赔标倾向于降低借款花费天数，提高投标最终进度，但是预审标及其与安全标和赔标的结合标，倾向于延长借款花费天数，但提高投标进度。其中的主要原因是，借款花费天数从平台审核借款的时间开始计算，因而预审只不过把满标后面的审核时间提前。这种做法可以加快投标,从而提高最终投标进度(如模型(3)所示),但是并不能提高借款人借款所花的时间(如模型(1)所示)。事实上,由于预审标也存在排队问题,预审并不一定能减少借款人借款的时间。

关于这一点,可以进一步看表7-6给出的关于借款花费天数的描述性统计。相对于其他类型的借款标的而言,预审标和赔付预审标的平均借款花费天数更长。分年来看,各年的平均借款花费天数并没有下降。这说明从借款申请到投标结束再到审核放款并没有逐年提高,而是取决于借款申请标的的数量以及拍拍贷人员的数量的相对变化:申请标的数量相对于审核人员的更快增长,并不能导致该度量下的融资效率的提高。表7-5的模型(5)进一步运用借款标的中第一笔投标到最后一笔投标的投标时间长度为投标效率的度量进行Tobit估计,结果发现,安全、赔付及其与预审结合的标的具有显著更短的投标时间。因此,从投标的角度讲,安全标和赔付标等也会鼓励投标,从而提高满标速度,但是,从融资的角度讲,这些借款标的的融资效率还取决于平台方的审核效率。借款需求相对平台人员的更快增长将会导致借款所需花费的时间更长。

表7-6 分标的类型和借款申请年份得到的借款花费天数的描述性统计

标的类型	均值	标准差	频次	年份	均值	标准差	频次
其他类型	1.566	2.550	5825	2010	3.789	3.037	71
安全标	0.441	0.886	1658	2011	1.899	2.725	3522
赔付标	0.741	1.634	379	2012	1.108	1.966	1457
预审标	3.530	3.436	247	2013	0.628	1.437	1306
安全预审标	0.844	1.198	64	2014	1.534	2.730	2198
赔付预审标	4.567	3.295	402	2015	6.333	4.066	21
总计	1.504	2.520	8575	总计	1.504	2.520	8575

模型(5)的估计结果还表明,从投资者的角度看,学生的借款和网店卖家的借款相对于工薪族的借款更容易被投资;更高的利率、更小的额度和更短的期限会得到显著更多的投标;资料得分更多的标

的也具有更短的投标时长。此外，与前文一致，更长的借款描述不但不能提高借款效率，反而降低投资者对借方的信任，延长投标时间。

模型（2）和模型（4）则仅非安赔预审标数据进行的估计。可以看出，这些被归为"其他类型"的借款标的，借款人的私人业主和网店卖家身份、借款利率、借款期限以及资料得分等因素的影响变大了。但是，总体而言，投资者针对能够反映借款人良好还款能力的变量，如私人业主和网店卖家，以及借款列表本身，做出投资选择，从而影响到借款标的的融资效率。

第五节 研究结论

本章运用拍拍贷借款数据研究了P2P网贷平台融资效率的决定因素。总的来讲，给定借款人的个人特征和借款列表信息，P2P平台上的融资效率取决于平台方的审核效率和投资者的投标速度。具体而言，借款人能否在P2P平台上成功且快速借款，既需要按照平台要求提交认证资料，通过信用审核，还需要投资者愿意对借款进行投标。

本章采用借款是否成功、借款从申请到结束花费的时间来度量P2P平台上的总体融资效率，用最终投标进度和第一笔投标至最后一笔投标的时间长度来度量投标效率。实证结果发现：

（1）在借款人的个人特征变量中，私营业主和网店卖家身份对不同维度的融资效率具有显著的促进作用。这说明平台方和投资者对这两类职业的信用具有更好的信念。

（2）借款列表信息中，借款期限和借款金额则与不同维度的融资效率基本上呈显著的反向关系，且更长的借款描述倾向于降低融资效率，而借款利率尽管对不同维度的融资效率具有显著的影响，但是影响并不一致。原因是，高借款利率有助于吸引投标，提高投标速度，缩减投标时间，进而总体上降低借款所需天数，但是由于高利率所蕴含的高风险，它并不能提高借款成功的概率和投标进度。

（3）在平台授予借款者和借款标的的诸种信息中，资料得分与安全标不同维度的融资效率呈正向关系，而"安"、"赔"、"预审"值对不同维度的融资效率具有显著影响，但是该影响因融资维度而存在差异。值得注意的是，尽管"预审标"可以提高投标效率和借款成功概率，但是它并不能显著降低借款所需花费的时间，因为平台审核时间的增加带来的效率下降抵消了因投标速度增加而导致的投标效率的提高。

毫无疑问，相对于传统银行信贷而言，P2P平台为满足小额信贷需求提供了更多可能。更小的额度、更快的审批和更高的成功率构成了P2P借贷平台在小额信贷市场上的绝对竞争优势。本章的研究结论表明，投资者和P2P平台对于借款标的风险的甄别存在一定的差别：投资者给予学生借款具有更高的信任，但是平台并未如此；投资者容易受高利率的诱惑，而平台则对高利率的借款标的更加慎重。这意味着，作为信贷中介的拍拍贷，应该凭借其信息优势在互联网信贷市场上发挥最后一道"看门人"的作用。对于借款人而言，值得注意的是，进行预审未必能够提高获得借款的速度，因为借款速度还取决于平台审核的速度。对于投资者而言，则应该注意在信息不对称的互联网信贷市场上利率具有双重角色——资金的成本和信用质量，慎重挑选高利率的借款标的，而应该根据那些能够反映借款人真实还款能力的"硬信息"进行投资决策。

当然，由于缺乏借款申请时借款人的信用评级，我们无法估计诸种信用资料对P2P平台融资效率的影响。这有待于未来进一步的研究对其进行评估。但是，我们可以看出，平台利用信息优势对借款人及其借款申请进行有效的信用整合，如对借款标的设置"安"、"赔"、"预审"等标签，可以极大地提高平台的融资效率。因此，如何有效地整合借款人信用资料，并以简单的方式发送给投资者，有助于提高P2P借贷平台的竞争优势。

第八章

互联网经济的发展与工业企业绩效
—— 基于中国省级面板数据的实证分析

第一节 引言

20世纪90年代以来,以美国为主导的计算机、信息网络技术的飞速发展宣告人类社会正式步入互联网时代。企业的生产需求和人们的消费需求呈现在线化趋势。电子商务作为一种新型的商务性应用模式应运而生,网络购物成为一种新的购物选择,冲击着传统的商场购物方式。在美国,杰夫·贝佐斯在1995年创立了亚马逊公司;同一年,皮埃尔·奥米迪亚创立了世界上第一个C2C在线拍卖平台,即著名eBay网站的前身。

伴随着国际互联网的快速发展和应用,中国也在逐步加强网络平台的建设。中国于1994年建成了公用网、科技网、教育和科研网以及金桥网。以此为基础,中国出现了互联网经济萌芽。1999年,中国诞生了第一个B2C电子商务网站8848.com;同年,邵亦波成立了我国第一个C2C网站——易趣网。马云也嗅到了互联网带来的巨大商机,他于2003年创建了后来发展为亚太最大C2C电子商务平台的淘宝网。一年后,刘强东于2004年创立"京东多媒体网",即中国最大的B2C网购平台"京东商城"的前身。

在国家层面,2007年,国家发展和改革委员会和国务院信息办出台了《国民经济和社会发展信息化"十一五"规划》以及《电子商务发展"十一五"规划》。电子商务在中国被提升到了关系国民经济发展战略的高度。

2008年世界金融危机爆发为互联网经济的发展提供了良好的契机。不同于传统的行业和市场，网络平台具有双边市场特性，可以低成本地将产品供应商与产品生产商配对起来，将产品销售商与终端客户群配对起来，从而形成了一种集信息流、资金流与物流于一体的产业链，为厂商、卖家和消费者提供廉价便捷的交易服务。结果，这一年我国网络服务业比重加速提高，经济增长的科技含量也逐渐加大。

正如本书第一和第二章理论分析所示，互联网产业与传统产业在互动和融合过程中促进了传统产业的升级与增长。本章以及后面将运用不同层次的数据估计互联网经济的发展对传统产业的影响大小。本章先将运用中国省级面板数据估计互联网经济发展对工业企业绩效的影响进行实证估计。在互联网兴起之前，由于各种工业企业在空间上高度分散，其产品必须通过同样分散的中间商转销给消费者。互联网信息技术的发展带来了电子商务的繁荣，极大地降低了供求之间的信息成本，使时空分散的交易双方可以轻松通过网络商务平台来建立供求关系，从而拓展了工业企业的市场边界。因此，互联网经济的发展重塑着工业企业的贸易关系、市场环境以及经营绩效。

本章基于产业链的视角对互联网影响工业企业绩效的分析认为，以电子商务为代表的互联网经济的发展通过市场发现、市场竞争、流程再造、成本节约、产品创新以及市场创造来改进工业企业的绩效。实证分析结果则表明，互联网经济的发展对不同度量的工业企业绩效指标——净资产收益率、劳动生产率和总资产周转率，都具有显著的促进作用；城市互联网经济的发展相对于农村互联网经济对工业企业绩效的促进作用更大；此外，互联网经济的发展不同程度地提高了与电子商务平台产业链联系密切的三大行业，即造纸和纸制品业、纺织服装和鞋帽制造业以及通信设备、计算机及其他电子设备制造业的企业绩效。

接下来我们先将对互联网经济的含义和度量、工业企业绩效的度量以及两者关系的研究进行回顾。第三节分析互联网经济影响工业企业绩效的理论机制。第四节为实证设计部分，介绍本章所采用的计量模型、变量选取、数据来源。第五节报告互联网经济发展指标与工业企业绩效之间关系的估计结果。第六节则进一步探讨了互联网经济发展对造纸和纸制品业、纺织服装和鞋帽制造业以及通信设备、计算机及其他电子设备制造业企业绩效的影响。最后一节为本章结论部分。

第二节 文献回顾

由于我国互联网经济的发展还不很成熟，各位学者对互联网经济、信息经济以及知识经济等概念的界定和研究还未深入，这也在一定程度上影响了测度互联网经济的方式。所以，我们先介绍已有研究对互联网经济这一概念的界定和测度，然后介绍企业绩效的测度方法，最后回顾已有文献对两者关系的研究。

一 互联网经济的概念和测度

尽管互联网经济已经对人们的生活、消费和企业的生产运营产生了革命性的影响，但国内外的学者对互联网经济的概念和测度并没有一个统一的说法（OECD，2012）。早在2000年，中国的互联网经济方兴未艾之际，乌家培（2000）从如下三个层面去理解互联网经济：从经济形态的最高层面看，互联网经济是知识经济或信息经济；从产业发展的中观层面看，互联网经济是与电子商务紧密相连的网络产业，既包括网络贸易、网络银行、网络企业以及其他商务性网络活动，又包括网络基础设施、网络设备和产品以及各种网络服务的建设、生产和提供等经济活动；从企业营销、居民消费或投资的微观层面看，互联网经济则是一个网络大市场或大型的虚拟市场。在张蕊（2001）看来，计算机和互联网络的普遍促进了互联网经济的产生和发展，为传递和处理经济信息提供了一个便捷的平台。越来越多的经济活动都建立在国际互联网之上。因此，互联网经济是由提供互联网基础设施与技术服务的产业群和以互联网为基础的各种经济活动构成的产业集合体。张鹏利（2008）则基于互联网信息技术及其对各个行业的渗透和改造，认为互联网经济包括信息产业和传统产业的电子商务化。这种界定与张蕊（2001）是一致的。本章采用一种狭义的互联网经济概念，即把互联网经济界定为电子商务活动。互联网基础设施尽管给各种电子商务活动提供了硬件条件，但这些条件一旦形成，便不再对以互联网为基础的商业活动产生影响。不仅如此，采用电子商务来界定互联网经济，可以使我们更加有效地对互联网经济规模进行测度，从而方便开展实证分析。

已有研究也对互联网经济的测度提出了自己的看法。例如，张蕊（2001）认为，应该从网络应用规模指数、产业发展指标、产业投资指数以及产业劳动力指标四个方面构建互联网经济发展水平的测度体系，其中网络应用规模指标包括万人计算机拥有量与网民比例等二级指标。与此同时，蒋德鹏和盛昭瀚（2001）提出，应该从网络基础设施、网络发展规模以及网络人才因素三个方面构建互联网经济发展水平的测度体系，其中网络基础设施包括每万人计算机拥有量等二级指标，网络发展规模包括因特网用户数等二级指标。

从一个更全面的视角，薛伟贤等（2004）认为，应该从国家经济实力与政策保障、网络基础设施、网络应用水平、互联网经济人力资源以及电子商务状况五个方面构建互联网经济发展水平的测度体系，其中包括网络用户人均域名数、上网人数占总人口比例以及计算机上网率等二级指标。从这些关于互联网经济的测度中可以看出，一个共同的可以用来测度互联网经济的指标是上网人数以及电脑拥有量。该测度方法的好处是比较简便直观，而且可以比较好地反映互联网的发展情况。当然，它也存在以偏概全、以点带面的缺陷。

二 企业绩效的测度

如何准确有效地度量企业绩效是理论界和实务界共同关注的问题。20世纪60年代到80年代，国际上主要采用财务指标来构建企业的绩效评价体系。后来，卡普兰和诺通（Kaplan and Norton, 1992）提出了一种新的称之为"平衡计分卡"的企业绩效衡量方法。该方法打破传统的利用过去财务指标来衡量企业绩效的方法，提出一个从客户满意度、业务流程状况、学习和成长以及财务等多维的角度来衡量企业绩效。

在国内，国家统计局、国家计委以及国家经贸委（1997）提出了评价工业企业绩效的 7 项指标，总资产贡献率、资本保值增值率、资产负债率、流动资产周转率、成本费用率、全员劳动生产率和产品销售率。尽管是基于企业的历史信息，通过企业财务数据来构建企业绩效指标无疑是一种重要的方法。黄岚（2002）认为，财务指标评价体系是以企业财务报告所反映的财务指标为主要依据，对企业财务状况及其经营成果进行评价分析，为企业提供有关决策支持方面的财务信息。只有将反映企业盈利能力、运营能力、偿债能力和发展能力等财务指标纳入一个有机整体之中，才能对企业绩效做出正确的评判。魏志成（2010）基于投入产出关系的角度认为，工业企业绩效的高低可以用产出与投入的比值高低来衡量，"投入"指的是时间、资金、劳动力、能源以及其他各种实物量和价值量，"产出"则可用产量、收入和利润等指标来衡量。例如，一个常用的企业绩效指标是以人均产出度量的企业劳动生产率。

固然，平衡计分卡法不失为一种全面的测度企业绩效的方法，但问题是统计信息的缺乏往往使我们无法对整个行业或者所有企业采用该方法进行绩效测度。因此，本章将采用企业财务数据信息来构建企业绩效指标。

三 互联网经济发展与工业企业绩效

陈佳贵（2001）较早地从理论视角分析了互联网经济对现代企业的影响，认为互联网经济对现代企业的影响体现在五个方面：企业成长方式、企业经营方式、企业生产组织方式、企业内部机制与管理以及企业组织结构。张鹏利（2008）基于产业链对电子商务进行的实证研究认为，电子商务平台应该定位在产业链的接点处，发挥链接供求双方的作用。

根据OECD（2012）的研究报告，在不同的互联网经济定义下，与互联网相关的经济活动占美国2010年商业部门增加值的比重最低为3%，最高可达15%。国内学者很少将精力放在实证方面。已有研究主要集中在物流、支付和营销等相对微观的领域，运用各种理论分析电子商务对各种微观指标以及对宏观经济增长的影响（如马晓苗，2005；杨坚争等，2011），但鲜有研究估计电子商务对工业企业绩效的影响。

谭顺（2005）分析了互联网经济对中国经济的双重影响，一方面加剧发展中国家与发达国家的差距、发达国家的主导地位，给中国的工业化和信息化带来挑战，另一方面为中国实现跨越式发展、促进结构调整和加速融入世界经济创造巨大机会。范玉贞（2010）以我国国内生产总值增加值作为因变量，以能衡量电子商务发展水平的域名数、上网用户人数、电子商务企业数、网上购物人数和电子商务交易额等变量作为自变量，实证分析了电子商务对经济增长的作用。

由此可见，已有文献并没有探讨互联网经济对工业企业绩效的影响。由于长期以来，中国的产业结构以工业占主导地位，工业企业的发展质量和结构直接关系着产业结构的优化程度。互联网经济作为一种联结产品供求双方的中介力量，对于提高传统工业企业的绩效具有不可忽视的作用。本章对互联网经济发展与工业企业绩效之间关系的探讨可以弥补已有文献在这方面的研究不足。

由于关于互联网经济发展统计数据的缺乏，我们采用互联网上网人口比重以及互联网普及率来度量经济体互联网经济的发展程度，运用工业企业的财务信息来构建其绩效指标，并控制一些反映工业企业规模和投资以及制度环境的因素，来估计互联网经济发展对工业企业绩效的影响。

第三节 互联网经济影响工业企业绩效的理论机制

一 互联网经济下的产业链：以B2C电子商务为例

一般人们所说的产业链，是依据某一关联密切的特定产品或者服务，形成的原材料供应、产品生产、市场营销到终端消费者等一系列相关的流程的链接与集合。所以，产业链是一个以行业为单位的活动集合。

产业链最早由迈克尔·波特于1985年在《竞争优势》一书中提出。他认为，产业价值链的关键是产品的链接与衍生，而产业链的核心是价值增值。当然，这里的产业链是指传统价值链。在传统价值链中，波特将企业的生产活动按照产品的设计、生产、销售与邮递给消费者的种种流程进行划分，认为产业价值链就是企业这些活动的集合，这些活动都对应着产业链上的一个环节。

受到迈克尔·波特研究的启示，后来人们对产业链进行了更加深入的研究。斯蒂文森（Stevens，1989）提出产业链不仅是企业产品供应商、生产商、经销商与消费者联系在一起组成的物流集合，而且产业链也是信息流的集合。瑞波特和斯维亚科拉（Rayport and Sviokla，1995）基于互联网经济的发展提出了虚拟价值链的概念，认为产业链不仅包括企业生产活动和销售活动组成的实体价值链，而且也包括由各种信息活动组成的虚拟价值链。企业可以在实体价值链中的各种活动中得到一条贯穿生产与销售活动始终的虚拟信息流。对虚拟价值链上的信息流进行整合和管理，可以产生新的产品和服务，发展新的客户关系，从而为企业创造新的价值。

电子商务平台在功能上类似于贸易中间商或者集贸市场。例如，早期的京东商城便是一个超级杂货店；而早期的淘宝便是一个集贸市场。不同的是，供求双方的产品信息出现在互联网网站上，而不是现实中的商店或者集市。在商场和集市购物，消费者和生产者可以看到实实在在的产品，而在电子商务平台购物，消费者只能看到关于产品的信息：图片、参数、性能、价格，等等。因而，以电子商务为基础的互联网经济也称为虚拟经济。

从功能上讲，电子商务平台与传统的贸易中间商或者集贸市场并没有差别，即起着联结供求双方的作用。但是基于光纤的快速信息传输功能和服务器大容量数据存储的优势，电子商务通过把大量产品归类后

"搬上"网站,极大地降低了生产者展示产品信息和消费者搜索产品信息的成本,从而改变了企业的销售方式和消费者的购物方式。

因此,互联网经济条件下,围绕着电子商务平台的中介功能形成了一个庞大的虚拟产业价值链。由于在双边市场上的中介位置优势,电子商务平台沿着该产业价值链对上下游关联产业产生影响。基于这种产业价值链的视角,我们绘制了两种 B2C 电子商务平台主导的产业链,如图 8-1 所示。

(1) 杂货店式B2C电子商务平台为核心的产业价值链

(2) 集贸市场式B2C电子商务平台为核心的产业价值链

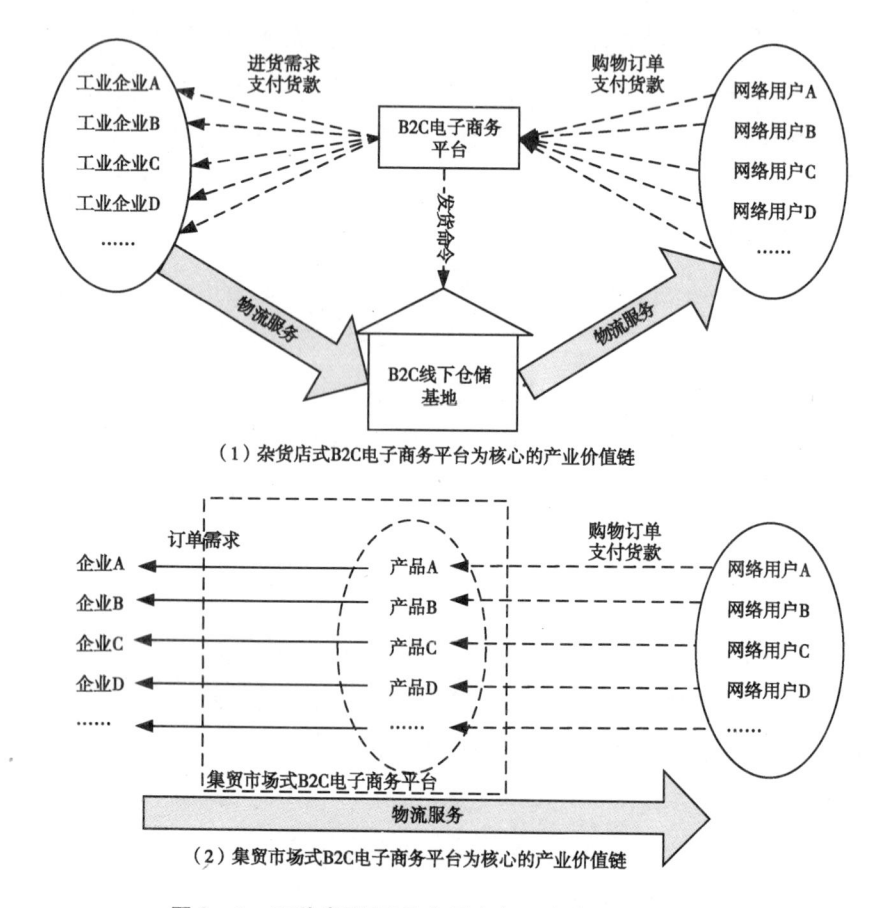

图 8-1 两种类型 B2C 电子商务平台的产业价值链

在图(1)中,杂货店式 B2C 电子商务平台居于中间位置,一边是工业品杂货的供应商,另一边是电子商务平台的注册用户。与杂货店(大型超市)类似,电子商务平台把所有产品信息挂上网络平台,供消费者选购,然后电子商务平台向其线下产品存储仓库发出发货命令。另一方面,电子商务平台根据消费者的需求,向各生产厂家订货,并将这些货物根据需求分别运送到不同地方的仓库中。与传统杂货店和大型综合超市不同的是,消费者运用互联网在电子商务网站上选购产品来代替逛商场,由物流快递企业来代替自己亲自去商场。

图(2)则为以集贸市场式B2C电子商务平台为中心的产业链。集贸式B2C电子商务平台由商家在该电子商务平台上成立一个个独立的"店面",展示自己的产品。消费者则在该电子商务平台上搜索和购买所需的产品,发出订单信息,然后由平台上的商家直接邮递产品给消费者。在这种电子商务模式下,网络平台作为独立的第三方,并不参与产品供求双方的交易,也没有自己的物流和仓库。相反,在该平台上"开店"的企业则需要有自己的存放货物地点,并且依赖专门的物流公司把订单货物发送给消费者。

集贸式B2C电子商务平台和杂货店式电子商务平台共同面临的问题是如何构建买卖双方之间良好的信任关系。对于前者,解决网络购物欺骗的办法是由一个中立的第三方来保证买者付款,卖者寄送产品。例如,淘宝就是通过支付宝作为独立的第三方保证交易双方履行交易合约。消费者对商家的售后评价也是约束卖方不良行为的重要工具之一。有不良记录的商家将被消费者抛弃。对于后者,大型电子商务平台本身就是一种承诺。因为,诸如京东和亚马逊之类的直营式电子商务平台,如果不信守承诺,将会很快被其他类似平台所取代。另外,由于这类电子商务平台需要以最快的速度把产品送达消费者手中,杂货店式B2C电子商务平台往往有自建的物流系统,由此消费者可以选择"货到付款"的方式来保证消费者的网购不会"钱货两空"。

因此,上述两种B2C电子商务模式下的产业链涉及如下各方:上游的产品生产商、经销商、覆盖整个交易过程的物流企业;中游作为信息交流平台、经销商、存储商、物流商乃至中立第三方的电子商务平台;下游掌握大量产品需求的分散消费者。当然,除此以外,还有由电子商务衍生的众多互联网基础设施和设备的需求提供者,如通信传输设备、数据存储设备、网商服务人员，等等。

二 互联网经济发展如何影响工业企业绩效？

随着互联网经济的兴起，企业的生产活动与经营方式无疑受到了巨大的影响。互联网经济改变了传统供应商、生产商与消费者实时实地的交易方式。在信息技术的支持之下，他们可以更加便捷和低成本的方式完成跨时空的交易。在互联网经济时代，互联网对传统企业的渗透提高了其经营效率、扩大了其市场规模、增强了市场竞争，最终会改善传统企业的绩效。具体而言，以电子商务为代表的互联网经济对工业企业绩效的影响体现在如下几个方面：

首先，互联网经济的发展给工业企业已有产品带来巨大的市场（市场发现）。在互联网经济兴起之前，工业企业的产品在实体店进行销售。这意味着企业如果想扩大市场规模，必须在各地建立分销商实体店，以服务当地的居民。互联网经济的兴起，工业企业可以在电子商务平台开店销售产品，一方面极大地减少了对分销商系统的依赖，也降低了产品的中间加价环节；另一方面，也可以使全国各地的消费者获得其产品信息，并从厂家直接购入产品。因此，基于互联网经济，工业企业可以获得更大的产品市场。

其次，互联网经济的发展增加了工业企业的市场竞争（市场竞争）。互联网经济在给工业企业带来巨大市场机会的同时，也给同类企业带来了激烈的市场竞争环境。互联网经济在降低买卖双方的信息不对称以及构建全国统一市场上的作用对于所有的企业而言都是相同的。尽管市场更大，但是同类产品的竞争者也更多。市场竞争将会促使企业提高运营效率，进行产品创新，专注消费者需求，从而获得更大的经济利润。

第三，互联网经济的发展促使工业企业的流程再造（流程再造）。在传统经济模式下，工业企业往往把大量的精力用于建立连锁店或者经销商，而且为配合不同地区的产品销售而建立各种区域性营销组织。这无疑会分散企业的资源，降低企业的专注度，从而不利于企业的专业化与分工。互联网经济模式下，工业企业可以充分运用专业高效的物流系统的作用，缩减销售系统的层级，从而提高产品销售的效率，并把企业的宝贵资源专注于产品研发创新之上，提高企业及其产品的核心竞争力。

第四，互联网经济的发展也可以降低工业企业的生产成本（成本节约）。工业企业不仅可以成为电子商务网站上的店家或者网下的供应商，也可以是电子商务的消费方。电子商务为工业企业的产品提供了大量的市场需求，也为工业企业提供更多的生产要素供给者。B2B电子商务平台提供的丰富的生产要素供给者，可以使工业企业轻松获得廉价优质的生产原料。

第五，互联网经济的发展可以完善产品、增强创新、提高营销的精准度（产品创新）。电子商务平台在联结供需双方的过程中形成了大量的数据信息，其中包含着消费者对某种产品的喜好、需求、评价，等等。工业企业可以针对这些信息改进已有产品、开发新产品和营销产品。互联网降低了企业创新过程中的信息不对称，提高企业创新的成功率。

第六，互联网经济的发展给工业企业创造全新的市场（市场创造）。互联网经济带来的海量数据和市场需求，其中包含大量的以前并没有被满足的细分产品和市场。由于统一市场带来的规模效应以及电子商务带来的成本下降效应，这个曾经被忽略的或者新涌现的市场需求被充分挖掘出来，给新旧工业企业创造了新的市场。例如，近年来才大量涌现的互联网金融便是由互联网经济带来的金融市场创造。互联网与金融的结合，给许多组织和个人带来了新产品、新市场和新的盈利机会。

因此，本章基于互联网经济条件下电子商务的特征概括出了互联网经济发展影响工业企业绩效的六项途径：市场发现、市场竞争、流程再造、成本节约、产品创新和市场创造。毫无疑问，这里只是总结了互联网发展影响工业企业绩效的一些显著方面，而绝不是所有方面。互联网经济对工业企业绩效的各种影响，尽管在很大程度上也是破坏性，但总的来说是创造性的，长期将会提升工业企业的绩效。

图 8-2 向我们简单展示了互联网发展与工业企业产值增长之间的关系。可以看出，1998 年以来，人均工业总产值和互联网上网人数都呈现出不断增长的趋势。人均工业总产值从 1998 年的 10.933 万元/人，增至 2011 年的 92.096 万元/人；同期互联网上网人数从 210 万人增至 5.131 亿人。我们还可以看出，人均工业总产值在 2002—2007 年和 2009—2011 年两段时间增长比较快，而网民的数量在 2008 年以后的增长也比此前阶段更快一些。因此，我们可以初步判断，互联网的发展与人均工业总产值增长具有基本相同的增长趋势。结合前文互联网经济发展对工业企业绩效的影响机制分析可以初步认为，互联网发展对工业企业绩效具有潜在的促进作用。

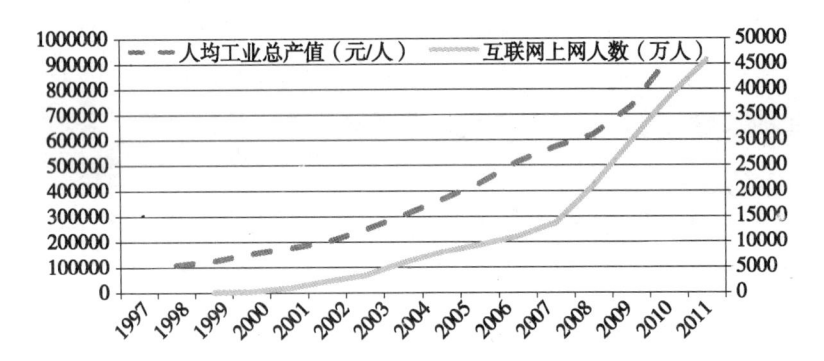

图 8-2 互联网上网人数和人均工业总产值：1997—2012

注：左边纵轴为人均工业总产值，右边纵轴为互联网上网人数。
资料来源：国研网宏观统计数据库和历年《中国统计年鉴》。

三 互联网经济发展对特定工业企业绩效的影响机制

接下来我们基于前面关于电子商务平台产业链分析进一步选取在该产业链上与电子商务平台具有密切联系的一些工业行业来分析互联网经济发展对特定行业工业企业绩效的影响。我们基于 B2C 电子商务产业链的基本情况，分别选择造纸及纸制品业、纺织服装、鞋、帽制造业以及通信设备、计算机及其他电子设备制造业进一步分析互联网经济发展对这些行业工业企业绩效的影响。

无论是杂货店式的B2C电子商务平台，如京东商城、亚马逊、凡客，还是集贸市场式的B2C电子商务平台，如天猫商城，都销售大量的纺织服装、鞋帽和通信设备、计算机等电子设备产品。根据艾瑞咨询（2014）的研究报告，2013年中国B2C在线零售商前50名企业的主营品类中，服装服饰和鞋类产品占比为18%，3C家电占比26%；而且在这些企业中，主营3C家电的购物网站达13家，主营服装服饰的购物网站有6家。同样根据该研究报告，2013年B2C在线零售商前30名企业的主营品类中，服装服饰和鞋类产品的比重为16.6%，3C家电的比重为20%，仅次于综合百货33.3%的占比。因此，互联网经济发展对纺织服装、鞋帽制造业以及通信设备、计算机及其他电子设备制造业影响很大。

互联网经济发展对造纸及纸制品业的影响则主要是伴随着这种商业模式的发展对物流产生极大需求。网上购物的实现需要物流快递服务，而快递服务需要良好的包装来保证产品在运送过程中不被损坏。第9章将专门分析互联网经济发展对物流行业的影响，因而这里的分析仅关注互联网经济发展对造纸和纸制品业的影响。

（一）造纸及纸制品业

由于互联网经济的发展，从商家把产品寄达消费者需要对产品进行良好的包装，从而促进了造纸及纸制品行业的发展和创新。几乎所有的网购产品都需要进行包装，而纸质包装相对于其他包装形式而言轻便、廉价而不乏牢固。互联网经济的发展不仅扩大了经济体对纸制品的需求，也促进了造纸及纸制品行业的创新，即为了更好地制造轻便牢固且成本低廉的包装材料而进行创新。此外，互联网经济的发展对造纸和纸制品企业绩效的促进作用还表现为图书出版业上。诸如当当、亚马逊和京东等网上商城所销售的产品有相当一部分就是图书。根据艾瑞咨询（2014）的分析，图书在中国B2C在线零售商前50名企业中的销售比重为2%。近年来，在互联网经济的刺激之下，造纸和纸制品行业增长迅速。如表8-1所示，从2003年到2011年间，造纸及纸制品业的人均工业产值从21.787万元，增加至2011年的

80,512万元，年均增长率高达17.919%。尽管2008年受世界金融危机的影响，作为重要原料的造纸和纸制品业增长缓慢，但是随后的中国政府经济刺激计划以及互联网经济的繁荣在很大程度上抵消了由金融危机以及经济刺激计划退出对造纸行业带来的不利影响。①

（二）纺织服装、鞋、帽制造业

正如前文所述，纺织服装和鞋帽产品是各B2C电子商务平台的主要产品类目之一。因此，以电子商务为主的互联网经济发展首先像对其他传统产业的影响一样，扩大了纺织服装和鞋帽制造业的市场规模，降低了其销售环节、运营成本和周转速度。另外，网络商务平台也促进了纺织服装、鞋帽制造企业的创新。例如，好的服装设计将获得消费者的认可，从而可以为设计者带来更多的利润。其他服装企业的模仿带来的竞争则会摊薄企业利润，从而激励新一轮的企业创新竞争。不仅如此，网络商城提供的大量关于消费者的需求偏好数据也有助于反馈给服装制造企业，使其生产更好更受欢迎的产品，特别是更能快速满足女性消费者对服装的多样性需求。

不像造纸和纸制品行业那样具有宏观经济"晴雨表"的特征，且受宏观经济影响较大，纺织服装和鞋帽制造业在互联网经济的支持下也获得了快速稳定的增长。如表8-1所示，2003年纺织服装和鞋帽制造业的人均工业产值为11.516万元，低于造纸和纸制品业，到2011年增长至34.501万元，年均增速为14.928%，其中2011年的增速更是高达28.598%。即便是发生金融危机的2008年，纺织服装和鞋帽制造业也增长了11.728%。纺织服装和鞋帽制造业较低的劳动生产率反映了该行业较高的劳动密集程度；而且相对于造纸和纸制品业较大的增长波动，纺织服装和鞋帽制造业劳动生产率则增长比较稳定。

---

① 造纸业与宏观经济的联系以及互联网经济对造纸业未来增长的预期，参见经济观察报记者钟昂2013年10月12日的报道《纸的宏观经济学》：http://www.eeo.com.cn/2013/1012/250674.shtml。

（三）通信设备、计算机及其他电子设备制造业

通信设备、计算机及其他电子设备产品更是互联网经济不可分割的重要组成部分，也是电子商务平台上非常重要的销售产品类目。相对于服装、鞋帽以及艺术品而言，电子产品标准化的程度更高，产品参数更具可比性，因而也更适合进行网上交易。以笔记本为例，作为一项标准化程度很高的产品，消费者在产品销售网页上便可以知道产品 CPU 的型号和功率、内存的大小、屏幕大小及其分辨率、电脑重量和外观，等等，并可以将其与其他品牌的产品进行比较。互联网的普及和互联网经济的发展，改变了人们的生活和消费习惯，也催生了大量的电子产品需求。而电子产品的标准化程度也使这类产品的生产厂家竞争十分激烈，企业为了抢夺市场，对其产品不断进行推陈出新和升级换代。在这样一个基于电子商务平台的竞争市场上，通信设备、计算机和其他电子设备制造业获得了快速的增长和发展，大量的富有创新力的优质企业迅速成长，消费者对电子产品的热情则被极大地激发出来。

如表 8-1 所示，通信设备、计算机及其电子设备制造业的销售产值和人均销售产值在 2003—2011 年间同样实现了增长，但是与前两个行业相比，增长速度要逊色许多。该行业工业销售产值从 2011 年的 15522.13 亿元增至 2011 年的 62567.28 亿元，增加了 3 倍多；同期人均工业销售产值从 56.762 万元增至 76.35 万元，年均增长率仅为 3.837%。但是，不可忽视的是，该行业就业人员数量急剧增长，从 2003 年的 273.46 万人增至 2011 年的 819.48 万人。因此，相对于前两个行业，通信设备、计算机及其电子设备制造业的繁荣不仅表现为总量的增长，也表现为对就业的巨大吸纳作用。

总体而言，这三大工业行业与互联网人口呈同步增长的趋势。鉴于这三大产业在互联网经济产业链上与电子商务的密切联系，以及理论上互联网经济发展对这些行业存在各种可能的促进作用，这些行业增长背后肯定有互联网经济发展的贡献。但是，具体存在多大的影响，还需进一步的实证分析来回答。

表8-1 三大工业行业的销售产值、平均从业人数以及劳动生产率

年份	造纸和纸制品业 销售产值（亿元）	造纸和纸制品业 从业人员（万人）	造纸和纸制品业 劳动生产率（万元/人）	纺织服装、鞋、帽制造业 销售产值（亿元）	纺织服装、鞋、帽制造业 从业人员（万人）	纺织服装、鞋、帽制造业 劳动生产率（万元/人）	通信设备、计算机及其他电子设备制造业 销售产值（亿元）	通信设备、计算机及其他电子设备制造业 从业人员（万人）	通信设备、计算机及其他电子设备制造业 劳动生产率（万元/人）
2003	2482.68	113.95	21.79	3330.22	289.19	11.52	15522.13	273.46	56.76
2004	3280.88	130.44	25.15	3889.16	331.91	11.72	21810.9	378.79	57.58
2005	4063.31	130.14	31.22	4849.34	346.06	14.01	26403.64	439.64	60.06
2006	4952.35	134.77	36.75	5986.04	377.57	15.85	32362.74	505.07	64.08
2007	6226.18	138.3	45.02	7404.41	414.19	17.88	38538.18	587.92	65.55
2008	7651.68	151.92	50.37	9161.78	458.7	19.97	42928.17	677.31	63.38
2009	8110.39	152.64	53.13	10163.81	449.31	22.62	43680.24	663.64	65.82
2010	10246.3	157.91	64.89	11992.48	447	26.83	54190.95	772.75	70.13
2011	11815.18	146.75	80.51	13193.69	382.41	34.50	62567.28	819.48	76.35

注：劳动生产率为工业销售产值除以从业人员。

资料来源：国研网统计数据库。

第四节 实证设计

为了估计互联网经济发展对工业企业绩效的影响,我们构建如下面板数据模型:

$$perfor_{m,it}^k = c^k + net\_eco_{n,it}\alpha + control_{it}^k\beta + \varepsilon_{it}^k \quad (8-1)$$

其中,$perfor$ 为工业企业绩效,$m = 1,2,3$,分别为三种企业绩效指标——净资产收益率、劳动生产率和总资产周转率;$k = 1,2,3,4$,分别表示整个工业企业、前文提到的造纸和纸制品行业、纺织、服装、鞋帽制造业以及通信设备、计算机及其他电子设备制造业。net_eco 为互联网经济发展指标,$n = 1,2,3,4$,分别表示网民比例、互联网普及率、城市居民每百万户家庭电脑拥有量和农村居民每百户家庭电脑拥有量。$control$ 为控制变量向量,包括人均GDP、企业平均从业人数、企业平均资产以及国有及国有控股企业比重。c、α 和 β 为待估参数和参数向量。ε 为服从标准正态分布的随机扰动项。i 和 t 分别表示省份和时间。

具体而言,各变量的选取如下所述:

(一) 因变量

因变量为工业企业绩效。这里包括三个替代性指标:

净资产收益率,又称股东权益报酬率、权益利润率、净资产利润率等,是衡量上市公司盈利能力的重要指标之一。计算方法为:净资产收益率 = 净利润/净资产(所有者权益)。

劳动生产率,即单位员工的工业总产值,反映了企业生产者的效率。计算方法为:劳动生产率 = 工业总产值/工业从业人员数。

总资产周转率,反映了企业全部资产的经营质量和资产利用效率。计算方法为:总资产周转率 = 销售收入/总资产。

以上指标均与工业企业绩效呈正向关系。更高的净资产利润率、劳动生产率越高或者总资产周转率度量了更好的工业企业绩效。

(二) 自变量

自变量分为核心变量和控制变量。核心变量为那些用以度量互联网经济发展程度的指标。我们采用三个指标：互联网上网人数比重——采用互联网上网人数/地区总人口数来度量、互联网普及率、城市和农村每百户居民拥有电脑数量。

控制变量包括如下三个指标：人均GDP，用以反映地区经济发展水平；工业企业平均从业人员数，该指标计算为规模以上工业企业全部从业人员/规模以上工业企业数量；工业企业平均资产，该指标计算为规模以上工业企业资产总额/规模以上工业企业数量；国有及国有控股企业比重，用以度量工业市场化程度，计算为规模以上国有及国有控股企业工业总产值/规模以上工业企业工业总产值。

我们构建上述指标的原始数据来自国研网宏观经济数据库和工业统计数据库。通过计算得到一个由中国31个省、市和自治区从2002—2012年间的省级面板数据。同时，我们也构建了造纸和纸制品业、纺织服装、鞋帽制造业以及通信设备、计算机及其他电子设备制造业的省级面板数据库。这些变量的描述性统计和变量相关性分别如表8-2和表8-3所示。

表8-2　　　　　　　　变量的描述性统计

变量	数据量	均值	标准差	最小值	最大值
净资产收益率	341	0.067	0.065	-0.049	0.348
劳动生产率（万元/人）	279	52.886	27.000	7.722	143.844
总资产周转率	341	0.903	0.331	0.181	1.883
网民比重	341	0.206	0.162	0.012	0.705
互联网普及率	154	0.291	0.147	0.060	0.703
城市百户电脑数（台）	217	55.193	22.558	9.540	137.700
农村百户电脑数（台）	213	8.669	12.723	0.170	62.870
人均GDP（元/人）	341	23985.540	17788.480	3153.000	93173.000
平均从业人员数（人/企业）	279	279.033	89.621	85.231	578.612
平均资产规模（亿元/企业）	341	1.804	1.396	0.263	9.555
国有经济比重	310	0.465	0.196	0.107	0.834

第八章 互联网经济的发展与工业企业绩效　　175

表 8-3　　　　　　　　　　　变量的相关系数矩阵

	净资产收益率	劳动生产率	总资产周转率	网民比重	互联网普及率	城市百户电脑数	农村百户电脑数	人均GDP	企业规模	平均资产	国有经济比重
净资产收益率	1.000										
劳动生产率	0.367	1.000									
总资产周转率	0.413	0.211	1.000								
网民比重	0.157	0.552	0.162	1.000							
互联网普及率	0.151	0.552	0.158	0.997	1.000						
城市百户电脑量	0.130	0.439	0.403	0.849	0.855	1.000					
农村百户电脑量	0.065	0.446	0.176	0.837	0.851	0.853	1.000				
人均GDP	0.208	0.620	0.261	0.877	0.888	0.826	0.873	1.000			
企业规模	0.081	-0.018	-0.321	-0.147	-0.156	-0.291	-0.205	-0.276	1.000		
平均资产	-0.006	0.389	-0.611	0.174	0.168	-0.121	0.046	0.050	0.649	1.000	
国有经济比重	-0.139	-0.103	-0.697	-0.316	-0.313	-0.486	-0.271	-0.346	0.508	0.544	1.000

由表 8-2 可知，规模以上工业企业净资产收益率为 0.067；劳动生产率为 52.886 万元/人；总资产周转率为 0.903；网民人口平均比重为 0.206；互联网普及率为 0.291；城市每百户居民电脑拥有量均值远远高于农村，分别为 55.193 台和 8.669 台；人均 GDP 均值为 2.4 万元；企业平均从业人员均值为 279 人；规模以上工业企业的平均资产规模均值为 1.804 亿元；国有经济比重的均值为 0.465。

根据表 8-3 可知，人均 GDP 与互联网经济的各种度量指标之间以及互联网经济指标之间存在很大的相关性，其相关系数均超过 0.8。我们在后文的回归中将考虑把这些变量置于不同的回归之中，以避免多重共线性的问题。由于存在组间异方差的问题，后文的实证部分将直接报告稳健性回归结果。

第五节 互联网经济的发展对工业企业绩效的影响

本节将报告利用不同的互联网经济指标和不同的工业企业绩效指标来估计互联网经济对工业企业绩效的影响方向和大小。这里考虑的因变量包括净资产收益率、劳动生产率和总资产周转率；考虑的互联网经济指标包括互联网上网人数比重、互联网普及率和城乡每百户电脑拥有量。估计结果如表 8-4 至表 8-7 所示。

一　因变量为净资产收益率

表 8-4 报告了不同的面板数据模型下互联网上网人数比重对工业企业净资产收益率的影响大小。模型（1）至模型（3）为控制所有控制变量时的估计结果。我们可以发现，此时网民比重与工业企业净资产收益率呈显著的反向关系（模型（1）和（2））。当我们控制时间效应后，网民比重亦对净资产收益率没有显著影响。产生这种结果的原因是，人均 GDP 与网民比重之间存在的多重共线性。

在模型（4）至模型（6）中，我们剔除了相关程度较高的人均 GDP，同时在企业平均从业人数和平均资产规模两者之间保留其中一个变量，结果发现,无论是固定效应模型,还是随机效应模型,网民比重与工业企业净资产收益率呈显著的正向关系,且估计系数大小在0.1左右。这意味着,网民比重提高1个百分点,工业企业净资产收益率提高约0.1个百分点。

由于企业平均从业人员和平均资产规模之间的较高相关性,两者在控制人均GDP时对工业企业净资产收益率分别呈正向和负向影响,而当剔除人均GDP变量后,这两个变量的估计系数并不显著。反映市场化程度的国有经济比重指标在剔除人均GDP变量后呈显著的负向关系。这意味着国有工业企业的绩效比民营工业企业差,因而与刘瑞明和石磊(2010)关于国有企业"双重效率损失"研究一致。

表8-4　　　　网民比重对工业企业净资产收益率的影响

变量	(1) RE	(2) FE	(3) FE	(4) RE	(5) FE	(6) FE
	净资产收益率					
网民比重	-0.116**	-0.118**	-0.090	0.088*	0.089*	0.114***
	(0.054)	(0.050)	(0.069)	(0.049)	(0.048)	(0.021)
人均GDP	0.140***	0.184***	0.174***			
	(0.037)	(0.040)	(0.057)			
平均从业人员数	0.075**	0.136***	0.123*			0.002
	(0.035)	(0.041)	(0.062)			(0.019)
平均资产规模	-0.044*	-0.094***	-0.089**	0.022	0.015	
	(0.023)	(0.028)	(0.033)	(0.018)	(0.018)	
国有经济比重	0.073	0.050	0.037	-0.151***	-0.192***	-0.165**
	(0.087)	(0.079)	(0.086)	(0.054)	(0.051)	(0.072)
时间效应	否	否	是	否	否	否
常数项	-1.721***	-2.459***	-2.290**	0.112***	0.133***	0.111
	(0.547)	(0.613)	(0.873)	(0.024)	(0.026)	(0.099)
数据量	279	279	279	310	310	279
R平方		0.546	0.591		0.426	0.332
截面数	31	31	31	31	31	31

注:所有回归为控制异方差的稳健性回归;括号中的值为稳健性标准误;*、**和***分别表示10%、5%和1%的显著水平;R平方为组内拟合优度;人均GDP、工业企业平均从业人数和平均资产规模均取对数。

表8-5报告了采用其他互联网经济指标对工业企业净资产收益率进行回归的估计结果。根据模型（1）和模型（2）可知，互联网普及率显著地促进了工业企业净资产收益率，在考虑多重共线性的因素后，互联网普及率的估计系数为0.119，稍稍高于表3模型（6）的估计结果。由于这里使用的样本更短，更大的估计系数意味着互联网经济对工业企业净资产收益率的促进作用在近年来增加了。模型（3）至模型（5）则报告了城乡互联网经济发展对工业企业净资产收益率的影响。由于两个变量的高度相关，我们将其置于同一个模型中时，城市百户电脑量和农村百户电脑量均对工业企业净资产收益率没有显著影响（见模型（3））。但是，当我们将其置于不同模型中时，两者均与工业企业净资产收益率显著正相关，估计系数分别为0.038和0.011。这说明，城市互联网经济对提高工业企业净资产收益率的作用大于农村互联网经济。国有经济比重与工业企业净资产收益率的关系并不显著，尽管其估计系数为负。这说明近年来，随着国企改制，不同所有制企业之间的净资产收益率差距在缩小。

表8-5　互联网普及率、城乡每百户电脑拥有量对工业企业净资产收益率的影响

变量	（1）	（2）	（3）	（4）	（5）
	工业企业净资产收益率				
互联网普及率	0.271**	0.119***			
	(0.113)	(0.034)			
城市百户电脑量			0.028	0.038***	
			(0.018)	(0.011)	
农村百户电脑量			0.004		0.011***
			(0.006)		(0.003)
平均从业人员数	0.178**	0.085***	0.040	0.039	0.038*
	(0.080)	(0.020)	(0.024)	(0.025)	(0.022)
平均资产规模	-0.073				
	(0.054)				

续表

变量	(1)	(2)	(3)	(4)	(5)
	工业企业净资产收益率					
国有经济比重	-0.005	-0.013	-0.148	-0.151	-0.143
	(0.136)	(0.139)	(0.118)	(0.114)	(0.122)
常数	-0.928*	-0.412***	-0.191	-0.221	-0.083
	(0.477)	(0.130)	(0.182)	(0.168)	(0.143)
数据量	154	154	213	217	213
R平方	0.281	0.256	0.249	0.243	0.233
截面数	31	31	31	31	31
时期数	2007-11	2007-11	2005-11	2005-11	2005-11

注：所有回归为控制异方差的稳健性回归，且为固定效应模型；括号中的值为稳健性标准误；*、**和***分别表示10%、5%和1%的显著水平；R平方为组内拟合优度；城乡每百户电脑拥有量、人均GDP、工业企业平均从业人数和平均资产规模为对数值。

二 因变量为劳动生产率

表8-6报告了互联网经济发展指标与工业企业劳动生产率之间关系的估计结果。在这里，由于变量的相关性以及因变量为劳动生产率，我们剔除了反映企业规模的从业人员数量指标。从中可以发现，在不同模型下，互联网经济发展与工业企业劳动生产率呈显著的正向关系。互联网上网人数比重提高1个百分点，工业企业劳动生产率提高1.4个百分点；互联网普及率提高1个百分点，工业企业劳动生产率提高0.97个百分点；城市居民每百户电脑量提高一个百分点，劳动生产率提高0.281个百分点，高于农村居民每百户电脑拥有量的0.071的估计系数。

在控制变量中，工业企业的平均资产规模对工业企业劳动生产率具有显著的促进作用，估计系数也高于互联网经济指标，这说明资本密集型工业企业的劳动生产率对于资本规模的依赖很大；国有经济比重与劳动生产率呈显著的反向关系，这反映了国有工业企业生产经营效率较低的经济发展事实。但是，我们通过模型（2）中，国有企业的劳动生产率在近年有改善的迹象，2007年以后的数据估计出来的系数为-1.043，小于总体样本的估计结果。

表8-6　　互联网经济发展对工业企业劳动生产率的影响

变量	(1)	(2)	(3)	(4)
	劳动生产率			
互联网上网人数比重	1.402***			
	(0.339)			
互联网普及率		0.970***		
		(0.086)		
城市百户电脑量			0.281***	
			(0.068)	
农村百户电脑量				0.071***
				(0.018)
平均资产规模	0.398***	0.475***	0.496***	0.525***
	(0.116)	(0.031)	(0.057)	(0.038)
国有经济比重	-2.408***	-1.043***	-2.319***	-2.234***
	(0.454)	(0.290)	(0.309)	(0.388)
常数项	4.506***	4.056***	3.690***	4.660***
	(0.236)	(0.134)	(0.346)	(0.171)
数据量	279	154	217	213
R平方	0.865	0.928	0.905	0.893
截面数	31	31	31	31

注：所有回归为控制异方差的稳健性回归，且为固定效应模型；括号中的值为稳健性标准误；*、**和***分别表示10%、5%和1%的显著水平；R平方为组内拟合优度；劳动生产率、城乡每百户电脑拥有量、平均资产规模为对数值。

三　因变量为总资产周转率

表8-7进一步报告了互联网经济发展指标对工业企业总资产周转率的影响大小。在这里，我们同时控制了具有较强相关性的平均从业人员数和平均资产规模指标，结果发现，互联网上网人数比重越大，总资产周转率也会越高（见模型（1））；互联网普及率指标也与

总资产周转率正相关,而且其显著水平和系数大小均超过互联网上网人数比重。同样考虑到模型(2)中的数据为2007年以后的面板数据,这说明互联网相关指标对工业企业总资产周转率的影响越来越大。分城乡来看,尽管估计系数不显著,城乡百户居民拥有的电脑量倾向于与总资产周转率正向相关,而且城市指标要显著高于农村指标。类似地,在这里,我们同样可以看到国有经济比重与工业企业总资产周转率之间的负向关系。

表8-7 互联网经济发展对工业企业总资产周转率的影响

变量	(1)	(2)	(3)	(4)
	\multicolumn{4}{c}{总资产周转率}
互联网上网人数比重	0.252*			
	(0.144)			
互联网普及率		0.426**		
		(0.196)		
城市百户电脑量			0.075	
			(0.045)	
农村百户电脑量				0.020
				(0.013)
平均从业人员数	-0.100	0.518***	0.125	0.089
	(0.105)	(0.138)	(0.109)	(0.102)
平均资产规模	-0.011	-0.190*	-0.049	-0.025
	(0.065)	(0.097)	(0.053)	(0.045)
国有经济比重	-1.206***	-1.139***	-1.338***	-1.273***
	(0.359)	(0.328)	(0.308)	(0.333)
常数项	1.974***	-1.417*	0.575	1.007**
	(0.473)	(0.754)	(0.609)	(0.483)
数据量	279	154	217	213
R平方	0.584	0.465	0.502	0.509
截面数	31	31	31	31

注:所有回归为控制异方差的稳健性回归,且为固定效应模型;括号中的值为稳健性标准误;*、**和***分别表示10%、5%和1%的显著水平;R平方为组内拟合优度;工业企业平均从业人员数和平均资产规模均取对数。

第六节 互联网经济的发展对特定行业工业企业绩效的影响

下面我们将进一步估计互联网经济发展对造纸及纸制品业、纺织、服装和鞋帽制造业以及通信设备、电子计算机及其他电子设备制造业绩效的影响。这些行业在互联网经济产业链和价值链上属于与电子商务平台密切关联的工业行业。电子商务的蓬勃发展对商品邮递运输过程中的包装产生巨大的需求，而纺织、服装和鞋帽制造业以及电子产品制造业本身是电子商务平台的产品供应者。由电商平台诞生的巨大市场需求促使纺织、服装和鞋帽制造业以及电子产品制造业提高运营效率，进行产品研发竞争，生产满足消费者需要的产品。

一 造纸及纸制品业

表 8-8 报告了互联网经济发展指标与三种不同度量的造纸及纸制品工业企业绩效之间关系的估计结果。我们可以看出，总体而言，两种不同度量的互联网经济发展程度指标，网民比重和互联网普及率均对三种企业绩效指标具有显著的促进作用。与互联网经济对整个工业企业绩效的影响相比较可知，互联网经济发展对造纸及纸制品工业企业的总资产周转率影响更大，估计系数在两种互联网经济指标下分别为 2.071 和 4.180（见模型（5）和模型（6）），高于表 8-7 中的 0.252 和 0.426。该结果并不难理解。由于总资产周转率为营业收入除以总资产，以电子商务为主的互联网经济发展导致对产品运输包装不断增长的需求，从而促进了造纸及纸制品工业企业营业收入增长，以及提高其总资产周转率。

二 纺织、服装和鞋帽制造业

基于互联网的电子商务平台给纺织、服装和鞋帽制造业企业带来了新的市场机会。各种各样的服装在电子商务平台上进行销售，全国各地的消费者足不出户就可以在网上选择和购买服装、鞋帽等产品。表8-9报告了互联网的发展对纺织、服装和鞋帽制造业企业绩效的影响。我们可以看出,网民比重和互联网普及率的提高会显著提高这类工业企业的净资产收益率和总资产周转率,尽管对其劳动生产率的影响并没有达到10%的显著水平。与表8-4至表8-7进行比较可知,互联网经济发展对纺织、服装和鞋帽制造业企业的净资产收益率和总资产周转率的促进作用远远超过了其对整个工业企业以及造纸和纸制品企业该绩效指标的促进作用。由于互联网普及率指标的时间长度较短,表8-9的结果也表明,近年来,互联网经济的发展对纺织、服装和鞋帽制造业企业绩效的促进作用在不断增强。

表8-8　互联网经济发展对造纸及纸制品工业企业绩效的影响

变量	(1)	(2)	(3)	(4)	(5)	(6)
	净资产收益率		劳动生产率		总资产周转率	
网民比重	0.130**		1.261***		2.071***	
	(0.061)		(0.179)		(0.348)	
互联网普及率		0.265**		1.220***		4.180***
		(0.108)		(0.288)		(0.478)
平均从业人员数	-0.018	0.054	-0.765***	-0.591**	0.170	-0.236
	(0.044)	(0.066)	(0.063)	(0.260)	(0.205)	(0.241)
平均资产规模	-0.031	-0.049	0.487***	0.519***	-0.273***	-0.303**
	(0.021)	(0.034)	(0.061)	(0.115)	(0.079)	(0.124)
国有经济比重	-0.577***	-0.117	-2.821***	-1.936***	-1.187*	-4.271***
	(0.107)	(0.252)	(0.218)	(0.453)	(0.585)	(1.301)
常数项	0.421*	-0.184	8.624***	7.384***	-0.160	2.448*
	(0.235)	(0.337)	(0.379)	(1.342)	(0.930)	(1.421)
数据量	265	146	266	146	258	141
R平方	0.269	0.080	0.856	0.777	0.314	0.671
截面数	30	30	30	30	30	30

注:所有回归为控制异方差的稳健性回归,且为固定效应模型;括号中的值为稳健性标准误;*、**和***分别表示10%、5%和1%的显著水平;R平方为组内拟合优度;劳动生产率、工业企业平均从业人员数和平均资产规模取对数。

表8-9　互联网经济发展对纺织、服装和鞋帽制造业企业绩效的影响

变量	(1)	(2)	(3)	(4)	(5)	(6)
	净资产收益率		劳动生产率		总资产周转率	
网民比重	0.361***		0.571		5.865*	
	(0.063)		(0.337)		(3.275)	
互联网普及率		0.495***		0.634		5.965***
		(0.165)		(0.638)		(0.864)
平均从业人员数	0.055***	0.095***	-0.245	-0.093	7.885	0.118
	(0.008)	(0.034)	(0.178)	(0.264)	(4.864)	(0.361)
平均资产规模	-0.024**	-0.032	0.704***	0.671***	-3.460*	-0.442*
	(0.010)	(0.042)	(0.124)	(0.212)	(1.977)	(0.257)
国有经济比重	-0.471***	0.085	-2.721***	-2.168***	11.187	-7.464***
	(0.132)	(0.389)	(0.537)	(0.752)	(11.136)	(1.814)
常数项	-0.040	-0.538*	5.965***	4.834**	-52.607	1.445
	(0.083)	(0.316)	(1.145)	(1.845)	(32.275)	(2.434)
数据量	266	150	241	152	255	144
R平方	0.444	0.225	0.797	0.754	0.410	0.626
截面数	31	31	31	31	31	31

注：所有回归为控制异方差的稳健性回归，且为固定效应模型；括号中的值为稳健性标准误；*、**和***分别表示10%、5%和1%的显著水平；R平方为组内拟合优度；劳动生产率、工业企业平均从业人数和平均资产规模取对数。

三　通信设备、计算机及其他电子设备制造业

通信设备、计算机及其他电子设备既是互联网经济基础设施的一个重要部分，同时又是互联网时代消费者的重要消费品。显然，电子商务的发展是建立在良好的互联网基础设施之上的。通信设备、计算机及其他电子设备制造业，一方面为互联网经济的发展提供了硬件条件，另一方面它们作为电子消费品，也是网络商务平台的供应商，按照网商提供的消费者需求信息生产产品，满足市场需求。

表8-10报告了互联网经济发展对通信设备、计算机及其他电子设备制造业的影响大小。我们可以看出，网民比重对净资产收益率的影响并不显著（见模型（1）），但是，利用2007年以后的数据进行估计表

明,互联网普及率对净资产收益率的影响显著为正(见模型(2)),估计系数为 0.297,即互联网普及率提高 1 个百分点,通信设备、计算机及其他电子设备制造业的净资产收益率提高近 0.3 个百分点。这说明,互联网经济对该行业净资产收益率的影响呈不断加强趋势。互联网经济发展对该行业劳动生产率的影响正好相反,总体上促进了劳动生产率的增加,但是 2007 年以后并不显著(见模型(3)和模型(4))。互联网经济发展对总资产周转率的影响则显著为正,而且同样我们看到了 2007 年以后的这种影响比此前要大,高达 5.365(见模型(5)和模型(6)),尽管稍小于其对纺织、服装和鞋帽制造业企业绩效的影响(5.965),但是高于其对造纸和纸制品工业企业绩效的影响(4.18)。

表 8-10　互联网经济发展对通信设备、计算机及其他
电子设备制造业企业绩效的影响

变量	(1)	(2)	(3)	(4)	(5)	(6)
	净资产收益率		劳动生产率		总资产周转率	
网民比重	0.087		0.469**		1.947***	
	(0.065)		(0.226)		(0.329)	
互联网普及率		0.297**		0.171		5.365***
		(0.111)		(0.292)		(0.627)
平均从业人员数	0.012	0.167***	-0.674***	-0.382***	0.235	0.319
	(0.066)	(0.060)	(0.217)	(0.127)	(0.157)	(0.194)
平均资产规模	-0.002	-0.123**	0.613***	0.431***	-0.293**	-0.740***
	(0.040)	(0.055)	(0.133)	(0.136)	(0.115)	(0.163)
国有经济比重	-0.383**	-0.174	-2.001***	-1.844**	-0.354	-2.599*
	(0.145)	(0.213)	(0.398)	(0.717)	(0.691)	(1.518)
常数项	0.199	-0.780**	8.276***	6.703***	-0.593	-0.937
	(0.368)	(0.316)	(1.215)	(0.717)	(0.957)	(1.397)
数据量	259	144	259	144	257	143
R 平方	0.145	0.168	0.597	0.408	0.204	0.552
截面数	30	30	30	30	30	30

注:所有回归为控制异方差的稳健性回归,且为固定效应模型;括号中的值为稳健性标准误;*、** 和 *** 分别表示 10%、5% 和 1% 的显著水平;R 平方为组内拟合优度;劳动生产率、工业企业平均从业人数和平均资产规模取对数。

比较表 8-8 至表 8-10 可知，控制变量中，平均从业人员数倾向于提高这三个行业工业企业的净资产收益率和总资产周转率，降低其劳动生产率；而平均资产规模则正好相反，倾向于降低工业企业的净资产收益率和总资产周转率，提高其劳动生产率；国有企业比重越大的行业，无论哪种绩效指标都比较小。平均资产规模与净资产收益率和总资产周转率之间的负向关系，反映了这两个绩效指标的构建问题，即资产规模越大，本身体现了较低的净资产收益率和总资产周转率；它与劳动生产率之间的正向关系，则反映了企业通过扩大资产规模来提高单位劳动者的生产效率，即迂回生产的本质。另外，尽管国有经济比重基本与三种绩效指标呈负向关系，但是它对劳动生产率的消极影响更为显著。这说明劳动效率低下是国有及国有控股工业企业最显著的绩效问题来源。

第七节 研究结论

本章运用中国省级面板数据估计了互联网经济发展对工业企业绩效的影响。以电子商务为代表的互联网经济深刻改变了工业企业的市场环境、竞争方式和盈利模式，对工业企业的生产、管理和销售等产生全面的影响。互联网经济降低了工业企业的信息成本，扩展了市场容量，增强了其市场竞争激烈程度，改善了企业的业务流程，也为工业企业提供了新的商机。因此，互联网经济重新塑造了传统的工业制造业，使其竞争更充分、市场更广阔、产品和服务更优质。

本章运用互联网上网人数占总人口的比重（即网民比重）和互联网普及率来反映互联网经济的发展程度，估计了两者对三种不同工业企业绩效指标——净资产收益率、劳动生产率和总资产周转率——的影响，并基于互联网经济核心产业链和价值链，分析了互联网经济发展对造纸、纸制品业、纺织、服装、鞋帽制造业以及通信设备、计算机及其他电子设备制造业企业绩效的影响。

实证分析结果表明，互联网经济发展与工业企业绩效呈显著的正向关系，而且近年来互联网经济对工业企业绩效的促进作用在增强；城市地区互联网经济对工业企业绩效的影响程度超过农村地区；从三个细分行业来看，互联网经济对造纸和纸制品业、纺织服装和鞋帽制造业以及通信设备、计算机及其他电子设备制造业企业的绩效均有显著的促进作用，而且今年来这种促进作用也在增强，其中以对纺织服装和鞋帽制造业的绩效促进作用最大。本章的实证研究还发现，国有经济比重显著降低了工业企业的绩效，但是近年来这种消极作用有所下降。

因此，本章从不同的层次证明了互联网经济的发展对于工业企业绩效的提升作用。互联网发展对于工业企业绩效的重大影响意味着各级政府应该积极地鼓励互联网经济的发展，特别是在具有互联网经济基础设施的领域发挥有形之手的作用。例如，改善互联网带宽，提高网速，扩大公共场所免费 WIFI 的覆盖范围，降低通信成本，等等，都会有助于促进以互联网为基础的新兴互联网经济的进一步繁荣。另外，政府还需要对互联网欺诈以及防欺诈问题进行立法管制和监管，为互联网经济的发展提供一个良好的制度保障。对于工业企业而言，毫无疑问，需要深度融入电子商务这种新型商业模式，并充分运用电子商务端提供的消费者数据，改造产品和服务质量，提高产品竞争力，生产具有更好客户体验的产品，从而提高自己的经营绩效。对于那些处于互联网经济产业链和价值链上，并与网上商务平台有着密切联系的上下游工业企业而言，提高自身的绩效更是需要充分对接和融入互联网经济。

第九章

互联网经济与物流行业的互动

第一节 引 言

第三次科技革命以来,信息技术发展取得了巨大飞跃,以信息技术为基础的互联网经济随之兴起并发展迅速。作为一种全新的经济模式,互联网经济给我国的物流行业带来了巨大的市场机遇:物流企业有了新的盈利点,低效的传统物流模式开始向现代物流模式转变。据估计,近20年来我国物流业每增长2.6%,经济总量则增加1%(曹小华,2012)。当前,物流已经成为企业的"第三利润源泉",也成为我国经济的新增长点。但也应看到,与发达国家完备的物流体系相比,我国物流行业的发展相对滞后:物流配送成本高、效率低,基础设施水平落后,物流需求不足,信息系统不完善,专业化人才缺乏且相关法律法规不完善。在当前信息技术快速发展的背景下,我国的物流行业面临着机遇与挑战并存的局面。

受制于中国邮政法的约束,中国民营快递业一直缺乏法律的支持。1986年12月2日第六届全国人民代表大会常务委员会第十八次会议通过的自1987年1月1日开始施行的《中华人民共和国邮政法》并没有明确规定民营企业是否可以从事快递业务,以及成立民营快递企业的条件。[1] 结果,中国的快递业务在相当长的时间里由国家邮政局垄断经营,而且国家邮政局既是邮政快递行业的监督者,也是邮政

---

[1] 参见http://www.npc.gov.cn/wxzl/gongbao/2000-12/06/content_5004476.htm。

快递业的经营者。在邮政专营的法律环境下，民营快递企业缺乏生存的依据和空间。

但是，单一的邮政快递经营体制越来越难以满足中国经济对多样化物流运输体系的需求。进入21世纪以来，以计算机信息技术和互联网为基础的电子商务蓬勃发展。诸如淘宝、京东商城、当当网、卓越网（即亚马逊中国的前身）等网络电子商务平台降低了消费者获得不同商品的信息成本，同时也催生了对物流行业呈几何级数增长的需求。传统的国家邮政服务系统越来越难以满足B2C和C2C电子商务对快捷低廉和差异化的快递服务的需求。于是，在中国第一部邮政法颁布20多年后，2009年4月24日第十一届全国人民代表大会常务委员会第八次会议修订了1986年制定的邮政法，并于2009年10月1日开始施行新的《中华人民共和国邮政法》。

新颁布的邮政法最主要的变化是增加了关于快递业务的条款，允许建立民营快递企业，并制定了成立快递企业的条件，快递企业的经营范围，并在新邮政法的第四条规定"国务院邮政管理部门和省、自治区、直辖市邮政管理机构对邮政市场实施监督管理，应当遵循公开、公平、公正以及鼓励竞争、促进发展的原则"。[1] 由此，民营快递业具有了法律依据，此前成立的民营快递企业获得了合法身份，在不断满足经济对物流服务的需求中飞速发展。

如果说新的邮政法给予了中国物流快递业的新生，那么，电子商务赋予了中国物流快递业腾飞的翅膀。值得研究的是，电子商务的发展对于物流快递行业的发展到底有多大？这些影响是如何发生的？本章将研究以信息技术为基础的互联网经济发展对物流产业的影响大小及其背后的作用机制。研究表明，快速发展的物流业和互联网经济之间具有相互促进、同步发展的特征；采用省级面板数据进行的实证分析则进一步发现，互联网经济的发展提高了交通运输总产值、交通总货运量，且这种效应在中西部地区更大。

---

[1] 参见http://www.npc.gov.cn/wxzl/gongbao/2009-10/30/content_1543669.htm。

接下来的内容将先对已有关于互联网经济和物流产业发展的文献进行一个简单的梳理，然后，在第三节将概括中国互联网经济和物流业发展的一些典型事实；第四节以快递业为例分析互联网经济影响物流产业的机制；第五节则运用中国省级面板数据估计互联网经济对物流产业的影响大小；第六节是本章的研究结论与政策建议。

第二节 文献回顾

飞速发展的互联网经济与日益成熟的现代物流近些年来一直备受关注，并引发了国内外学者的大量研究。已有研究主要回顾了电子商务与物流行业的发展历程，结合物流企业的成功经验与失败教训分析当前物流的发展状况，并进一步指出物流行业的发展趋势。也有许多学者从电子商务物流的角度研究了电子商务环境下物流的新特征、现代物流中新型信息技术的运用、电子商务与物流的关系等问题。

一 国内研究

陈涛（2012）总结了当前我国电子商务的八大特点：（1）目前的电子商务，还不是完全的市场经济导向，在某种意义上还是计划经济导向的；（2）电子商务的运营能力要大于其渠道能力；（3）电子商务呈现出多平台的局面；（4）相较于传统销售，电子商务的交易链条大大缩短了；（5）电子商务以流量为主；（6）应理性看待电子商务，成本还是企业的重点；（7）电子商务的营销成本与线下销售将逐步下调；（8）电子商务呈现出完全竞争的趋势。

高茜（2012）则对我国物流行业的发展状况进行了分析。她认为，目前我国的企业物流是社会物流的重点，但专业化物流也已开始发展。同时，我国的物流观念落后，设施陈旧，管理滞后，缺乏规模效应，还存在一些影响物流进一步发展的问题。

部分学者探讨了互联网时代下物流行业的发展模式。如曾玉霞（2009）指出了借助互联网和电子商务来推进物流行业发展的方法：

在互联网上搭建一个物流行业的门户平台，通过一定的运营手段和商业策略吸引物流企业和货主参与"加强物流服务供需双方的对话"，进而促进物流行业的发展。

许勤（2013）则分析了互联网经济下我国物流企业的发展现状及趋势，认为：物流业网络化程度有限；服务一体化尚未形成；专业物流技术人才缺乏以及全心服务的观念不足。他同时指出，未来物流业的发展将是在网络得到充分利用的基础上，注重横向一体化和纵向一体化的双向发展，需要为客户提供最全面的服务，从而建立起一体化服务。

关于电子商务与物流行业的关系，周雪梅（2005）认为电子商务是现代物流和信息化发展的产物，物流是实现电子商务的根本保证。信息技术进步促进了电子商务的发展，提高了物流的信息化程度，电子商务的发展则可以降低物流供需双方的信息交换成本，增强物流业的市场规模。

二 国外研究

国外互联网经济和物流的发展程度较高，关于这方面的研究也比较成熟。蒂姆斯等（Timmers et al., 1998）的研究表明，互联网经济中存在多种商业模式。借互联网经济快速发展之机，有很多企业（如Amazon.com 和 Tesco）在商业上都取得了巨大成功。他们通过设定出一个可以对电子商务商业模式进行分类的框架，系统地分析了电子商务的多种商业模式。黑森（Hesse, 2002）发现，无论是从 B2B 模式还是 B2C 模式的角度考虑，电子商务的发展都对物流行业的发展具有促进作用。在他看来，当今世界的经济结构已发生巨大变化，电子商务的发展可能带来的影响显而易见：电子商务的发展将使物流更加高效，使其具有巨大发展潜力。

梅耶（Meyer, 2001）认为，信息技术进步导致了互联网经济的发展，从而终止不必要的交易，减少过剩的运输流量，还可以充分利用各种交通设施，从而使运输环节更加有效，进一步优化物流体系。

宋与里根（Song and Regan，2001）的研究表明，电子交易将使物流市场变得更加透明，且能够提高最优的服务与运输。

在互联网经济与物流发展的关系方面，许多外国学者提出了自己独到的见解。拉特纳等（Rutner et al.，2003）分析了综合物流系统对电子商务的影响。他们认为，随着供应链的概念在现代物流理论中的日益普及，物流企业要同时增加其内部和外部的信息流。企业对信息的需求不断增加也为物流信息系统（LIS）和供应链信息系统的整合提供了便利。简而言之，优化物流系统有利于电子商务的发展。因此，企业在选择供应链系统时，应充分考虑到物流系统对其电子商务发展的各种影响。

德夫曼等（Delfmann et al.，2002）也分析了互联网经济与物流的相关性及电子商务发展对物流行业的影响。他们得出如下结论：电子商务改变了人们传统的物流观念和物流企业的经营形态，促进了物流管理水平的提高和物流企业网络信息技术的应用。同时，电子商务还可以整合现有的物流资源，加强物流一体化建设。

相比较于发达国家，我国电子商务和现代物流发展及其交互的历史比较短。长期以来的邮政国有专营体制极大地抑制了我国物流业，特别是快递业的发展规模、发展速度和服务质量。在信息技术背景下互联网经济对物流行业快速增长的需求的倒逼之下，我国物流行业发展的制度藩篱被初步打破。以电子商务为基础的互联网经济与物流产业相互融合和影响的程度不断提高。已有研究主要是从定性的角度分析了互联网经济对物流行业的影响，但是对于两者之间的关系，既缺乏足够的机制分析，也缺乏定量视角的影响大小分析。

鉴于此，本章先概括以电子商务为主的互联网经济和以邮政快递为主的物流行业的一些典型发展事实，然后剖析两者相互作用的机制，并搜集中国的省级面板数据来估计两者之间的相互影响的方式及其大小，从而为鼓励互联网经济发展和进一步建立公平竞争有效的物流业提供研究支持。

第三节 中国互联网经济和物流行业发展的一些典型事实

一 互联网经济发展的典型事实

随着信息技术的进步,信息交换的速度大幅提高,信息在跨时空交流的成本急剧下降,各种依托于互联网的经济形式悄然兴起并蓬勃发展。互联网经济正成为现代经济和生活中不可或缺的一个重要组成部分。当前,世界经济通过互联网成为一个紧密联系的整体。与传统的工业经济相比,互联网经济具有以下七个显著特征:快捷性、高渗透性、自我膨胀性、边际效益递增性、外部经济性、可持续性和直接性。结合近些年来我国互联网经济发展的实际情况,可总结出我国互联网经济的如下一些典型发展事实:

第一,网民数量增长迅速,形成了一支规模庞大的互联网用户群体。中国互联网始于20世纪90年代中后期。那时候电脑巨大且昂贵,只有较少的群体用得起电脑;互联网基础设施条件也很差,覆盖面积有限。但是,随着信息基础设施的改善、电子计算机制造企业之间的竞争导致相关互联网产品价格的下降,网民的数量迅速增长,形成了世界上规模最大的互联网用户群体。国家统计局从1997年开始统计互联网上网人数,此后的统计数据表明,中国网民数量急剧增长,至2013年间的平均增长率为69.34%。如图9-1所示,1997年仅有62万网民,由于基数低,1998—2000年的网民数量增长率超过100%。虽然此后的增长幅度不如这几年,但是2011年以前的增长幅度均超过10%。到2013年,中国网民的数量达到6.176亿人,占总人口的比重超过了40%。这些庞大的互联网用户为以电子商务为主的互联网经济发展提供了巨大的参与群体和市场潜力。

第二,以电子商务为代表的互联网经济发展迅速,形成了一个具有巨大发展潜力的在线商业市场。伴随着互联网的建立和普及以及网

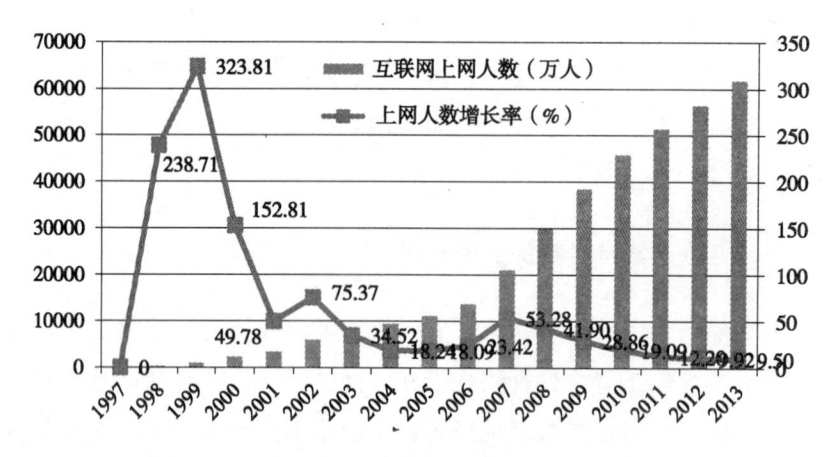

图 9-1 中国网民数量及其增长率：1997—2013

资料来源：国家统计局官网。

注：左纵轴为互联网上网人数；右纵轴为上网人数增长率。

民数量的增长，越来越多的企业开始在网上销售各种各样的产品。网民开始足不出户通过网上商城购买所需产品。8848 网、易趣网、淘宝、阿里巴巴、京东、卓越、当当等一批互联网商业平台成立，并相互竞争，为网民提供了大量可供比较和选择的产品，逐步形成了一个规模巨大、竞争激烈且不断完善的网上交易市场。

电子商务作为现代服务业中的重要组成部分，有着"朝阳产业"和"绿色产业"的称号，具有高人力资本含量、高技术含量和高附加价值的特征，是一种新技术、新业态和新方式。在 20 世纪末 21 世纪初国内市场分割的背景下，电子商务凭借其市场全球化、交易连续化、成本低廉化、资源集约化等巨大优势不断蚕食着传统商业活动的市场份额。中国电子商务研究中心的统计数据显示，截至 2012 年底，中国网络零售市场（包括 B2C 和 C2C）交易规模突破 1 万亿元大关，达 13205 亿元，同比增长 64.7%，占到社会消费品零售总额的 6.3%。又如图 9-2 所示，网购在线交易额在 2005 年之前和 2008 年均出现了大幅的增长，到 2009 年该交易额接近 2000 亿元。根据艾瑞咨询统计数据，2013 年中国网络购物交易额达 1.85 万亿元，相比 2009 年增加了 8 倍多，而 2013 年电子商务市场交易额则高达 9.9 万

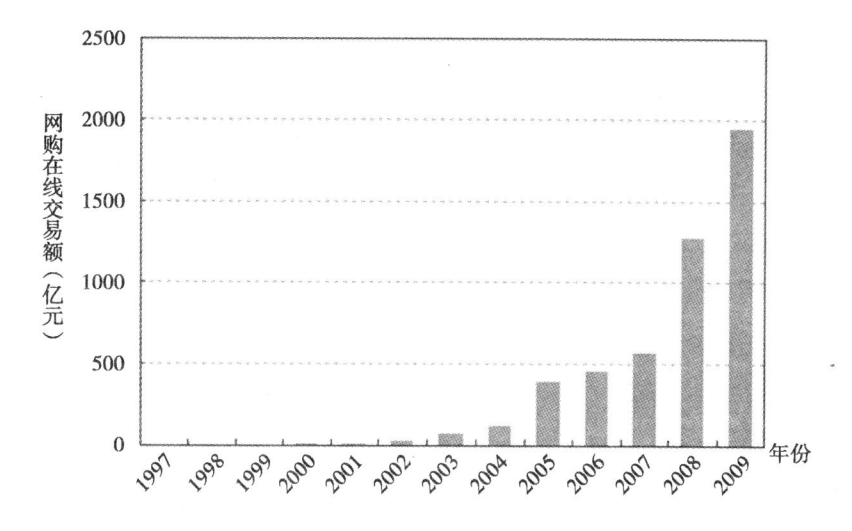

亿元，2014年则无疑会突破10万亿元。①

图9-2 中国网购在线交易额：1997—2009

资料来源：中国电子商务研究中心（2009，第22页）。

图9-3则进一步展示了1997—2009年间B2C和C2C电子商务服务业数量的增长情况。从中可以看出，1997—2001年和2004—2009年间，电子商务服务企业的数量呈快速增长的趋势。2001年上述两类电子商务服务企业的数量为1985家，而到2009年，电子商务服务企业的数量则增至6962家，增长了3倍多。②

未来，我国电子商务的发展环境将不断完善，其发展动力也将不断增强。在信息经济大发展的时代背景下，电子商务对经济的促进作用呈现出明显的"乘数效应"，将带动我国传统经济领域的二次腾飞。而新的时代背景在客观上也对未来的电子商务提出了更高的要求：未来的电子商务领域需不断强化其"价值理念"。与传统商务相比，在服务上要做到差别化，以高端增殖服务来体现行业的价值。

第三，电子商务发展模式多样化，竞争十分激烈，企业更替频

---

① 数据来源参见艾瑞咨询网站：http://news.iresearch.cn/zt/225542.shtml。
② 中国电子商务研究中心，2009，《1997—2009，中国电子商务十二年发展调查》，参见http://www.100ec.cn/zt/1997/。

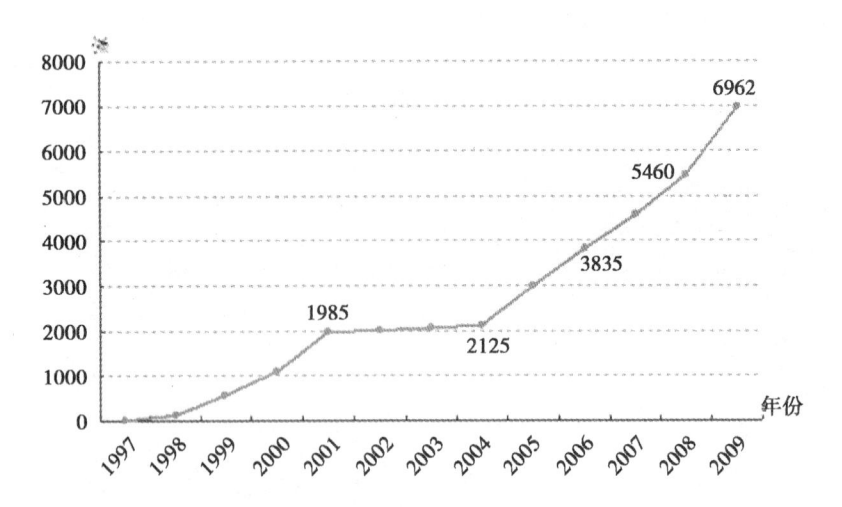

图 9-3　B2C、C2C 电子商务服务企业数量：1997—2009

资料来源：中国电子商务研究中心（2009，第13页）。

繁。电子商务最初的交易模式主要是 B2B、B2C 和 C2C。竞争的日益激烈，导致电子商务服务企业的商业模式不断变化。一方面，电子商务在激烈的竞争下其提供服务的模式具有同质化的趋势，另一方面，它们也在竞争中不断发展出新的商业模式。

例如，淘宝最早是 C2C 网络交易平台，后来推出天猫商城，即 B2C 交易；当当网、京东网和亚马逊曾经分别是最大的从事图书和电子产品的 B2C 网上商城，后来都向社会开放其网络平台，允许其他商家在其网站上销售产品。因此，淘宝、当当、京东和亚马逊这些网络平台开始提供越来越同质化的电子商务服务。除了同质化竞争，电子商务企业也会进行商业模式创新，以增强其服务的差异化水平，从而增强其竞争力。诸如京东和亚马逊一直利用自己的物流配送产品，而淘宝则由商家自主选择物流配送产品。此外，电子商务企业和传统的商城如苏宁则推出一种称之为"O2O"的新型电子商务模式。

O2O，即 Online To Offline，是指将线下商务的机会与互联网结合在一起，让互联网成为线下交易的前台。线下实体店可以用线上来揽客。消费者在线上筛选服务，成交后进行在线结算，从而形成规模。O2O 模式还包括到店自取的网购模式，即消费者通过线上消费，亲自到居住地附近的便利店取货。这种新型的网购模式十分及时、方便和自由,为用户提供了更多的选择,也使网上购物的趣味性大大增加。

当前,许多电商网站都采用了O2O模式,如苏宁易购、京东、阿里巴巴、一号店等。而京东与阿里巴巴选择的两种不同的O2O战略也使他们之间的竞争更趋白热化。2014年3月,两大电商巨头京东、阿里巴巴纷纷全线布局O2O。2014年8月29日,在各自的O2O试验失败后,万达集团和腾讯、百度联合推出O2O模式的万达电商,寄希望于利用各自在实体商城、网上用户规模和大数据上的优势,以成立全球最大的O2O电商平台。[①] 各电商O2O战略的差异主要体现在运营、供应链协同、会员整合、信息系统整合、数据挖掘和最后一公里物流服务等方面。总而言之,O2O模式在给电商企业带来挑战的同时也带来了新的商机,但O2O这种电商模式的创新能否成功仍有待时间的检验。

互联网经济作为一种新的经济形态既给企业家提供了新的创新沃土,也使许多企业跌倒在其创造性破坏土壤之上。曾获4亿美元投资的国内第一家B2C电商8848于2000年开始陨落,并逐步消失在人们的视野;2001年美商网错失纳斯达克上市机会,从此一落千丈;易趣网于2002—2003年间被eBay、Tom收购;2008年电商PPG资金链断裂,CEO携款潜逃,老牌B2B万国商业亦因资金链问题而被迫重组。进入2010年代以来,互联网开始入侵金融行业,大量的P2P(个人对个人)互联网金融企业成立,但是如大浪淘沙,很快就有不少网络小额信贷企业资金链出现问题而倒闭、跑路。[②] 另一些企业则在激烈的竞争中暂时得以胜出,成为各自领域的领军电商。这些企业如淘宝、阿里巴巴、京东商城、当当网、拍拍贷、苏宁易购等等。

因此,随着互联网覆盖面积的扩大、网民数量的增长,电子商务

[①] 参见如下报道:http://m.21jingji.com/article/20140829/herald/31daca6f5e584ee55844d27a92c89245.html。

[②] 参见人民网的报道:http://paper.people.com.cn/gjjrb/html/2014-03/10/content_1400391.htm。

企业的数量、就业人数和规模将会越来越大,互联网对传统行业的渗透也会越来越深,互联网经济规模会越来越大,电子商务企业的竞争也会越来越激烈,新旧企业的更替会更频繁。

二 物流业发展的典型事实

物流是电子商务的重要组成部分,是电子商务顺利发展的重要环节和基本保证。电子商务中的物流具有信息化、自动化、网络化、智能化和柔性化等特点。随着互联网经济的发展,物流已成为企业的第三利润源泉。我们这里进一步研究近年来中国物流行业的发展状况,对其典型特征作出了归纳:

第一,随着邮递业的放松管制,物流业发展迅速,快递业务增长迅速,且异地快递增长快于同城快递。我们可以通过中国快递量和货物运输量两个指标来看物流行业的增长情况。图9-4勾勒出了中国自1994年以来至2013年的快递量和货物运输量的增长。从中可以看出,2006年及其之前的年份,快递量增长速度比较缓慢,主要原因是该指标在这段时间仅统计了邮政特快专递的数量。2007年快递数量从2006年的2.7亿件迅速增至12亿件,这意味着在当时,年快递业务收入200万元以上的快递服务企业的快递投递量已经在整个快递市场占主导地位。而且2007年以后的快递量增长速度远远高于2006年之前邮政特快专递的增长速度,即年均41.33%,相对于年均17.59%的增长率。这足以说明,2007年以后快递行业的快递增长主要是由民营快递企业贡献的。

近年来,快递业市场增长迅速,且国内异地快递增长更快。根据国家统计局数据,从2007年到2013年短短的7年中,快递量增加了6.64倍,从2007年的12.02亿件增至2013年的91.87亿件。同期快递业务收入也得以快速增长,年均增长率高达25.52%,从2007年的342.59亿元增加至2013年的1055.33亿元。从图9-4也可以看出2007年以后国内异地快递量和同城快递量均出现了快速增长,但前者远远超过了后者。从2007—2012年国内异地和同城快递量的增长率分别为40.98%和33.06%。民营快递增长快于邮政特快专递以及国内异地快递量增长快于同城快递量，这部分说明了这些年互联网经济对物流行业需求所导致的巨大快递量增长。

通过货物运输量的增长也可以窥见近年来物流业的繁荣。图9-4也反映了1994年以来货物运输总量以及公路运输总量的增长态势。从中可以判断，2007—2012年货物运输量的增长速度高于此前时期，尽管在2013年增长停滞了。从1994年至2013年，货物运输总量的增长率均值为6.89%，但2007年以前的增长率一直小于10%，此后的增长率基本超过了10%（2013年除外）。1994年的货物运输量为118亿吨，2006年为203.7亿吨，而2013年增至410.25亿吨。

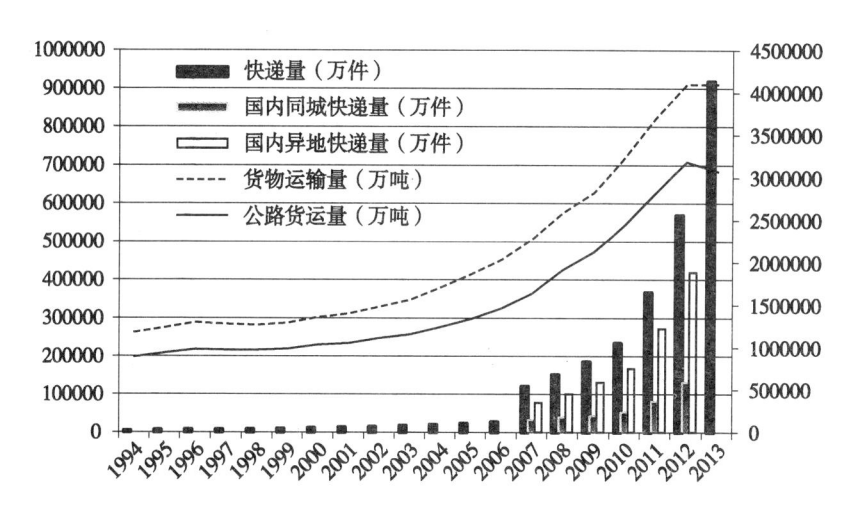

图9-4 中国快递量和货物运输量增长情况：1994—2013

资料来源：国家统计局官网。

注：左纵轴为快递业务量，右纵轴为货运量；快递业务量2006年及以前为邮政特快专递，2007年起为规模以上（年业务收入200万元以上）快递服务企业业务量。

第二，物流业区域发展不平衡、城乡发展不平衡。我国各地区在经济发展水平上本身就存在差异，这种差异进一步造成了我国物流的发展水平在不同区域呈现出不平衡的状态。大量的物流资源都集中在以广东、江苏、山东、上海、天津和北京为代表的珠三角、长三角、环渤海和京津物流区,而中西部地区物流业的规模明显偏低,尤其是自然条件相对恶劣的西藏、贵州、云南、甘肃等地物流业发展水平严重落后。物流业发达的省市均为我国经济社会水平高度发达的地区,而物流业发展水平落后的地区,基本上经济发展相对迟缓。同时,物流企业普遍注重占领大城市的物流市场。在北京、上海这种特大型城市,快递配送可以直接送至家门口,而在广大三四五线城市,物流配送服务则较差。

如图9-5所示,2012年中国东、中、西三大地区的快递业务构成中,东部地区在快递业务完成收入和完成量上的比重高达80%以上,中西部地区的比重则相差不大,中部地区在快递业务完成收入上的比重比西部地区高0.9个百分点,在快递业务完成量上的比重比西部地区高2.9个百分点。

这种发展不平衡也存在于城乡之间。由于农村人口居住分散,主要由国家邮政提供邮递服务,而追求经济利润的民营快递企业则不愿意在农村提供快递服务,城乡物流服务发展水平也存在巨大发展差距。

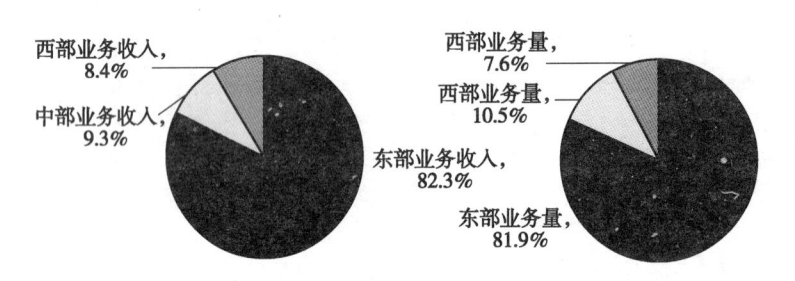

图9-5 2012年中国三大区域快递业务构成

资料来源:转引自《中国物流年鉴2013》,第171页。

2009年出台的《物流业调整和振兴规划》明确提出"根据市场需求、产业布局、商品流向、资源环境、交通条件、区域规划等因素,重点发展九大物流区域,建设十大物流通道,优化物流业的区域布局"。然而从现阶段物流区域分布的现状上看,珠三角、长三角、环渤海（山东半岛物流区域）和京津物流区（华北物流区域）四大物流区域已经初具规模，但是以西安、兰州、乌鲁木齐为中心的西北物流区域，以重庆、成都、南宁为中心的西南物流区域，以武汉、郑州为中心的中部物流区域，以厦门为中心的东南沿海物流区域，以沈阳、大连为中心的东北物流区域尚处于成长阶段；除了中部地区南北物流通道，长江与运河物流通道，一横一纵两条物流通道已经处于成熟阶段以外，其余八大物流通道处于发展阶段。

第三，伴随着物流业的放松管制，物流业的竞争将变得十分激烈，物流企业运营方式将会出现多样化特征。同样以快递业为例。2009年新邮政法的实施使民营快递企业获得了合法身份。兼之电子商务在这段时间的快速增长，民营快递服务企业如雨后春笋般野蛮成长。民营快递企业自20世纪90年代初期开始出现，20世纪初以来快速发展，到2012年全国民营快递企业的数量超过2000家。[①]快递业既有像顺丰速运和"四通一达"（申通、圆通、中通、汇通、韵达）之类的行业巨头，也有网商自建的物流体系，如京东商城和亚马逊都有自己的配送系统，还有一些专注于同城快递业务的民营快递企业，如宅急送、天天快递，以及一些名不见经传的小型地方性快递公司。

毫无疑问，数量庞大的快递企业之间存在着激烈的市场竞争。一些企业在竞争中破产倒闭，另一些企业则在竞争中不断壮大。2009年由宅急送创始人之一陈平成立的星辰急便获得阿里巴巴7000万元的巨额注资，但仅在一年多的时间内便宣告倒闭。[②] 此时的中国快递业已经不比当年，竞争异常激烈。诸如"四通一达"等快递巨头已经牢牢把握淘宝卖主的订单，星辰急便即使有阿里巴巴的投资和淘宝方的支持，也无法从这些快递巨头那里抢得生意。随着中国快递市场

[①] 数据来自：http://tech.qq.com/a/20120327/000237.htm。

[②] 参见星辰急便的详细报道：http://money.163.com/special/xcjb/。

逐步向国际快递巨头开放,其市场竞争将进一步加剧。①

激烈的竞争使民营快递企业开始实施差异化战略,发挥其竞争优势,专注于特定的领域,或者寻找新的赢利点。例如,相对于"四通一达"提供的廉价低端快递服务,顺丰速运专注于快递业的高端市场,并凭借其高效的物流系统向其具有范围经济特征的领域扩张,推出顺丰优选插足电商业务,推出海购丰运(SFBuy)探水海淘业务,提供针对不同客户群体的物流解决方案和定制化服务,并于2012年8月开始尝试国际邮递业务,开通中国大陆到美国部分州的快递服务。此外,为了提高快递服务的效率,顺丰速运、中油速递物流、圆通速递等不断扩大自己的航空快递队伍。

第四,物流业总体服务水平仍有待提高。中国的快递业总体上是一个劳动密集型的行业,从取件、分拣、运送,到末端的快递配送,都涉及大量的劳动力。同时快递作为一种服务,又涉及服务的质量。取件的及时程度,货物运送过程中的保护程度,快递员取送件的服务态度和敬业水平,等等,直接影响到客户对快递服务的体验和感受。因此,如果单纯从完成快递配送任务来看,快递服务对快递员的综合素质并不需要太高的要求。但是,如果从提高客户快递服务体验来看,快递服务需要训练有素的专业化人才。

目前,无论是从完成快递任务,还是从满足客户的快递服务体验来看,快递行业的低水平恶性竞争导致快递服务质量存在很大的问题。根据《中国物流年鉴2013》的统计数据,尽管2012年中国快递业的业务量和业务收入较2011年分别实现了54.8%和39.2%的增长,但是,快递业的服务质量问题也越来越多。2012年快递服务有效申诉共计137351件,较2011年增加了177.7%。其中又以延误、投递服务和丢失短少为主,分别占比46%、27.3%和16%。如

---

① 2012年9月6日,国家邮政局批准联邦快递和联合包裹在中国部分城市经营除信件之外的快递业务,标志着中国的快递市场正式向外资快递企业开放。参见《中国物流年鉴2013》,第175页。

图9-6所示，2012年中国快递业在延误、丢失短少、损毁、违规收费、收寄服务、投递服务和代收货款等方面的申诉件数均比2011年多，其中以延误、投递服务和丢失短少为主。

总而言之，中国物流快递行业在进入21世纪以来取得了快速增长，而且在2007年以来更是实现了爆发式的增长。不同层次不同规模的快递企业在满足着经济和社会对不同层次快递服务的需求。物流快递业竞争十分激烈，物流业差异化竞争格局初步呈现，但快递覆盖水平在区域和城乡之间存在巨大的不平衡，快递服务水平仍有待进一步提升。

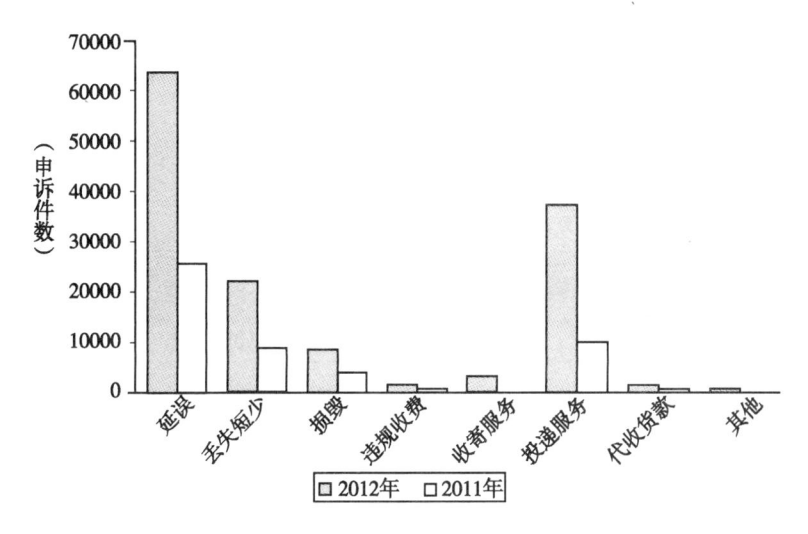

图9-6 2012与2011年中国快递业务有效申诉问题比较

资料来源：《中国物流年鉴2013》，第174页。

第四节 互联网经济如何影响物流业的发展？

以电子商务为代表的互联网经济极大地促进了物流产业的蓬勃发展。由于邮政管制的原因，直到2009年，中国的快递物流业才得到法律的认可。当然，这并不是说，此前不存在民营快递企业。以互联网为基础的电子商务虽然具有降低产品和服务供求双方信息成本的作用，但是增加了对物流运输成本的需求。虽然消费者可以更低的成本知道哪里有自己所需的产品，但是获得这些产品则需要通过物流服务来实现。总体而言，互联网经济给物流业带来了巨大的服务需求，同时也利用其对买方市场的控制来提高物流业的服务水平和效率，使其更好满足自己以及网购者对高效物流系统的需求。

图 9-7 反映了互联网上网人数和社会物流总额从 1997—2013 年的变化趋势。由于直接的电子商务统计缺乏足够的时间长度，这里采用网民数量来间接反映互联网经济的规模。毫无疑问，网民数量是影响电子商务发展规模的最基础性因素。总体来看，两者在这段时间都实现了快速的增长，特别是 2009 年以后。网民的快速增长主要在 2006 年以后，而社会物流总额的快速增长在 2009 年，即新的《邮政法》颁布赋予民营快递企业合法地位之后。

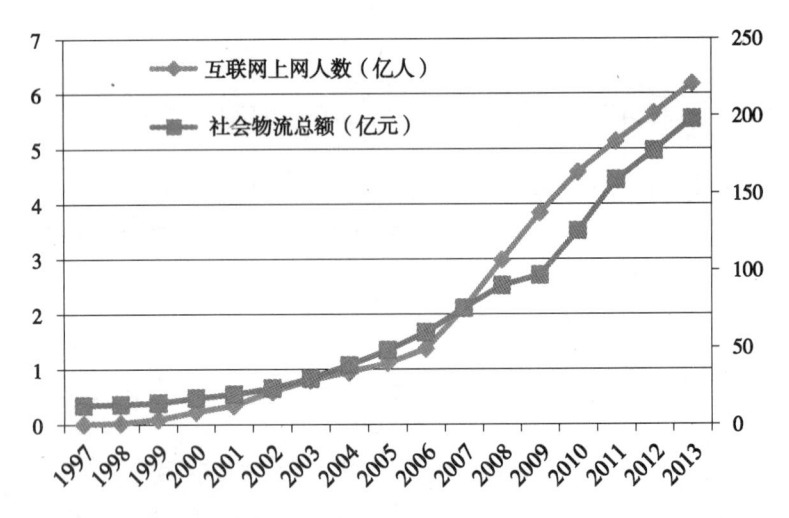

图 9-7 中国互联网上网人数和社会物流总额增长情况：1997—2013

注：左纵轴为上网人数，右纵轴为物流总额。

资料来源：国家统计局官网。

在此，我们提供更多的关于互联网经济促进物流业发展的微观证据。随着电脑和智能手机的普及、网民数量的增加、网络基础设施的改善，人们可以足不出户获取商品信息，并选择和购买商品。网络购物降低了信息成本，扩大了市场容量，但是增加了对高效物流系统的需求。这在买方经济条件下对传统物流行业产生巨大的重塑作用。由于网上交易平台掌握着大量的消费者订单,而在网商下游的快递企业则面临着一个竞争十分激烈的市场,因而,快递企业不得不去提升自己的服务水平,以从网商那里获得生意。

以网上商城对快递业的影响为例,我们可以观察到,网上商城对快递业的促进作用主要表现为以下几个方面:

首先,网上商城的网上交易对快递服务的需求。互联网降低了信息成本,消费者可以通过网络获得百里乃至千里之外的产品信息,选择和购买自己需要的产品。这意味着互联网使更大范围的市场整合起来,使同一产品的竞争者可以是来自不同地方的企业,也意味着企业面临着一个更大的消费群体,从而满足市场需求。换言之,电子商务既使企业面临着更激烈的竞争,也使企业面临着更广阔的市场需求。网上商城掌握的大量订单催生了对快递业的庞大需求。

为了满足这种需求,网上商城有两种选择:第一种是纵向一体化,即通过自建物流系统来配送订单产品给全国各地的消费者。这种选择的典型代表是京东和亚马逊,它们都有自己的物流配送系统,并由专门的统一着装的快递员将产品送至用户手中。采用纵向一体化方式来满足物流需求的网商企业往往以自营式 B2C 业务为主。原因是,这些网商并不是产品的直接生产商,而是产品销售的中间商,即"网上杂货店",他们拥有大规模的注册用户和网络平台,销售大量的产品,通过自建物流系统可以发挥规模经济优势。这种优势还体现在网商开放其购物平台以后可以通过自有的物流系统为进驻的商家提供快递服务。当然,这并不是说所有的自营式 B2C 网商都会自建物流体系。规模太小的自营式 B2C 网商无法发挥自建物流的规模经济优势。

网商自建物流的另一个好处是可以提高用户的网上购物体验,保证产品能够快速安全地送到消费者手中,以及方便消费者退换货处理。例如,通过亚马逊网站购入产品的用户在退货时,只需联系客服,然后便有亚马逊的快递员上门取回产品。这相对于淘宝和天猫这种 C2C 或者非自营式 B2C 网商而言,由于没有自建物流,他们很难把网上购物的用户体验做得像具有自建物流的亚马逊那么好。

网上商城为了满足网上销售而产生的快递服务需求的另一种选择是外包快递服务,即把送货服务外包给专门的快递公司。这方面的代表性网络平台商是淘宝商城。由于淘宝属于纯粹的电商商务交易平台,本身并不销售产品,只是提供一个销售商和消费者之间进行交易的平台,即"网上集贸市场",因而尽管以淘宝网为依托的销售规模庞大,但是淘宝无法要求进驻商家利用某一家快递或者自建的快递来送达产品给消费者。不同的进驻商家由于其销售产品的差异对于快递服务的具体要求也存在差异,单一的快递企业往往无法满足其快递需求。

一个典型的例子是星辰急便。这家于 2009 年由宅急送的创始人之一陈平成立的快递企业有阿里巴巴 7000 万元的投资支持。尽管阿里巴巴集团通过免费的淘宝首页广告服务来支持淘宝卖家使用星辰急便的快递服务,而且星辰急便也通过提供免费的仓储服务来吸引淘宝卖家采用自己的快递服务,但结果事与愿违。淘宝卖家多样化的快递服务需求,以及现有快递企业与淘宝卖家的深度合作,使星辰急便无法插入淘宝卖家的快递业务。[①]

因此,对于千千万万的空间上分散的淘宝卖家而言,把自己的快递服务外包给某个专业化的快递公司,而专注于网上产品销售活动,是其最好的选择。非自营式的 B2C 和 C2C 网上商城的快递服务需求需要专业化的快递企业来提供。像京东和亚马逊之类的自营式大规模网商毕竟是少数,各种形式的电子商务产生的物流需要主要还是通过专门的物流企业来满足。

其次,买方市场条件和快递业的充分竞争也使快递业的服务水平得以大幅提升。从这个角度来看,由网上商城派生的大规模交易不仅增加了快递业服务需求规模,也促使快递业提高其服务质量。理论上讲,一个完全竞争的快递市场可以产生各种专业化的快递服务,以满足不同层次的快递服务需求。其中也包括诸如亚马逊自有快递人员上门提供退换货这种贴心服务。网上商城卖家多样性的快递需求促使竞

---

① 参见星辰急便的详细报道:http://money.163.com/special/xcjb/。

争性的快递企业去满足这些服务需求,也就是快递服务质量的提高。淘宝网作为中国最大的 C2C 网上商城,掌握着海量的销售市场,商品派送的各种信息,以及潜在的快递服务商机,从而可以聚合众多的快递企业服务于其特定的网络营销活动。淘宝商城总裁张勇在 2011 年中国快递论坛上的发言可以反映快递业如何在服务淘宝中实现自身增长和发展的。①

他首先谈到淘宝全年以及在"双十一节"促销中产生的巨大快递服务需求:

> ……我估计今年整个电子商务行业的增速会超过 100%。C2C 平台和淘宝商城每天包裹量最新数据已经超过了 800 万,今年全年基于淘宝平台贡献的包裹量会超过 20 亿包……
>
> ……在 11 月份,由于中国地缘广阔、消费人口众多,在这个季节是最典型的转季季节,消费者需要采购很多商品,消费需求非常大。比如北方 11 月底羽绒服、棉服需求量非常大,南方棉被需求量非常大。这样一个转变带来很多刚性的消费需求。基于这么一个考虑,[我们]选择双 11 推出狂欢活动……[这]对包括物流系统、技术支付是全方位的考验。在整个过程当中,淘宝商城 B2C 一天完成了 33.6 亿交易规模,加上 C2C 一共 52 亿……这一天来自淘宝包裹量达到 2850 万件。
>
> 我们从 9 月份开始就跟各大快递公司领导包括业务骨干成立了项目小组,为双 11 活动进行紧锣密鼓的准备……这个准备会对最终推动双 11 在物流端、快递端的配套和落地、为消费者提供好的体验起到了非常好的推动作用。在整个过程当中,根据不完全统计,大概有 4 万余名快递员、6000 名分拣人员,动

---

① 内容摘自 2011 年中国快递论坛网站。笔者对其中的标点符号进行了调整,并根据演讲内容在中括号中补上一些内容。参见 http://www.spb.gov.cn/folder108/folder2537/folder2540/2011/11/2011-11-2296878.html。

用车辆超过2400万辆，干线端340台班车……对淘宝来讲，我们的强项是创造订单、生产订单，但是如何来实现物流订单？实际上要靠全行业同仁特别是要靠快递行业同仁大力配合做个事……在那一天当中，在那一天之后几天里，我们商家当中一天日发货量超过3万件的有一大批，这是非常大的数字，可以说日常一个专业物流公司如果做到日处理量3万件也是非常了不得的数字……

……所有物流、所有快递高峰都在双11后面几天会出现……以"四通一达"为代表的快递公司做了非常大的贡献。根据我们统计，包裹承揽量达到了当天包裹量的80%，淘宝商城团队都在各个快递公司驻点，包括在节点城市快递中心驻点，协调工作，同时把运转中心一些情况通过我们反馈回商家……

关于淘宝为什么不建立自己的物流系统，张勇认为：

从我个人来讲，这次事件良好的结果也坚定了推动产业生态系统建设和加强与快递公司合作的决心，有人曾经问我说，淘宝商城现在做B2C，你们为什么不自己搞个物流公司？为什么自己不搞个配送公司？我的回答很直接……因为现在交易规模已经远远超过单独任何一家物流公司或者快递公司能够承接的业务量，淘宝现在是社会化平台，在社会化平台上，我们需要有跟社会化相适应的服务体系为消费者共同服务……

由于淘宝掌握的庞大消费端网上订单，张勇指出满足淘宝的订单分布现状及其需求对于快递业发展至关重要：

在整个发展过程中，除了双11以外，我想也把我们看到整个业态发展可能对快递行业发展会有启示的几点做一些分享：第一点，随着B2C的迅速发展，可以告诉大家，整个淘宝商城发展的增长速度今年仍然在以 250%—300% 的速度增长，这是非常惊人的速度……你会发现伴随着中国 C2C 或者淘宝网发展起来的快递网状模式其实发生了一些非常显著的变化……整个揽收节点相对集中，整个派送节点会相对分散……B2C 发展使网上结构变成三角形结构，任何一点就是一个中心聚合点，由于城市区位原因，消费者可能未必有那么多，我们做了一个点，以 11 月 11 号为例，浙江、广东、江苏、福建四个省加上上海、北京这两个直辖市，流出的包裹量占到总包裹量的 86%，但这四个节点收件量只占到总量的 40%，这跟我刚才说的情况是吻合的，这几个地点都是产业集群分布带……大量的商家自然跟着中国产业集群发展而发展，他们跨入到电子商务一个新领域中去，对于快递网络布点包括揽收的作业流程、作业方式和派件作业流程、作业方式和人员分布都提出了新的挑战。我也研究了整个快递链里边的利益分配比例，揽件方中转、派件，随着 B2C 的发展，这个分配比例势必会发生微妙的变化。这些都给快递行业的发展提供了新的契机和空间，我可以大胆预测谁在这个里面率先掌握到这些动态的变化进行公司内部的结构调整、网络布局同时进行利益分配机制的改革，谁就能更加适应电子商务这个行业的发展。

关于淘宝商城与快递业的合作，以及由淘宝提供的信息对于快递业服务的作用，他这样讲：

……我现在在构思我们和快递行业结合的业务预警雷达，我们需要把我们包裹预期产生的变化情况跟同仁们进行更广泛地分享，只有分享的越清楚、越透明，所有合作伙伴在资源调配上才会做得更扎实，大家才会协同得更好。马云在很多场合讲我们是数据平台，我们有这么大的数据，如果能够进行非常好的利用和挖掘的话，会为行业的引导和发展提供很好的帮助……基于整个电子商务的发展，对于整个半径行业作业流程的改造提出了新的要求……我们每天24小时的订单量或者包裹量按小时分布是有规律性的。第一个高峰是在午饭以后13—14点，全天最高峰出现在晚上8—10点。这些订单产生以后会迅速变成货物订单。现在绝大多数快递作业还是沿袭着原来习惯的作业方式进行……作业流程的改造非常重要，能够跟网购时间和订单产生的频率相吻合或者更契合，对于提高用户的满意度会起到非常大的作用。

……我们另外一件很重要的事情就是在淘宝商城B2C平台上如何把物流服务的承诺变成整个交易契约的一部分，因为现在整个快递包括发货时间不构成在交易契约内部，我认为不能符合消费者客观需要，对我们来讲，我们完全有条件整合我们所有的信息，让消费者最终选择性价比更好的服务和更具有确定性的服务，这是在内部和业界强调非常多的一个词，基于淘宝商城发展的核心就是确定性，确定性包括整个商品品质和物流服务的确定性……

第三，网上商城对快递业的影响还包括互联网思维对快递业的改造。电子商务的快速发展客观上要求物流企业以提高服务质量为第一宗旨，把加强与客户的联系，提供更好的服务作为企业的目标。具体而言，就是要将物流企业的发展由推式转向为拉式，提高配送中心的作业水平，提供高效优质的服务，努力实现厂商和客户的良好沟通。以顺丰优选为例，凭借其在物流方面已经建成的优势，它采用新型的快时尚生鲜电商供应链模式，致力于为消费者提供更好的服务，向电子商务对时效性要求很高的领域扩张。其创新之处包括，但是不局限于如下几点：1. 安排全国几十万的快递员全面渗透到各社区末端，实现中高端人群的精准覆盖；2. 推动其全国3万多家便利店之间的结合，提供深度渗透的O2O服务；3. 将其冷链物流平台在全网铺开并向全社会开放，提供优质的B2C服务。不仅如此，顺丰速运还涉足海淘市场以及国际快递市场，推出海购丰运（www.sfbuy.com）。

如果从供给的角度看，互联网经济的发展为物流行业提供了科技要素，改造了传统低效的物流行业业态。这种改造体现在物流业的竞争方式、服务方式、经营方式和盈利模式上。这里将以菜鸟物流的发展为例，具体说明互联网经济影响物流行业发展的供给效应。

在与京东、亚马逊等竞争对手的竞争中，阿里巴巴的短板一直都是物流。为改变这一劣势，马云决定投资菜鸟网络，着手打造菜鸟物流。他希望搭建起一个社会化物流协作体系与京东的自建物流模式一决高下。菜鸟网络成立于2013年5月，通过建立一张智能物流骨干网络，在未来可以实现在24小时内把淘宝上的订单送到中国的任何一个地区。① 这个智能物流骨干网的先进之处在于充分利用电子商务提供的大量关于消费者购买行为的数据来提前分析和预判不同地区消费者对某种产品的消费需求，提前按需求预判情况把产品送至菜鸟物流平台分布在全国各地的仓库，从而实现让快递企业通过该智能骨干网在用户下订单第一时间里从就近的仓库送货给消费者。通过在这个平台上实现物流企业和淘宝商城之间的信息共享，未来物流系统的配送效率将大幅提高。

菜鸟网络运营的中国智能网，能够使买家、卖家和物流方三方实现信息共享与即时沟通。它的发展不仅影响了阿里巴巴的电子商务交易系统，也影响了物流公司的运输管理系统。互联网技术的发展使建立一个开放、透明、共享的数据应用平台成为可能，促使我国物流行业向高附加值领域发展与升级。尽管菜鸟物流平台仍处于建设和探索阶段，而且不管后期发展如何，但是毫无疑问，由电子商务活动生成的关于消费者网购行为和需求的数据分析将是互联网经济通过信息供给来提高物流服务效率的一个重要方面。

第五节　互联网经济对物流行业发展影响的实证分析

在此我们将进一步采用计量模型来定量分析互联网经济对物流行

---

① 参见关于菜鸟网络的成立报道：http://www.ebrun.com/20130602/74831.shtml。

业发展的影响大小。具体而言，我们将搜集中国大陆31个省、市、自治区从1999—2012年间的面板数据来估计互联网经济对物流行业发展的影响。

一 变量和数据

（一）变量的选取

因变量。在现有的统计资料中，历年《中国物流年鉴》提供了全国以及不同行业的物流统计信息，但是他并没有提供各个省的物流业规模方面的信息。因此，我们从《国家统计年鉴》中选择一些可以间接度量物流行业发展状况的指标。本章选取了两类型的度量指标。交通运输的总产值和总货运量作为因变量来衡量我国物流业发展程度。这些指标可以相互补充，从不同角度衡量我国物流行业发展水平。

自变量。毫无疑问，自变量中的核心变量是互联网经济规模的大小。在本章的分析中，最接近的指标应为电子商务的规模。但是，由于电子商务跨越空间的特征，我们很难进行分省统计电子商务的发展规模。国家统计局也没有提供我国电子商务方面的统计信息；一些专业的电子商务咨询机构提供的数据既缺乏足够的精确度和权威性，也缺乏全面性。因此，这里采用网民数量占总人口比重和互联网普及率作为度量互联网发展程度的指标。互联网上网人数占地区总人口的比重能够很好地衡量地区互联网经济的发展水平，因为这些指标是发展电子商务和促进互联网经济繁荣的基础，与电子商务和互联网经济的发展规模直接相关。

自变量除了上述关于互联网发展程度的指标，还包括一些其他与物流业发展相关的经济社会变量。这些控制变量包括：

人均地区生产总值。人均地区生产总值可以在一定程度上衡量一个地区的经济发达程度。一般而言，人均地区生产总值越高，即经济越发达，对物流行业的需求越强，物流产业规模也会越大。另一方面，人均GDP也与互联网上网人数之间存在密切关系。更高的收入与更多的互联网上网人数联系在一起。忽视人均GDP将会导致遗漏变量偏误。

产业结构高级化。产业结构高级化程度反映了经济的专业化分工程度，当然也与经济发展水平密切相关。产业结构高级化程度越高，意味着经济体的专业化分工程度越高，从而专业化的物流产业规模也会越大。原因是，专业化分工意味着生产和消费的空间分离，这会催生更多的物流需求。这里将非农产业 GDP 占总 GDP 的比重作为量化产业结构的高级指标。

物流投入要素。该变量直接反映了物流行业的投入情况。它首先包括交通运输、仓储和邮政业的总就业人数与对交通运输、仓储和邮政业的固定资产投资。这两个变量分别反映了物流业的劳动和资本投入情况。

物流投入基础设施条件。这里分为两个指标：

1. 交通运输事业费。该指标反映了政府对物流业的管理对物流产业发展的影响，即物流产业管制制度的质量。由于统计口径的变化，对该指标的衡量采取交通运输事业费的原始数据 tra_ fee_ 01 和以 tra_ fee_ 01 和时间虚拟变量（口径调整后为 1，此前为 0）的交互项来度量。其中交互项用以反映调整后的指标相对于调整前对物流发展的影响。

2. 交通运输能力综合指数。该变量的计算方式为交通总里程（即铁路里程 + 水路里程 + 公路里程）乘以运输能力指数。运输能力指数参照了《运输经济学》（2000 年版）对铁路、水路和公路在营运速度、运输能力、服务频率、可靠性和便利性五个方面的评分。该书采取运输能力越强则分数越低的 5 分制计分法。本章则对各项指标的计分方式进行调整，采取能力越强分数越高的算法，如将原来的 1 分记为 5 分。通过将各项指标的得分加总，得出铁路运输总分为 16 分，水路运输为 11 分，公路运输为 20 分。

（二）数据来源

本章构建上述指标的原始数据，除了各省交通的运输能力指数，均来自国研网的国民经济数据库。该面板数据由 1999—2012 年我国北京、天津、河北、山西、内蒙古、辽宁、吉林、黑龙江、上海、江苏、浙江、安徽、福建、江西、山东、河南、湖北、湖南、广东、广西、海南、重庆、四川、贵州、云南、西藏、陕西、甘肃、青海、宁夏和新疆31个省、市、自治区的统计数据构成。表9-1报告出了各变量的含义、单位、样本量、均值、最小值和最大值。

表9-1　　　　　　　　变量含义及其描述性统计

变量	含义（单位）	样本量	均值	最小值	最大值
ltraffic	交通运输总产值（万元）	434	14.882	9.962	17.041
lgoods_trans	交通运输总货运量（万吨）	434	10.727	4.691	12.718
Inter_ratio	网民数量占总人口比重（%）	434	16.725	0.111	70.459
popul_rate	互联网普及率（%）	154	29.144	6.000	70.300
lgdppc	人均地区生产总值（万元/人）	434	9.632	7.814	11.442
gdp_struct	非农产业比重（%）	433	86.047	62.089	99.367
ltra_emp	交通总就业人数（万人）	341	2.861	-0.654	5.111
ltra_inv	交通固定资产投资（万元）	434	14.650	10.316	16.854
ltra_fee_01	交通运输事业费（万元）	434	11.960	7.441	15.490
ltra_fee_02	2008年统计口径调整后交通运输事业费（万元）	434	4.978	0.000	15.490
ltra_ability	运输能力综合指标	427	14.150	11.625	15.615

注：除了网民数量占比、互联网普及率和非农产业比重，其余变量均为对数值。

二　计量模型

根据上述的变量，本章构建如下面板数据模型：

$$y_{m,it} = c + net\_eco_{k,it}\alpha + contr_{it}\gamma + \varepsilon_{it}$$

其中，$i=1,2,\cdots,31$分别代表中国大陆31个省、市和自治区；$t=1999,\cdots,2012$为时间下标；y_m为因变量，当$m=1,2$时分别表示两个因变量，交通运输总产值和总货运量；net_eco_k为互联网经济指标，当$k=1,2$时分别表示网民数量占总人口比重和互联网普及率；$contr$为各控制变量向量，如前文所述；α和γ为待估参数（向量）；ε为随机干扰项；c为常数项。

表 9-2　自变量相关系数

	Inter_~o	popul_~e	lgdppc	gdp_st~t	ltra_emp	ltra_inv	ltra_~01	ltra_~02	ltra_a~y
Inter_ratio	1.000								
popul_rate	0.997	1.000							
lgdppc	0.884	0.887	1.000						
gdp_struct	0.643	0.655	0.739	1.000					
ltra_emp	0.337	0.338	0.449	0.380	1.000				
ltra_inv	0.438	0.430	0.512	0.362	0.809	1.000			
ltra_fee_01	0.430	0.417	0.338	0.170	0.415	0.689	1.000		
ltra_fee_02	0.463	0.450	0.326	0.101	0.064	0.331	0.595	1.000	
ltra_ability	-0.399	-0.419	-0.369	-0.292	0.335	0.450	0.492	0.102	1.000

表9-2报告了变量之间的相关系数。从中可知,两个核心变量具有很高的相关性,这意味着这两个指标并没有本质差别;除此以外,人均 GDP 和这两个核心指标存在较高的相关性,物流固定资产投资和物流从业人员之间也存在 0.8 以上的相关性。为了防止多重共线性问题,我们考虑把高度相关的自变量分置于不同的回归中。考虑到面板数据模型估计中存在的个体效应问题,我们利用 Hausman 检验来判断模型估计采用固定效应模型还是随机效应模型。

三 实证结果

(一) 互联网经济对交通运输总产值的影响

表9-3报告了以网民比重度量的互联网经济对交通运输总值度量的物流业发展的影响大小。由于自变量之间存在严重的相关性而导致的计量模型估计中存在多重共线性问题,表3中的模型(1)和模型(2)中估计出来的网民比重的系数并不显著,而且基于两者进行的 Hausman 检验建议选择固定效应模型,且基于固定效应模型进行的异方差检验表明存在异方差。因此,在模型(3)中,我们剔除了与网民比重、产业结构高级化高度相关的人均 GDP,剔除与交通运输固定资产投资高度相关的交通运输就业人数,并控制异方差问题。

结果,网民比重的估计系数并不显著。在模型(4)和(5)中,我们进一步剔除了与交通运输固定资产投资具有较强相关性的交通事业费指标,结果网民比重的估计系统在控制异方差的固定效应模型和随机效应模型均高度显著为正。固定效应估计出来的系数高于随机效应模型,分别为 0.009 和 0.007。由于 Hausman 检验认为两者估计结果并不存在系统性差别,这意味着网民比重增加 1 个百分点,交通运输总值将增加 0.7—0.9 个百分点。

产业结构的高级化以及由此带来的专业化水平的提高对交通运输总产值具有显著的促进作用,其估计系数为 0.042 和 0.045,超过了网民比重的估计结果。这说明非农产业比重增加 1 个百分点,交通运输总值将增加 4.2—4.5 个百分点。另外两个指标,反映交通运输投入的固定资产投资和反映交通基础设施条件的交通运输能力均对交通运输总值具有高度显著的促进作用。考虑到后两者与交通运输总值之间的直接投入—产出关系，其较大的估计系数并不让人感到奇怪。

表9－3　　　　　互联网上网人数对交通运输总值的影响

变量	(1) RE	(2) FE	(3) FE	(4) RE	(5) FE
	交通运输总产值					
互联网上网人数比重	-0.002	0.001	0.004	0.007***	0.009***
	(0.003)	(0.002)	(0.004)	(0.002)	(0.002)
人均GDP	0.646***	0.713***			
	(0.092)	(0.093)			
非农产业比重	0.004	-0.003	0.035***	0.042***	0.045***
	(0.008)	(0.008)	(0.011)	(0.008)	(0.011)
交通运输业就业人数	0.234***	0.046			
	(0.030)	(0.030)			
交通运输固定资产投资	0.120***	0.003	0.110**	0.166***	0.133***
	(0.037)	(0.031)	(0.044)	(0.042)	(0.042)
交通运输事业费	-0.004	0.005	0.089**		
	(0.028)	(0.024)	(0.036)		
调整口径后的交通运输事业费	-0.005	-0.001	-0.002		
	(0.004)	(0.003)	(0.004)		
交通运输能力	0.213***	0.047	0.210**	0.292***	0.273***
	(0.050)	(0.052)	(0.089)	(0.069)	(0.086)
Constant	2.971***	7.455***	6.230***	4.566***	5.059***
	(0.775)	(0.758)	(0.940)	(1.024)	(1.014)
Observations	337	337	426	426	426
R-squared	0.823	0.853	0.871	0.864	0.865
截面数	31	31	31	31	31
Hausman检验		197.37	1223.64***		634.2***
Wald异方差检验		4402.51***	22.97***		4.87

注：*、**、***分别代表10%、5%和1%的显著水平；模型（1）和（2）括号中的值为标准误，其余模型括号中的值为稳健标准误；Hausman检验的原假设为固定效应和随机效应不存在系统性差异；Wald异方差检验基于固定效应模型，原假设是不存在截面异方差；变量取对数的情况与表1相同；R平方为组内R平方；RE和FE分别表示随机效应模型和固定效应模型。

表9-4的模型（1）至（4）则报告了采用互联网普及率来度量的互联网经济规模对交通运输总值的影响。鉴于普遍存在的异方差问题，表9-4中的所有估计均为稳健性回归。从中可以看出，不管是否控制与交通基础设施固定资产投资有关的交通事业费，互联网普及率与交通运输总值呈显著的正向关系，且估计系数高于0.011。这说明互联网普及率提高1%，交通运输总值提高1.1%。由于这里的数据的时间长度远远短于表9-3，始于2007年，因此，更大的估计系数意味着互联网对交通运输的影响大小在增加。在表9-4中的模型（5）和模型（6）重新运用互联网上网人数比重作为核心变量，只不过控制数据的时间长度为2007—2012年。同样可以发现估计出来的系数高于表9-3中的估计结果。因此，可以判断，2007年以后互联网经济对交通运输业的影响高于此前阶段。

另外，我们还发现，结构调整和固定资产投资对交通运输总值的影响在变小，甚至没有显著影响，而交通运输能力仍然是影响交通运输总值的最重要变量。这可能反映了这样一个情况，即在此前大规模的道路基础设施投资基本完成之后，持续的投资对交通运输产值已经没有贡献，而已有的交通运输能力和互联网经济对物流的促进作用仍在刺激交通运输业的发展。

表9-4 互联网普及率和互联网上网人数对交通运输总产值的影响

变量	(1) RE	(2) FE	(3) RE	(4) FE	(5) FE	(6) FE
	交通运输总产值					
互联网普及率	0.016***	0.012***	0.011***	0.013***		
	(0.005)	(0.004)	(0.003)	(0.004)		
互联网上网人数比重					0.012**	0.013***
					(0.005)	(0.004)
产业结构非农化	0.031**	0.000	0.034**	0.003	-0.002	0.001
	(0.012)	(0.016)	(0.015)	(0.015)	(0.016)	(0.016)
交通固定资产投资	0.168**	0.024	0.159*	0.022	0.023	0.023
	(0.069)	(0.063)	(0.092)	(0.067)	(0.068)	(0.066)

续表

变量	(1) RE	(2) FE	(3) RE	(4) FE	(5) FE	(6) FE
	交通运输总产值					
交通运输事业费	-0.018	0.032			0.043	
	(0.044)	(0.039)			(0.036)	
调整口径后的交通运输事业费			-0.007*	-0.004		-0.003**
			(0.004)	(0.003)		(0.002)
交通运输能力	0.573***	1.231***	0.530***	1.214**	1.262**	1.259**
	(0.121)	(0.327)	(0.107)	(0.572)	(0.544)	(0.559)
Constant	1.492	-3.759	1.821	-3.335	-4.129	-3.816
	(1.797)	(4.131)	(2.909)	(9.343)	(8.862)	(9.194)
Observations	154	154	154	154	154	154
R-squared	0.669	0.700	0.668	0.694	0.698	0.691
截面数	31	31	31	31	31	31

注：*、**、***分别代表10%、5%和1%的显著水平；括号中的值为稳健标准误；变量取对数的情况与表1相同；R平方为组内R平方；RE和FE分别表示随机效应模型和固定效应模型。

（二）互联网经济对交通总货运量的影响

表9-5报告了因变量为交通总货运量时的固定效应模型估计结果。在此，所有模型均控制异方差问题，并直接估计了表9-3中的模型（5）和表4中的模型（4）和模型（6）。总体上看，改变因变量后，互联网上网人数比重和互联网覆盖率两者的估计系数和显著性水平并没有太大的变化。这也说明了表9-3和表9-4结果的稳健性。从模型（1）可知，互联网上网人数占全省人数的比重增加一个百分点，交通总货运量提高1.1%；而模型（2）和模型（3）则表明，2007年以后，互联网经济对交通货运量的促进影响在增强。

结构调整对交通货运量的影响仍然很大，而且在2007年以后有强化的趋势。产业结构高级化，产业分工专业化水平的提高，都会导致对交通货运需求的增长。但是，此时交通运输固定资产投资和交通运输能力并没有显著促进货运量的增长，特别是2007年以后，这些变量都不显著。

表9-5　　　　　　　　互联网经济对交通总货运量的影响

变量	(1)	(2)	(3)
	交通总货运量		
互联网上网人数比重	0.011***		0.013***
	(0.002)		(0.003)
互联网普及率		0.012***	
		(0.003)	
产业结构非农比重	0.069***	0.099***	0.096***
	(0.012)	(0.023)	(0.024)
交通运输固定资产投资	-0.084	-0.032	-0.038
	(0.064)	(0.082)	(0.080)
交通运输综合能力	0.226**	-0.083	-0.061
	(0.092)	(0.463)	(0.462)
Constant	2.711**	3.668	3.618
	(1.101)	(5.253)	(5.271)
Observations	426	154	154
R-squared	0.770	0.568	0.569
截面数	31	31	31

注：*、**、***分别代表10%、5%和1%的显著水平；括号中的值为稳健标准误；所有模型均为固定效应模型。

四　分区域分析

由于我国各地区的经济发展水平存在差异，这里按我国三大经济带的划分标准把面板数据分为东部、中部和西部地区三大类，考虑不同地区互联网经济发展对物流产业的影响是否也存在差异。东部地区包括北京、天津、河北、辽宁、上海、江苏、浙江、福建、山东、广东和海南11个省市；中部地区包括山西、吉林、黑龙江、安徽、江西、河南、湖北、湖南8省；西部地区包括重庆、四川、贵州、云南、西藏、陕西、甘肃、青海、宁夏、新疆、广西、内蒙古12个省、自治区。

结果如表9-6所示。不难发现，不同度量的互联网经济发展水平对不同度量的物流业均产生显著的促进作用，而且从三大区域来看，互联网经济对物流业发展的影响大小存在差异：互联网经济对东部地区物流的促进作用要远远低于中西部地区。东部地区互联网上网人数比重增加1个百分点，交通运输总产值将提高0.8%，而在中西部地区则将导致交通运输总产值分别提高1.3%和1.8%；同样，东部地区上网人数比重增加1个百分点，交通运输总货运量将增加0.6%，而在中西部地区交通运输总货运量将分别增加1.9%和2.3%。考虑到中西部地区网民比重比较低，这里的结果意味着，互联网经济的发展将使中西部地区物流业的增长潜力释放出来。

表9-6　　　　分区域估计互联网经济对物流行业发展的影响

变量	(1) 东部	(2) 中部	(3) 西部	(4) 东部	(5) 中部	(6) 西部
	交通运输总产值			交通运输总货运量		
互联网上网人数比重	0.008***	0.013**	0.018***	0.006**	0.019**	0.023***
	(0.002)	(0.004)	(0.006)	(0.002)	(0.007)	(0.006)
产业结构非农化	0.016	0.020**	0.102***	0.081***	0.076***	0.040**
	(0.009)	(0.006)	(0.014)	(0.018)	(0.027)	(0.015)
交通运输固定资产投资	0.158***	0.251***	-0.154	-0.077	-0.224**	0.040
	(0.032)	(0.057)	(0.133)	(0.080)	(0.065)	(0.135)
交通运输综合能力	0.307**	0.085*	0.226	0.296*	0.322*	-0.023
	(0.102)	(0.041)	(0.130)	(0.158)	(0.147)	(0.152)
Constant	7.343***	8.368***	4.493***	0.794	3.133*	6.426***
	(1.743)	(0.996)	(1.274)	(2.370)	(1.579)	(0.935)
Observations	153	112	161	153	112	161
R-squared	0.868	0.943	0.879	0.795	0.769	0.831
截面数	11	8	12	11	8	12

注：*、**、***分别代表10%、5%和1%的显著水平；括号中的值为稳健标准误；本表均采用固定效应模型。

从其他变量来看，产业结构调整对于各地区的物流业发展仍有促进作用；交通运输固定资产投资对东中部省份的交通运输总产值有促进作用，但是对全国的交通总货运量以及西部地区的交通运输总产值没有起到促进作用。交通运输综合能力对东中部地区的物流业具有促进作用，但是对西部地区的物流业没有显著影响。

第六节 研究结论与政策建议

以信息技术和互联网为基础的互联网经济在中国发展迅猛。形形色色的电子商务改变了居民的生活和消费习惯。互联网给网络平台商提供了广阔的市场需求，也为消费者降低了获取所需产品的信息搜寻成本。但由此催生了对物流服务的海量需求。物流和快递服务在一定程度上取代消费者的逛街。在本章，我们先利用中国的宏观数据和微观证据来分析互联网经济影响物流业发展的机制，然后通过搜集中国大陆31个省、市和自治区从1999—2012年间的面板数据分析两者之间的关系。

以快递业为例，我们对互联网经济和快递业的时间序列进行了分析。电子商务和快递业在最近的十多年里呈共同的快速增长趋势，且在2007年以后加快了增长速度。进一步的微观证据表明，以电子商务为代表的互联网经济一方面在总量上增加了对物流业的需求，扩大了物流业的市场规模，另一方面在质量上利用其掌握的买方市场和消费者数据提升了物流业的服务水平，改变了物流业的竞争模式。物流业与互联网经济整合的水平不断提高。

省级面板数据分析则表明，以互联网上网人数比重和互联网覆盖率度量的互联网经济对以交通运输总产值和交通运输总货运量度量的物流业具有显著的促进作用。前者增长1个百分点，后者也将增长1个百分点。而且，互联网经济对物流业的影响在最近几年大于2007年以前；分地区来看，互联网经济对物流业的带动作用在中西部地区要大于东部地区。

本章的研究结论意味着要支持和鼓励互联网经济的发展，借此以推进地方物流业的繁荣。由于互联网经济又是以互联网信息技术为基础的，本章的研究结论也意味着地方政府需要去提供良好的信息技术基础设施，例如增加网络带宽，为居民提供便利廉价的上网条件。由于物流业往往具有高劳动密集型的特征，而中西部地区具有丰富的劳动力，且互联网经济在中西部地区更能促进物流业的发展，因此，对于欠发达地区而言，支持互联网经济的发展有助于增加社会就业。此外，由于物流业的发展程度决定了消费者网购的体验，即能否快速获得网上订购的产品，地方政府特别是交通部门应该提供良好的道路基础设施，减少对物流业的不当管制和过度收费，从而提高物流业服务互联网经济的能力，带动地方经济发展。

第十章

互联网的使用与农民收入增长
——基于中国省级面板数据和"淘宝村"的实证分析

第一节 引言

长期过大的城乡收入差距将关系到我国经济的可持续发展和社会的和谐稳定。尽管在各种惠农政策的刺激之下，2009年以来我国的城乡收入差距持续缩小，但是2015年城镇居民可支配使用收入仍然是农民纯收入的2.73倍。近年来，互联网信息技术在农村的扩散和使用为农民收入增长，从而为缩小城乡收入差距提供了新动力。传统农业与互联网信息技术的结合，产生了农业信息服务平台、农产品在线销售平台和专业化的农产品生产组织。信息成本的下降为农业、农村和农民带来了巨大的发展机遇。以阿里巴巴平台为例，2014年底农产品卖家数量已经达到了76.21万个，实现了农产品销售额483.02亿元，同比增长69.83%（阿里研究院，2015a）。2014年全国"淘宝村"的数量达到了212个，活跃的淘宝网店数量超过7万家，带来直接就业达28万人，间接就业超过100万人（阿里研究院，2014）。到2015年底，全国"淘宝村"数量剧增至780个，蔓延至部分中西部省市，活跃网店数量则超过20万家（阿里研究院，2015b）。网络销售平台与"三农"的结合，促进了农村的专业化和规模化生产和销售，改造了传统农业，增加了农村就业和农民收入。

但是，不同区域的农村在互联网信息技术的扩散和发展程度上、各地农民在接近和使用互联网信息技术的能力上存在着巨大差距。例如，95%以上的"淘宝村"位于东部沿海发达地区，而"淘宝村"和农产品卖家也仅限于东部沿海的部分农村（阿里研究院，2015a和2015b）。已有研究也指出（OECD，2001；Chinn and Fairlie，2006；施莱费，2010），由区域和个体在教育水平、基础设施和收入水平上的差异所导致"数字鸿沟（digital divide）"广泛存在于不同类型的经济体之中。这意味着，农民借助互联网信息技术来实现收入增长也可能面临着"数字鸿沟"的制约。

那么，互联网信息技术的发展对农民收入增长的影响有多大？是否存在诸如收入、教育和公共基础设施方面的数字鸿沟约束？互联网信息技术影响农民收入的微观机理是什么？已有实证文献要么研究互联网与总体经济增长之间的关系（Choi and Yi，2009；Noh and Yoo，2008；Ng et al.，2013；卜茂亮、展晶达，2011），要么基于案例和定性分析研究互联网在农村的扩散对农村发展的影响（Zhao et al.，2006；Rye，2008；Xia，2010），但是缺乏两者之间关系的定量分析。

本章将基于中国省级面板数据估计互联网的使用对农民收入增长的影响大小及其所面临的数字鸿沟约束，结合"淘宝村"的资料分析其背后的微观机理，以弥补已有文献的不足。在实证分析中，我们利用工具变量的方法来缓解由互联网的使用与农民收入增长之间的潜在双向因果关系所导致的内生性问题。研究结果发现，互联网的使用总体上显著促进了农民收入增长，提高农民的工资性收入比重，降低其经营性收入比重。由于"数字鸿沟"的存在，互联网的使用仅在经济较发达、文盲率较低和农业公共支出较高的条件下显著促进了农民收入增长。本章还运用"淘宝村"的案例进一步分析互联网信息技术促进农民收入增长的机制和潜在制约。

本章接下来的内容安排如下：第二节将对已有相关文献进行简单回顾，并由此提出三个待检验研究假说。第三节介绍实证策略，包括计量模型、方法、变量的选取和数据来源。第四节报告实证估计结果；第五节则进一步基于"淘宝村"现象来分析互联网信息技术影响农民收入增长的微观机制及其潜在制约。最后是全文结论和政策建议。

第二节　文献回顾与研究假说

鉴于信息技术革命对世界各国社会经济带来的深远影响，已有实证文献首先从不同层次证实了互联网信息技术的发展与总体经济增长之间的正向关系，并探讨了这种联系背后的条件。例如，依和尤（Noh and Yoo，2008）基于60个国家从1995至2002年的数据进行的实证研究发现，互联网应用的发展与经济增长之间的关系依赖于一国收入不平等的程度。由收入不平等所导致的居民接近和使用互联网能力的差距将限制互联网信息技术对经济增长的促进作用。崔和义（Choi and Hoon Yi，2009）则基于207个国家从1991年至2000年的面板数据证实了互联网覆盖率对GDP增长的促进作用。类似地，黄等（Ng et al.，2013）运用东南亚10个国家从1998至2011年间的数据进行实证分析，也发现宽带的接入对GDP增长具有稳健的促进作用。在我国，卜茂亮、展晶达（2011）对1995至2007年间的省级数据进行实证分析，发现信息和通信技术仅对东部发达地区的经济增长具有促进作用。李立威、景峰（2013）的实证研究也发现互联网信息技术发展与GDP增长之间正向关系的条件性：基于我国2003至2011年的省级面板数据采用协整分析方法，他们发现互联网的扩散与经济增长之间存在着长期的均衡关系，但是受制于各省工业化以及互联网发展水平。

随着信息技术的不断提升和基础设施的不断完善，互联网对农村的影响也日益增强。赵等人（Zhao et al.，2006）基于调研数据定性分析了互联网的使用对农村社会发展的影响。结果发现，尽管互联网信息技术的确对村民生活水平和教育具有正的影响，互联网的引入并没有对当地社会和经济发展产生重大影响。农民可以借助互联网提供的养殖信息和技术来提高生产力，老师则借此获得更多的教育材料,为农村的孩子开辟新视野,从而提高当地教育水平。孙和王(Sun and Wang, 2005)对江苏不同区域农村的互联网发展差距进行比较,发现苏南农村企业采用互联网的比例远远高于苏北和苏中的农村,且互联网的使用与农村企业的创新和经济绩效具有显著的正向联系,但是未能确定两者之间的因果关系。因此,相对于大量关于互联网信息技术的使用对总体经济影响的实证分析,已有文献缺乏对互联网的使用与农民收入增长之间因果关系的实证分析。

制约互联网信息技术促进总体经济增长或者农业部门发展的因素将导致"数字鸿沟"(Digital divide)。根据OECD报告(2001),"数字鸿沟"是指"处于不同社会经济水平的个体、家庭、企业以及地区,在接近信息和通信技术的机会方面和在各种活动中使用互联网方面所存在的差距(第5页)"。数字鸿沟存在于国家之间、国家内部以及个体之间,它取决于收入、教育、家庭结构、年龄和性别、英语水平、企业规模等。例如,在跨国研究方面,钦和费尔利(Chinn and Fairlie, 2006)的实证分析发现,各国在计算机和互联网渗透上的差距基本上可以用人均GDP、教育水平、文盲率、人口因素、基础设施水平、通信价格和管制质量进行解释,其中收入因素的解释力最强;在企业层面,福尔曼(Forman, 2005)基于1998年金融和服务业企业数据的实证分析发现,前期的信息技术投资和工作场所选择将影响企业使用互联网技术的回报,现有的客户网络应用投资会通过竞争效应而降低互联网的使用,而员工的地理分散性、组织规模和外部压力的增加会促进互联网的使用;从城乡部门来看,施莱费(Schleife, 2010)基于德国数据进行的实证分析认为,人口密度并非是决定区域间互联网使用率差距的根本原因,城乡人口之间个体特征的结构差异以及个体层面的网络效应才是区域"数字鸿沟"的根源;在地区层面,奎布亚等(Quibria et al., 2002)对亚洲国家的定量分析发现,收入、教育和基础设施是导致"数字鸿沟"的关键因素。科拉普和锡德里克(Korupp and Szydlik, 2005)则对德国"数字鸿沟"的发展趋势进行分析,结果发现,人力资本和社会资本相对于经济资本对私人电脑和互联网使用的解释作用更强。此外,在发达国家,随着互联网信息技术的普及,"数字鸿沟"的致因由第一层次的传统因素,即收入、教育和基础设施条件差异,转向第二层次的因素,即个体使用互联网和计算机的技能和知识差异(Hargittai,2002;van Deursen and van Dijk,2010;Warschauer,2010)。

"数字鸿沟"的存在则限制了农村互联网的扩散和使用对农民收入增长的促进作用。首先,地方经济发展水平决定着互联网能否被有效利用。赖(Rye,2008)对印度尼西亚远程教育的定性分析发现,外围地区的学生并不能从使用远程教育技术中获益,而在中心地区,由于日常环境使学生的学习活动有价值,远程教育可以提高学习效果。其次,政府未能提供足够的信息基础设施也会限制互联网在农村的扩散和被使用。廷和伊(Ting and Yi,2013)基于广东的案例分析,发现一些制度性的因素限制了农村互联网的有效利用,如部门间竞争导致的浪费和重复建设、政策缺乏可持续性和问责机制以及中央计划下对当地需求的忽视。由于没有一个明确可持续的制度安排,中国现有的农村信息技术条件无法给农民创造借助互联网来增加收入的机会(Xia,2010)。

一旦摆脱"数字鸿沟"的制约,农民可以借助互联网来促进其收入增长。近年来,"淘宝村"的兴起便是其中最成功的案例。已有文献分析了"淘宝村"的发展机制及其影响农民收入的可能途径。例如,曾亿武等(2015)基于江苏徐州和广东揭阳的两个"淘宝村"的成长历程发现,"淘宝村"的成长涉及引进项目、初级扩散、加速扩散、抱团合作和纵向集聚五个环节,先后经历无意识的自发发展和有组织的自主发展两个阶段。崔丽丽等(2014)利用"淘宝村"商户调查数据进行的实证分析发现,"淘宝村"商户借助邻里示范、社交示范和网商协会组织等非传统的社会创新因素来实现收入增长。吕丹(2015)基于农村剩余劳动力转移的背景下,探讨农村电子商务发展在吸纳农村本地就业方面的作用。本地就业相对于外出务工可以极大地降低生活成本，亦即实现了农民纯收入的增长。

从上述文献可知，对互联网的使用与农民收入增长之间关系的已有研究主要集中于定性分析层面，对于农民使用互联网来促进收入增长可能面临的"数字鸿沟"约束亦缺乏足够的实证检验。本章一方面把已有文献关于互联网的扩散和使用所产生的宏观经济效应的研究拓展到农民收入增长上来，另一方面弥补了已有文献在实证检验互联网的使用与农民收入增长之间关系上的不足，并检验"数字鸿沟"的主要致因在限制互联网促进农民收入增长上的作用。

为了估计互联网的使用对农民收入增长的促进作用，及其背后的主要影响机制和"数字鸿沟"约束，我们基于已有文献提出以下三个待检验研究假说：

假说10-1：互联网和信息技术的使用将总体上有助于促进农民收入增长。

互联网信息技术可以通过降低信息成本、扩大农产品市场规模、增进农民学习和创新以及吸引本地就业等途径来提高农民收入。在这些机制中，市场发现和创造以及由此引致的本地就业效应是互联网信息技术最直接的促进农民增收渠道。当市场规模足够大，以早期的产品销售为基础所形成的一系列劳动分工和专业化效应将会导致非农就业的增长；另外，农村凭借更廉价的要素成本成为非农产品生产和销售的基地，也吸引了大量的非农就业（吕丹，2015）。正如阿里研究院（2014和2015b）所示，"淘宝村"销售的产品并非以传统的农产品为主，而是以服装、家具、鞋、汽车用品、箱包等产品为主。因此，互联网信息技术在农村的使用将通过改变农民的就业结构来影响其收入结构，即降低传统的经营性收入，增加其工资性收入比重。由此我们提出第2个待检验假说：

假说10-2：互联网的使用将提高农民的工资性收入比重，降低其经营性收入比重。

尽管总体上互联网信息技术的使用可以促进农民收入增长，但是由于各地区、各农村和各农民在接近和使用互联网信息技术能力上存在着巨大的差距,互联网信息技术的发展对农民收入增长的促进作用会存在巨大的差距。根据 OECD(2001)、奎布亚等(Quibria et al.,2002)以及科拉普和锡德里克(Korupp and Szydlik,2005)关于"数字鸿沟"的成因分析,以及我国的经济发展阶段,以经济发展水平、教育和基础设施为核心的第一层次的"数字鸿沟"致因将是制约农民接近和使用互联网,并从中获益的关键要素。基于此,我们提出第3个待检验假说。

假说 10-3:互联网信息技术的扩散和使用在发达地区、教育水平较高和基础设施较好的农村更能促进农民收入增长。

第三节 实证策略

为了检验互联网的使用对农民收入增长的影响,即假说 10-1,我们构建如下双向固定效应模型:

$$\ln(r\_inc_{it}) = \alpha + \beta net_{it-1} + \gamma' X_{it} + \mu_t + f_i + \varepsilon_{it}$$

$$(10-1)$$

其中,μ_t 是年份固定效应,f_i 是省份固定效应,ε_{it} 为随机扰动项;i 和 t 分别省份和年份;r_inc 为农民收入;net 为农民互联网使用指标;X 为的控制变量向量;α,β,γ 为待估系数(向量)。

本章采用农民人均纯收入为因变量。考虑到农民纯收入存在着误报和瞒报的问题,以及收入和消费之间的线性关系,我进一步采用农民人均消费支出作为收入的替代指标。为了考察互联网的使用对农民收入结构的调整效应,即检验假说 10-2,本章用农民不同类型的收入比重作为因变量:

$$rat\_inc_{it}^k = \alpha_k + \beta_k net_{it}^k + \gamma' X_{it}^k + \mu_t^k + f_i^k + \varepsilon_{it}^k$$

$$(10-2)$$

其中,rat_inc 为收入比重,$k=1、2、3、4$,分别代表农民的四种收入:财产性收入、经营性收入、工资性收入和转移性收入。假说 10-2 预测 $\beta_2 < 0$,而 $\beta_3 > 0$。

本章的核心变量农民对互联网的使用采用农村每百户电脑拥有量来度量。显然，农民拥有电脑的数量与当地的互联网发展水平密切相关，而且农民使用电脑往往以当地覆盖互联网为基础。控制变量则包括其他一些影响农民收入增长的社会经济变量，包括教育水平（Stern et al., 2009; Hale et al., 2010）、农村公共投入、耕地面积以及地区经济发展水平（高彦彦、郑江淮，2012）。更高的教育水平、更好的农村基础设施和公共服务、更优越的农业资源禀赋以及更高的经济发展水平有助于促进农民收入增长。这些控制变量分别采用农村文盲率、平均每个农村就业者的农业公共支出规模、农村人均农作物总播种面积以及城市化水平来度量。

基于（1）式以农户电脑拥有量作为核心变量来估计互联网的使用对农民收入增长的影响存在由双向因果关系导致的潜在内生性问题，即由于电脑具有多重功能，农民拥有电脑可以用于休闲娱乐活动，因而农民购置和使用电脑可能是收入增长的结果。对此，我们采用互联网覆盖率作为农户电脑拥有量的工具变量。尽管已有的研究（如 Noh and Yoo, 2008; Choi and Yi, 2009）在估计互联网对总体经济增长的影响时，把互联网的覆盖率作为互联网发展程度的指标，但与这些研究不同，本章的因变量为农民收入，互联网覆盖率作为一个涵盖城乡的地区性变量，并不直接对农民收入产生影响，而是间接通过农户持有电脑情况来影响农民收入增长。而且，农民收入对地区互联网覆盖率的影响很小，互联网作为信息基础设施具有公共品性质，其建设决策往往由地方政府决定，且外生于农民收入。例如，高彦彦等（2010 和 2012）的分析表明，我国目前的政治体制下部门间的公共资源配置取决于强势地方官员的自私行为而非农村部门的市场需要。赵等（Zhao et al., 2006）对甘肃省黄羊河（Yellow sheep river）镇和金塔（Jinta）镇互联网扩散的研究发现政府力量而非当地农业和农民的真实需要是推动当地互联网发展的决定性因素。廷和伊（Ting and Yi, 2013）也指出，中国农村的信息和通信技术供给的中央计划特征导致其与地方需求的错配，行政部门之间缺乏协调导致此类技术供给存在低效和浪费现象，相关政策也缺乏可持续性和问责机制。基于此，我们采用如下两阶段最小二乘法来应对农村电脑拥有量的内生性问题：

$$\ln(r\_inc_{it}) = \alpha + \beta\ln(com_{it}) + \gamma'X_{it} + \mu_t + f_i + \varepsilon_{it}$$

$$\ln(com_{it}) = c + \lambda\Delta IT_{it} + \psi'X_{it} + \theta_t + \varphi_i + v_{it}$$

(10-3)

其中，com_{it}为农民电脑拥有量，ΔIT_{it}为地区互联网覆盖率的变化。

对于假说 10-3，我们采取一种简单的方法来检验，即按照导致"数字鸿沟"的三大主要因素，经济发展（收入）水平、农村教育水平和基础设施水平的相对差异，把样本进行分割，然后比较在不同样本下电脑的拥有量对农民收入增长的影响差异。经济发展水平的差异按照东部和中西部区域以及与城市化中位数的大小来区分；教育水平和农业基础设施水平差异分别采用文盲率和人均农业公共支出的中位数来区分。我们通过比较东部与中西部地区、高于这些指标中位数的样本与低于等于这些中位数的样本下电脑拥有量的估计系数来检验假说 10-3，即：

$$\ln(r\_inc_{it}) = \alpha_e + \beta_e\ln(com_{it}) + \gamma_e X_{it} + \mu_t + f_i + \varepsilon_{it}, if\ east = 1$$

$$\ln(r\_inc_{it}) = \alpha_o + \beta_o\ln(com_{it}) + \gamma_o X_{it} + \mu_t + f_i + \varepsilon_{it}, if\ east = 0$$

$$\ln(r\_inc_{it}) = \alpha_j^u + \beta_j^u\ln(com_{it}) + \gamma_j^u X_{it} + \mu_t + f_i + \varepsilon_{it},$$
$$if\ div_j > Median(div_j)$$

$$\ln(r\_inc_{it}) = \alpha_j^d + \beta_j^d\ln(com_{it}) + \gamma_j^d X_{it} + \mu_t + f_i + \varepsilon_{it},$$
$$if\ div_j \leq Median(div_j)$$

(10-4)

其中，$east$ 为东部省份虚拟变量，e 和 o 分别表示样本为东部和中西部，div 为导致数字鸿沟的其他变量，$j = 1、2、3$，分别表示城市化、文盲率和人均农业公共支出，u 和 d 分别表示样本为条件变量的取值大于中位数，还是小于或等于中位数。如果假说 3 被证实，意味

着 $\beta_e > \beta_o$，且 $\beta_u^j > \beta_d^j$。

本章计算上述变量的原始数据来自 2005—2014 年的《中国统计年鉴》和《中国农村统计年鉴》。各变量的描述性统计如表 10-1 所示。从中可知，农民人均纯收入为 6030.208 元，人均消费为 5309.329 元。农民收入有一半来自经营性收入，38.91% 来自工资性收，剩余的 11.1% 来自转移性收入和财产性收入。农村每百户居民电脑拥有量为 11.65 台，各省互联网覆盖率年均增长 4.28%。农村文盲率均值为 8.129%，人均农业公共支出均值为 1497.4 元，农村人均耕地面积为 8.63 亩，城市化率均值为 49.73%。各变量的最小值和最大值之间存在巨大差距，说明我国各省的经济发展水平、社会资源禀赋以及政府财力等方面存在着巨大的发展差异。

表 10-1　　　　　　　　　变量的描述性统计

变量（单位）	数据量	均值	标准差	最小值	最大值
农民人均纯收入（元）	279	6 030.208	3 243.596	1 876.96	19 595
农民人均消费（元）	279	5 309.329	3 234.043	1 649.96	20 363.09
财产性收入比重（%）	279	3.280	2.095	1	11
经营性收入比重（%）	279	50.025	15.593	4	86
工资性收入比重（%）	279	38.907	13.763	8	75
转移性收入比重（%）	279	7.806	3.690	1	25
农村每百户电脑拥有量（台）	263	11.654	14.579	0.17	74
互联网覆盖率的变化（%）	279	4.281	2.974	0.1	17.1
文盲率（%）	279	8.129	7.007	1.460	45.65
农业公共支出（百元/人）	279	14.974	16.018	0.54	102.72
人均耕地面积（亩/人）	277	8.626	3.875	3.826	23.663
城市化（%）	279	49.726	14.809	22.61	90

数据来源：2005 至 2014 年《中国统计年鉴》和《中国农村统计年鉴》。

第四节 实证结果

一 农村互联网使用的增收效应

表 10-2 报告了采用前面式 (10-1) 和式 (10-3) 对假说 10-1 进行检验的结果。由第 (1) 列和第 (2) 列可知，农村电脑拥有量与农民纯收入之间存在显著的正向关系：在控制其他变量和个体效应时，农村每百户电脑拥有量每增加 1%，农民纯收入将增长近 0.15%；但如果进一步控制年份固定效应，该正向效应则降至 0.03%。考虑到农民电脑拥有量与农民收入之间潜在的反向因果关系，第 (5) 至第 (7) 列报告的双向固定效应模型估计结果中采用了两阶段最小二乘法 (2SLS)。其中，第 (5) 列为第 1 阶段回归结果，第 (6) 和第 (7) 列均为第 2 阶段回归结果，而第 (7) 列的因变量为农民人均消费支出。

一个好的工具变量必须满足独立性、相关性和排他性条件，且在简化模型 (reduced form) 中对因变量具有显著影响 (Angrist and Pischke, 2014)。为此，第 (3) 列报告了简化形式的估计结果，即直接运用互联网覆盖率的变化替代百户电脑拥有量对农民纯收入进行回归，结果发现前者增加 1%，农民收入增加 0.2%。因此，我们在简化模型中看到了工具变量与农民收入之间的显著正向关系。第 (4) 和第 (5) 列进一步检验该互联网覆盖率的变化是否仅仅通过提高农户电脑拥有量来增加农户收入。第 (4) 列把工具变量和内生变量置于同一个模型进行估计，此时工具变量，即互联网覆盖率的变化，与农民纯收入之间不存在显著关系，而第 (5) 列报告的第 1 阶段回归则表明互联网覆盖率与百户农民电脑拥有量之间存在显著的关系：互联网覆盖率增加 1%，农村百户电脑拥有量将提高 2.7%。综上可知，互联覆盖率的变化与农村每百户电脑拥有量之间高度相关，它仅通过后者来影响农民收入，且在简化形式下与农民收入显著正相关，因而是农户电脑拥有量的一个合适的工具变量。

采用 2SLS 方法得到的估计结果如第（6）列所示。我们发现，在控制内生性之后，农民电脑拥有量仍对农民收入增长具有显著的影响，每百户电脑拥有量提高 1%，农民收入增长将提高至 0.04%。本章的估计系数稍小于崔和伊（Choi and Yi，2009）运用世界面板数据得到的结果。他们以互联网用户比作为自变量，运用 GMM 方法得到的结果为：互联网用户比每提高 1 个百分点，GDP 增长提高 0.05 个百分点。第（7）列进一步采用人均消费作为因变量，并以相同的方法控制内生性，发现农村每百户电脑拥有量提高 1%，农民人均消费将增加 0.17%。鉴于消费和收入之间的正向关系，这也说明电脑在农村的使用显著促进了农民收入增长。因此，假说 10 – 1 得以证实。

第（6）和第（7）列的最后一行还报告了变量内生性的检验结果。豪斯曼检验结果表明，FE 模型和 2SLS 模型之间不存在系统性的差异。对此的一个可能解释是，对于农业生产和生活而言，价格不菲的电脑不是必需品，且对于收入水平仍不高的农民而言，当收入增长时为了非生产性目的而购入价格不菲的电脑的激励很小。因而，从收入到电脑拥有量方向的影响关系很微弱。鉴于（10 – 1）式中的内生性问题并不严重，后文将直接采用双向固定效应模型进行估计。

表 10 – 2　　　　农村互联网的使用与农民收入增长

变量	(1)	(2)	(3)	(4)	(5)	(6)	(7)
	\multicolumn{4}{c}{FE}		\multicolumn{2}{c}{2SLS}	
	Ln（农民人均纯收入）				第1阶段	第2阶段	Ln（人均消费）
Ln（百户电脑拥有量）	0.149***	0.028**		0.027**		0.040*	0.169***
	(0.013)	(0.010)		(0.011)		(0.023)	(0.059)
互联网覆盖率的变化			0.002**	0.000	0.027***		
			(0.001)	(0.001)	(0.008)		
文盲率	-0.006	-0.002	0.001	-0.002	0.046**	-0.002	-0.006
	(0.005)	(0.002)	(0.002)	(0.002)	(0.019)	(0.002)	(0.004)

续表

变量	(1)	(2)	(3)	(4)	(5)	(6)	(7)
	\multicolumn{4}{c	}{FE}	\multicolumn{2}{c	}{2SLS}	
	\multicolumn{4}{c	}{Ln（农民人均纯收入）}	第1阶段	第2阶段	Ln（人均消费）
Ln（人均农业公共支出）	0.154***	0.071***	0.086***	0.071***	0.408	0.066***	-0.062
	(0.021)	(0.017)	(0.019)	(0.017)	(0.264)	(0.019)	(0.044)
Ln（人均耕地面积）	0.362**	0.113**	0.099**	0.114**	-0.501	0.121**	0.277**
	(0.135)	(0.050)	(0.048)	(0.050)	(0.522)	(0.052)	(0.127)
城市化率	0.008	-0.004	-0.003	-0.004	0.060	-0.005	0.003
	(0.008)	(0.002)	(0.003)	(0.002)	(0.036)	(0.003)	(0.006)
常数项	6.135***	7.681***	7.578***	7.680***	-3.371***	7.723***	7.504***
	(0.390)	(0.117)	(0.145)	(0.117)	(1.802)	(0.144)	(0.382)
时期效应	否	是	是	是	是	是	是
观察值	262	262	277	262	262	262	262
R平方	0.945	0.994	0.994	0.994	0.896	0.994	0.967
省份数	31	31	31	31	31	31	31
豪斯曼检验						1	1

注：括号中的值为稳健性标准误；*、**、*** 分别表示10%、5%和1%的显著水平；所有估计为双向固定效应模型结果；第（6）和第（7）列采用互联网覆盖率为农户电脑拥有量的工具变量。

二 农村互联网使用的收入结构调整效应

表10-3中第（1）至（4）列报告了基于式（2）对假说10-2进行检验的估计结果，即互联网信息技术的使用给农民收入带来的结构调整效应。从中可知，农村每百户电脑拥有量与农民的经营性收入比重显著正相关，与农民的工资性收入比重显著负相关。每百户电脑拥有量每增加1个百分点，将使农民的经营性收入比重下降2.25个百分点，使其工资性收入比重增加2.4个百分点，而该变量对其他类型收入构成的影响尽管为负，但并不显著。这意味着，互联网信息技术在农村的发展和被使用增加了更多的非农就业，传统的农民开始向农业工人转变。因此，这里的估计结果支持了研究假说10-2关于农村互联网的使用提高农民工资性收入比重、降低经营性收入比重的推

测,也间接支持了吕丹(2015)关于互联网信息技术的非农就业效应的分析。

表 10-3 农村互联网使用的收入结构调整效应和区域"鸿沟"效应

变量	(1)	(2)	(3)	(4)	(5)	(6)
	全国数据				东部地区	中西部地区
	财产收入	经营收入	工资收入	转移收入	Ln(农民人均纯收入)	
Ln(百户电脑拥有量)	-0.043	-2.254**	2.401***	-0.283	0.032**	-0.007
	(0.299)	(1.098)	(0.816)	(0.673)	(0.011)	(0.012)
文盲率	0.091*	-0.024	-0.264**	0.160**	0.011*	0.000
	(0.050)	(0.144)	(0.116)	(0.075)	(0.005)	(0.002)
Ln(农业公共支出)	-1.485**	0.595	0.595	-0.095	0.048**	0.023
	(0.672)	(2.493)	(1.956)	(1.091)	(0.018)	(0.043)
Ln(耕地面积)	-0.353	1.335	-4.497	2.806	0.025	0.146*
	(1.024)	(4.676)	(3.728)	(3.348)	(0.039)	(0.072)
城市化	0.186**	-0.170	0.239	-0.194	0.000	-0.002
	(0.084)	(0.283)	(0.155)	(0.124)	(0.003)	(0.002)
Constant	1.582	61.275***	31.551***	6.739	8.030***	7.539***
	(2.764)	(16.531)	(8.171)	(10.010)	(0.179)	(0.263)
Observations	262	262	262	262	98	164
R-squared	0.223	0.817	0.714	0.639	0.997	0.994
省份数	31	31	31	31	11	20

注:所有估计为双向固定效应模型结果;括号中的值为稳健性标准误;*、**、***分别表示10%、5%和1%的显著水平。

三 农民借助互联网来增收的"数字鸿沟"制约

表 10-2 表明,农村电脑的拥有量对农民收入增长的促进作用虽然在统计上是显著的,但其经济效应并不显著。在此,我们进一步检验经济发展水平、农民教育水平和农村基础设施等三项"数字鸿沟"致因是否限制了农村互联网的使用对农民收入增长的促进作用。基于前文(10-4)式的估计结果如表 10-3 中的列(5)和列(6)以及表 10-4 所示。表 10-3 中的列(5)和列(6)以及表 10-4 中的

列（1）和列（2）表明：在东部发达地区的农村，每百户电脑拥有量提高1%，农民纯收入将增加0.032%，而在中西部地区并不存在这种显著联系；[1]当城市化水平较高时，农户对电脑的使用显著促进了其收入增长，估计系数为0.044，而当城市化水平较低时，农村电脑拥有量与农民收入之间没有显著联系。因此，互联网的使用对农民收入增长的促进存在着显著的收入约束，在经济发达、城市化水平更高的地区，农民更能借助互联网来实现其收入增长。

表10-4中的列（3）至列（6）估计了互联网的使用在促进农民增长时所面临的教育和基础设施约束。比较列（3）和列（4）中的估计系数可知，当文盲率较低时，农户电脑拥有量的增加有助于促进农民收入增长，其估计系数为0.047，而当文盲率较高时，电脑拥有量与农民收入没有显著联系。类似地，比较列（5）和列（6）中的估计系数可以发现，较高的农业公共支出是保证每百户电脑拥有量与农民收入之间正向关系的前提条件，较低的农业公共支出反而使每百户电脑拥有量降低农民收入水平。缺乏由农业公共支出保证的基础设施条件将使电脑用于那些不利于收入增长的活动，如娱乐性的活动。

表10-4 互联网的使用促进农民收入增长的约束条件

数据分割变量	（1）	（2）	（3）	（4）	（5）	（6）
	城市化		文盲率		农业公共支出	
	>中位数	<=中位数	>中位数	<=中位数	>中位数	<=中位数
变量	Ln（农民人均纯收入）					
Ln（每百户电脑拥有量）	0.044***	-0.024	-0.021	0.047***	0.053***	-0.022**
	(0.008)	(0.016)	(0.015)	(0.013)	(0.012)	(0.010)
文盲率	0.010***	0.000			-0.001	-0.002
	(0.003)	(0.002)			(0.001)	(0.003)

---

[1] 东部地区包括11个省市：辽宁、北京、天津、河北、山东、江苏、上海、浙江、福建、广东、海南。

续表

数据分割变量	(1)	(2)	(3)	(4)	(5)	(6)
	城市化		文盲率		农业公共支出	
	>中位数	<=中位数	>中位数	<=中位数	>中位数	<=中位数
变量	Ln（农民人均纯收入）					
Ln（农业公共支出）	0.073***	-0.045	0.021	0.031		
	(0.015)	(0.042)	(0.028)	(0.025)		
Ln（耕地面积）	0.072*	0.050	0.038	0.105	0.046	0.098
	(0.036)	(0.044)	(0.032)	(0.074)	(0.045)	(0.061)
城市化			0.001	-0.005	-0.004	0.012*
			(0.002)	(0.004)	(0.003)	(0.006)
常数项	7.598***	7.936***	7.719***	8.083***	8.206***	7.381***
	(0.123)	(0.173)	(0.138)	(0.146)	(0.194)	(0.318)
观察值	156	106	112	150	170	92
R平方	0.996	0.995	0.994	0.994	0.994	0.984
省份数	23	17	21	26	31	29

注：括号中的值为稳健性标准误；*、**、***分别表示10%、5%和1%的显著水平；所有估计采用双向固定效应模型。

因此，这里的估计结果证实了研究假说10-3：三项关键性的"数字鸿沟"致因，经济发展水平、教育和基础设施，均对农民利用互联网信息技术来实现收入增长具有显著的限制作用。各区域和农村的"数字鸿沟"致因若得不到有效控制，"数字鸿沟"将演化为日益扩大的农民收入鸿沟。

第五节 来自"淘宝村"的微观证据

互联网的使用对于农民收入增长的促进作用因全国各省的教育、经济基础和农业基础设施条件的差异而不同。目前，互联网信息技术对"三农"领域的改造和重塑仍处于初级阶段，互联网对农民收入增长的总体促进效应仍很小。但是，部分地区的农村以电子商务平台为依托实现了本地产业的升级和农民的收入增长。其中最成功的案例是近年来大量兴起的"淘宝村"。我们进一步以"淘宝村"为例从微观层面分析互联网促进农民增收的内在机制和潜在局限。

"淘宝村"是指"以淘宝为主要交易平台，以淘宝电商生态系统为依托，形成规模和协同效应的"大量网商聚集的村落（阿里研究院，2014）。"淘宝村"是指满足如下条件的自然村：经营场所位于行政村；电商年度交易额达到1000万元；活跃网店数量达到100家，或者活跃网店数量达到当地户数的10%。2014年底，全国有212个"淘宝村"，95%以上位于江苏、浙江、福建、广东和河北等5个省份（阿里研究院，2014）。2015年底，全国"淘宝村"的数量激增至870个，绝大部分仍位于东南沿海地区，但首次在湖南、江西、云南等部分中西部地区出现（阿里研究院，2015b）。

农民借助电子商务平台来发布产品信息，并利用物流系统来销售其产品，从而显著提高其收入水平，其中核心的影响机制包括如下几个方面：

首先，互联网销售平台为农产品创造了新的市场需求，直接增加了本地的就业需求，提高了农民的收入水平。例如，江苏宿迁沭阳县堰下村是一个以花木生产为主的"淘宝村"（魏欢庆、孙新文，2015）。该村共有680多家"淘宝店"，吸纳了村里55.3%劳动力，共计2000余人在本地就业，全年实现电子商务销售收入1.5亿元。2014年堰下村人均年纯收入18650元，其中由电子商务实现的人均纯收入超万元，高于当年全国9892元和江苏14958元的农民纯收入水平。又如以演出服饰生产为主的山东曹县大集镇丁楼村（阿里研究院，2015b），该村总人口1107人，300余户人，有280户开网店，2014年实现的销售额5亿元。该村所在的镇有近16万名居民从事淘宝服饰加工业务，实现了810户、2100余人脱贫。"淘宝村"激增的市场规模和网店数量吸引了大量的农民从事农村电子商务活动，获得工资性收入。

其次，以巨大的在线市场需求为基础，"淘宝村"逐步形成了完整的产业链，产业结构不断优化，产业组织化程度不断提高，吸引了关联就业，增加了产品附加值。在堰下村（王金杰，2014），伴随着该村的"淘宝化"，花木种植由分散的小户种植向专业化和规模化的大户种植转变。全村有840户种植大户，全村种植面积由最初的1085亩扩展到了21085亩。花木种植产业链由较为复杂的"种植农户＋花木经纪人＋园林工程部门"向较为简单的"农户＋市场"组织结构演变，花木产业经营模式从"种植→批发→零售"向"网店→基地→农户"转变。新的经营模式下，农户通过在网上接单后直接发货，节省了可观的花木库存和维护成本。诸如物流、影像拍摄、网络建设和服务、培训等关联行业也发展起来，带动了村民的非农就业，也提高了当地的地价和房价，从而增加了当地农民的收入。因此，农村电子商务整合了花木产业链，转变了花木经营模式，促进了关联产业的发展，提高了产品附加值和当地农民收入。

第三，电子商务给"淘宝村"带来的可观回报吸引了人力资本回流，激励了农村创新和创业，培育了农民的市场技能和市场意识，使其可以在激烈的市场竞争中持续获利。在堰下村，很多种植大户和大学生借助互联网进行"花木电商"创业。2009年以来，堰下村回乡创业的大学生达到30名（魏欢庆、孙新文，2015）。不少农民转身成为企业家。例如，堰下村"网上卖花第一人"胡义春在上海投资500万元建立1000亩花木基地，以满足周边市场的需求（魏欢庆、孙新文，2015）。类似的人力资本回流和返乡创新创业现象也发生在其他"淘宝村"，如浙江义乌的青岩刘村、河北白沟新城（阿里研究院，2015b）。

当然，"淘宝村"对当地村民收入增长的影响机制不止于上述三点。无论是直接的由市场需求引致的就业和收入增长机制，还是间接的人力资本积累机制、产业和组织升级机制以及创新机制，促进就业结构调整是互联网促进农民收入最重要的一环。正如前文的分析所示，互联网在农村的应用带来了一系列的连锁反应，使农村农民和农业深度融入市场经济，从而使农民的收入结构由经营性收入为主向以工资性收入为主转变。

农民借助互联网信息技术来实现收入增长往往受"数字鸿沟"致因的制约。一个自然村能够发展成为"淘宝村"则往往是因为成功克服了这些因素的约束。"淘宝村"的案例说明了产业和资源优势、人力资本和企业家精神以及农村基础设施的重要性。

首先，部分"淘宝村"初期的发展以其产业和资源优势为基础。例如，堰下村及其所在的颜集镇有着300多年的花卉生产历史。该村位于沭阳县的丘陵和平原的过渡地带，土质以混合土和淤土为主，气候为温带季风气候，温暖湿润，光照良好，降水量适中，是种植花木的良好基地（王金杰，2014）。类似地，宁夏回族自治区唯一的"淘宝村"，贺兰县德胜村所销售的产品为诸如枸杞之类的地方特产；云南大理鹤庆县新华村在成为淘宝村以前就是著名的千年银器村（阿里研究院，2015b）。山东博兴县淘宝村的发展也是建立在当地传统产业的基础之上，如湾头村的草柳编产品和顾家村的老粗布产品等在此之前便通过外贸渠道销往国外（万禺，2016）。

当然，也有部分"淘宝村"早期的发展并非是建立在本地的产业和资源优势之上。发达地区的农村往往凭借其区位优势、廉价的劳动力以及一些偶发性因素发展成为"淘宝村"，率先享受互联网信息技术带来的好处。实际上，"淘宝村"销售最多的产品并非是农产品，而是服装、家具、鞋、汽车用品、箱包皮具、玩具等（阿里研究院，2014和2015b）。位于省级贫困县的山东曹县丁楼村以生产和销售演出服饰为主要业务（阿里研究院，2015b）。这类"淘宝村"的形成原因往往是其区位或要素优势或者一个偶然因素，并由此累积成一个具有自生能力的产业集群。

其次，农村"能人"以及"新农人"在"淘宝村"早期发展中发挥着重要的示范作用。例如，堰下村花卉业的电子商务化起源于胡义春，他早在2005年就开始在网上开花店卖花（魏欢庆和孙新文，2015）。新华村的第一家银器网店由大学毕业的杨四维及其丈夫邱明金注册开设（阿里研究院，2015b）。江苏徐州沙集镇东风村和广东揭阳军埔村最早的一批淘宝店都是由那些善于使用互联网的年轻人所开设（曾亿武等，2015）。博兴县的草柳编和老粗布产品的线上化也是起源于回乡创业的"80后"大学生贾培晓（万禺，2016）。在农民企业家的示范效应之下，由电子商务创造的农村产品市场利润，一方面激励本地农民的自发学习行为，另一方面吸引人力资本"回流"和进驻，从而缓解农民利用互联网来增收所面临的教育约束。堰下村良好的花木业发展前景吸引了大学生的返乡创业（魏欢庆、孙新文，2015）；同样的现象也出现在其他"淘宝村"，如广州的里仁洞村、犀牛角村，浙江义乌的青口村、青岩刘村和下王村等（阿里研究院，2015b）。

第三，良好的农村电子商务配套设施是"淘宝村"形成的必要前提。东部沿海地区发达的电子商务配套设施，如快捷的道路和物流系统、廉洁高效的政府管理和服务以及更完善的互联网基础设施，能够有效地降低开展农村电子商务的交易成本，从而催生了更多的"淘宝村"、更大的市场规模和更强的集聚效应。相反，中西部地区农村落后的道路设施、物流体系、政府管理和服务理念以及较低的互联网覆盖率限制了当地农村电子商务的发展。正是这方面的巨大差异，2015年东部沿海地区"淘宝村"的占比超过95%，一些地区甚至形成了体量巨大、产业链完整、功能完备的"淘宝镇"（阿里研究院，2015b）。

总之，"淘宝村"的兴起是农户使用互联网实现收入增长的成功案例。农村电子商务的发展通过直接的或者间接的本地就业效应来实现农民收入增长，但是最终能否发展为"淘宝村"式的持续收入增长效应还受制于当地的产业、区位和要素禀赋状况，人力资本和企业家精神的丰裕度以及配套基础设施的完善度。"淘宝村"的发展经验也支持了前文的实证结果。

第六节 结论与政策建议

互联网信息技术在农村的扩散和使用为农民增收提供了新的潜

力。本章运用全国 2005—2013 年的省级面板数据和"淘宝村"的发展经验分析了互联网的使用对农民收入增长的影响大小、影响机制及其潜在约束。以农村每百户电脑拥有量来度量农民的互联网使用水平,本章发现,互联网的使用显著地促进了农民收入增长,且未来具有更大的潜力,这一结论在使用地区互联网覆盖率作为农户电脑拥有量的工具变量时仍然成立;互联网的收入增长效应通过促进农民就业和改变农民的就业结构来实现,而区域间的经济发展水平、教育条件以及农业公共基础设施条件等"数字鸿沟"致因对农民借助互联网实现增收具有制约作用。"淘宝村"的案例进一步支持了互联网促进农民收入增长的机制和"数字鸿沟"制约。

本章的研究结果意味着,互联网信息技术的发展虽然总体上促进农民收入的增长,但是其收入增长效应在区域之间、农村之间以及农民之间存在巨大的差异。对于中西部地区的农民而言,互联网信息技术的发展虽然提供了潜在的增收机会,但是由于受收入、教育以及基础设施条件的限制,他们接受和使用互联网的能力以及从中得到的好处远远小于东部地区的农民。不同区域以及同一区域内农民之间的收入不平等程度将存在加剧的风险。对此,地方政府需要通过完善农业信息基础设施,增强互联网技能的培训,以及基于本地优势产业来发展农村电子商务,从而避免"数字鸿沟"的发生。此外,互联网时代区域内和区域间农民收入不平等加剧的风险以及地方政府的财政约束也需要更高级别的政府在顶层设计层面充分发挥转移支付在缓解"数字鸿沟"上的积极作用,使农民具有更加平等的机会利用互联网信息技术来实现收入增长,从而也为持续缩小我国长期以来巨大的城乡收入差距提供了更强动力。

第十一章

创新投入类型、资金来源与企业创新绩效
——基于上海工业企业的实证分析

第一节 引 言

　　创新是决定一家企业乃至一个国家能否在竞争中胜出的根本性因素。长期以来，中国各级政府认识到创新对于改变经济增长方式和促进经济可持续发展的重要性，并不断加强和鼓励对创新的投入和扶持。根据国家统计局数据，2002 至 2012 年间，政府研发经费支出增加了 4.59 倍。与此同时，市场经济下经济利润极大地激发了企业的创新热情，企业成为研发的核心力量，企业研发经费支出占总研发经费支出的比重从 2002 年的 55% 增至 2012 年的 77.44%。此外，跨国公司以及金融机构等也都是企业创新资金的潜在提供者。多元化创新资金供给促进了中国研发经费的快速增长。结果，全社会研发经费支出占 GDP 的比重由 1995 年的 0.57% 提高至 2012 年的 1.9%。那么，如何评价这些不同类型和不同渠道的创新投入的绩效呢？

　　从企业层面对创新投入产出关系进行估计有助于我们去理解和评价不同创新资金来源以及不同创新投入形式在企业创新中的作用。但该视角的困难在于如何准确地度量企业的创新投入和产出。已有研究用以间接度量创新产出绩效的指标有：专利数量（朱平芳、徐伟民，2005；李平等，2007；陆国庆，2011）、新产品销售收入（朱有为、徐康宁，2006）、企业的人均产值（周亚虹等，2012）或者主营业务利润（陆国庆，2011）。从创新投入产出关系研究来看，这些创新产

出指标中最合适的是新产品销售收入，但是上述文献并不是采用企业层面的创新产出指标；专利数量只能是创新绩效的次优指标，因为专利并不都能转化为企业的销售收入；最后，企业产值或者利润指标则容易低估创新的作用，也不能确切地知道创新投入的产出效果。至于创新投入指标，上述已有研究主要是采用研发支出以及人力资本来度量创新投入，但问题是企业的创新投入远不止于此。在早期，企业往往采取购买内化先进技术的机器设备或者软件来积累自主创新能力，也会参加外部研发之类的创新活动，因而内部研发支出往往会低估企业的创新投入，也无助于估计和区分不同类型创新投入的创新绩效差别。

  本章将利用2007年上海工业企业创新调研提供的创新投入和产出数据来弥补已有研究在指标度量上的不足。该调查由国家统计局和科技部联合开展，问卷对各种创新指标进行了明确的界定，以使被调查者准确地理解、核算和填报创新投入及其类型、来源以及创新产出（即"新产品"），因而不仅有助于获取准确度量企业创新投入和产出指标的数据，也可以考察不同类型、不同资金来源创新投入的创新产出绩效差异。由于上海是中国的创新前沿城市，本章的实证分析有助于认识中国创新前沿城市工业企业创新的驱动因素。本章对不同类型和不同来源的创新投入的产出绩效估计则对其他地区以及未来工业企业的创新战略选择和各级政府的创新产业扶持政策安排亦具有指导作用。

  研究结果发现：内部研发比外部研发具有更高的创新绩效；由于跨国公司对其海外子公司的创新兼具溢出效应和替代效应，海外企业上海子公司的创新绩效并没有像大陆企业上海子公司那样显著高于本地公司；由于更小的激励扭曲效应，政府对创新进行税收减免比直接进行资金支持更能有效地促进工业企业创新。因此，提高工业企业的创新绩效需要企业慎重选择创新投入的类型和融资渠道，需要政府采取适宜的创新扶持政策。

  接下来的内容安排如下：第二节结合相关文献给出三个关于企业

创新的待检验假说；第三节介绍数据来源、变量的选取以及研究方法；第四节报告实证分析结果，并进行稳健性讨论；最后是本章结论与政策含义。

第二节 研究假说

长期以来，经济研究者们致力于理解企业创新这一"黑箱"，即企业创新是如何发生和发展，并为企业带来回报的。企业规模被当成是与企业创新紧密联系的因素之一：规模越大的企业，掌握的各类资源会越多，往往有更强创新投入意愿。但实证研究却表明两者之间并不存在一个简单的线性关系（聂辉华等，2008）。作为大的竞争对手研发中心的研发溢出效应的接受者，小企业同样有很强的激励去创新阿克斯等（Acs et al., 1994）。因此，早期企业规模视角的解释并不足以揭示企业创新的秘密。企业的创新绩效还取决于企业自身创新投入选择以及影响企业费用来源的创新外部支持政策能否有效地促进企业创新，进而生产出符合市场需求的新产品。下面将结合已有文献从企业的创新投入产出关系以及企业与外部母公司的创新联系两个方面提出三个待检验的假说。

一 创新投入与产出关系

大量实证研究探讨了企业的创新活动对企业总体产出绩效的影响。一些基于中国制造业数据进行的实证分析（如朱有为、徐康宁，2006；周亚虹等，2012）表明，本土企业的自主研发和创新活动促进了企业的生产率。但更多的实证分析表明，企业创新投入与企业绩效关系复杂，取决于企业性质（聂辉华等，2008），或者取决于产业技术特征（斯加皮特和缺塞尔，2004）。相比于企业创新与总体绩效之间的复杂关系，创新投入和创新产出之间的关系则较为简单，即创新投入是促进企业创新的最直接最重要因素。

对外开放增加了可供选择的工业企业创新投入方式。中国企业既可以通过模仿或者"干中学"来开展创新活动，也可以通过直接购买或者进口那些内化先进技术的机器设备等来积累创新能力，从而逐步提高自主研发水平[6]。因此，开放经济条件下，获取国外创新前沿企业的机器设备、软件和先进的外部相关技术是落后国家本土企业提高自己创新能力和创新产出绩效的重要途径。

当然，除了自主研发和获取机器设备以及相关技术等方式的创新投入，本土企业还可以选择外部研发的方式开展创新。但是，利用瑞士企业数据的实证研究表明企业研发部门之间的联系对创新的影响很小（安德森和伊阶姆，2005）。玛利安塔等（Maliranta et al., 2009）也发现，企业间研发部门人员的流动并不会产生知识溢出效应，某个企业的研发知识很难被运用于另一个企业。事实上，企业的创新活动往往具有专用性特征，内嵌于本企业内部的特定资源，无法简单地从一个企业复制到另一个企业；而且，研发创新活动因涉及商业秘密而受到严格保护。因此，外部研发不受企业欢迎，也难以促进企业创新。基于上述创新投入产出关系的分析，我们可以得出如下（创新投入—产出关系）假说：

假说11-1：（1）工业企业的总体创新投入与其创新产出正相关；（2）相对于外部研发，内部研发和获取机器、设备和软件等方式的创新投入更有助于促进企业创新和提高企业创新绩效。

经济开放给工业企业带来多样化的创新投入方式，而经济转型则给工业企业提供多渠道的创新资金来源。相对计划经济下较为单一的创新资金来源，市场经济下，企业、政府、金融机构以及跨国公司等都是潜在的创新资金提供者。那么，不同的创新资金来源如何影响到企业的创新活动？

首先，来自政府的创新资金往往不能有效地促进企业创新。尽管由于知识具有公共产品的外部性特征，政府提供研发资金有助于促进经济增长或者改善社会福利，但是，从激励和信息的角度讲，当政府掌握大量资源而缺乏有效制度约束时，官员在配置创新补贴时存在通过"设租"来"寻租"的经济激励，企业则会热衷于构建政治联系，或者利用其信息优势来骗取政府补贴（安同良等，2009；余明桂等，2010），从而会降低要素市场资源配置效率，弱化企业的创新激励（张杰等，2011）。陆国庆（2011）的实证研究也表明政府创新扶持无助于提高企业创新产出绩效。

其次，如果创新费用来自企业自有利润，或者来自具有偿还义务的金融机构贷款，那么，这些资金的使用具有较硬的预算约束，且不会存在上述由政府提供创新资金所导致的激励扭曲效应，因而有助于提高企业创新产出绩效。

再次，在开放经济条件下，来自跨国公司的创新投入也有助于当地企业创新。跨国公司往往处于创新前沿，掌握着先进的知识、技术、信息和管理，可以对其子公司乃至本土关联企业产生创新溢出效应（王红领等，2006；蒋殿春、张宇，2008）。

因此，我们得出如下（创新投入资金来源效应）假说：

假说11-2：由于激励扭曲效应，政府创新资金并不能有效地促进企业创新；而来自企业内部、金融机构信贷以及跨国公司的创新资金有助于促进企业创新，提高企业创新绩效。

二 母公司的纵向创新溢出和替代效应

来源于跨国公司的创新资金有助于促进企业创新，并不一定意味着跨国公司一定会对其外地子公司进行创新投资。在转型和开放双重背景下，中国本土企业凭借廉价要素以代工生产等方式融入全球价值链；跨国公司（及其所携带的FDI）则通过收购、兼并、合资或者独资的形式进入中国市场。跨国公司拓展了本土企业的创新前沿，并且通过横向或者纵向的溢出效应来提高本土企业的自主创新能力和生产率（蒋殿春、张宇，2008）。

然而，跨国公司的溢出效应并非总是为正。科宁斯（Konings，2000）发现，由于跨国公司带来的竞争效应超过或者抵消了正的技术效应，保加利亚、罗马尼亚和波兰等国家的FDI并没有对本土企业产生正的溢出效应。基于中国长三角和珠三角进行的比较分析发现，跨国公司对本土产业升级具有"提升"和"抑制"的双重效应（孙军、高彦彦，2010）。全球价值链视角的分析则认为，凭借廉价要素以代工模式参与全球分工体系，是导致本土企业被锁定在价值链低端，难以借助外资实现产业升级的重要原因之一（张少军、刘志彪，2013）。

值得注意的是，尽管大量研究分析了跨国母公司对其海外子公司的溢出效应，但是鲜有文献涉及母公司对其本国子公司的溢出效应；已有文献虽然关注到了跨国公司的正的纵向溢出效应及其条件性，但忽略了跨国母公司对其子公司创新的替代效应。基于各国的比较优势，跨国母公司往往把创新活动放在人力资本丰富的总部，而把生产环节设立在环境和劳动成本低廉的海外。此时，跨国母公司更愿意用总部创新来取代其海外子公司的创新，从而发挥集团内部研发的规模经济优势。

如果跨国公司在中国建立子公司的目的是为了接近廉价要素和海外市场，或者是为了凭借外资身份获取"政策租"（郑江淮等，2008），而不是为了靠近创新要素，那么跨国母公司的创新对其海外子公司创新具有显著的替代效应。而且，为了最大化其成熟产品利润，跨国企业中国子公司往往是生产和销售在发达国家已经过时的产品，从而降低其创新需求。此时，跨国母公司给其子公司所带来的创新溢出效应会被其创新替代效应所抵消。即便子公司可以从其海外母公司获得创新投入，但由于受母公司的创新庇护以及其产品在本地的相对先进性，这些子公司并没有太大的激励和市场压力去创新，结果其用于海外子公司的创新投入的绩效并不会高于本土公司。

相反，大陆母公司的创新对其上海子公司创新的替代效应却很小。相对于大陆其他地区而言，上海处于全国的创新前沿，汇聚了大量的创新要素。国内母公司把研发密强度高的创新活动安排在上海子公司，既可以获得跨国公司带来的诸种横向溢出效应，也有助于靠近创新要素，提高产品的市场竞争力。大陆企业这种自我选择的结果是，其上海子公司的各类创新投入可以获得更高的回报，从而其创新绩效往往高于本地公司。基于此，我们得出如下母公司创新溢出效应假说：

假说 11-3：（1）由于海外母公司对子公司的创新兼具溢出效应和替代效应，海外企业上海子公司并不比本地公司具有更高的创新绩效；（2）由于不存在母公司的创新替代效应，大陆企业上海子公司反而比本地公司具有更高的创新绩效。

第三节 数据、变量与方法

一 数据

本章检验上述假说的数据来自国家统计局和科技部于 2007 年 5 月对上海工业企业进行的创新调查。这次调查共获取 2826 家工业企业创新样本。调查问卷先根据国家统计局的相关统计指标对各种创新概念进行界定，以便被调查企业正确地理解、核算和填写创新统计信息。该问卷分为工业企业创新情况和企业家调查问卷两部分，涵盖了 2004—2006 年间上海工业企业的创新投入和产出情况、企业特征以及企业家对创新的认知等方面的信息。我们剔除了那些在 2004—2006 年间没有开展任何创新活动和创新信息的企业样本，得出一个由 1521 家上海工业企业构成的创新样本，用以估计不同类型和来源的创新投入对工业企业创新产出绩效的影响。

二 变量

根据周亚虹等（2012）关于中国工业企业自主创新的产出绩效估计模型，以及本章研究假说，我们建立如下反映工业企业创新投入产出关系的计量模型：

$$Y_i = c + I_i \alpha + X_i' \beta + e_i \qquad (11-1)$$

其中，$i=1, 2, \cdots, 1521$。Y_i 为企业 i 的创新产出绩效。鉴于调查问卷对新产品进行了严格界定，这里采用人均新产品产出作为创新绩效指标。问卷提供两种创新产出数据，新产品销售收入和新产品产值。由于从创新价值链的角度看，只有经得起市场检验的创新才是有效的创新，才是一轮创新活动的终结，本章主要采用销售收入来度量创新产出。同时把新产品产值作为一种替代性的指标进行稳健性讨论。

I_i 为企业 i 的创新投入。为了检验假说1和假说2，这里既从总体上考虑人均创新投入对创新产出绩效的影响，也分4种不同类型的创新投入费用——内部研发、外部研发、获取机器设备和软件以及获取外部技术的费用，和分6种不同来源的创新投入费用——政府资金、减免税、企业资金、金融机构贷款、风险投资以及国外资金，来估计不同创新投入类型和创新投入来源对创新绩效的影响。为了检验假说3，我们在模型（1）中根据多重共线性情况加入反映工业企业母公司类型的虚拟变量及其与人均创新投入之间的交互项。

X_i 为各种控制变量，即与创新有关的企业特征变量，包括：企业是否被认定为国家级或者省级科技型企业、每千人拥有的研究机构的数量、反映企业人力资本强度的本科及其以上员工的比重、反映企业知识产权保护程度的专利申请变量和企业技术内部保护变量，反映企业价值链位置的自主品牌变量以及反映企业规模的员工数。① e_i 为服从均值为0的同方差随机扰动项。

表11-1分企业类型报告了各变量的样本数和均值。比较三类工业企业的均值可知：大陆企业子公司具有最大的人均创新产出和创新投入均值，这反映了其密集的研发创新活动；海外企业子公司从国外获取的创新资金比其他两类企业多，意味着其获得了跨国母公司的创新支持；本地公司获取较高的税收减免和金融机构贷款，具有较多的省级高科技企业反映了其在地缘关系上的优势。这些差异初步印证了

---

① 由于没有调查企业性质方面的信息，我们没有控制企业性质。考虑到企业改制已经完成多年，不控制这些变量应该不会严重影响本章的估计结果。此外，由于样本集中于制造业以及调查信息的缺乏，本章也没有控制细分行业特征变量。

假说11-3 关于母公司创新溢出效应的判断。

表11-1　　　　　　　　　　　变量及其均值

变量（单位）	所有企业		大陆企业子公司		海外企业子公司		本地公司	
	样本数	均值	样本数	均值	样本数	均值	样本数	均值
因变量（元/人）								
人均新产品销售收入	1521	9.511	649	10.175	186	8.529	686	9.149
人均新产品产值	1521	9.558	649	10.238	186	8.624	686	9.168
自变量								
2006年人均创新费用（元/人）	1521	8.746	649	8.960	186	8.845	686	8.516
按类型分：								
内部研发	1521	7.491	649	7.765	186	7.279	686	7.289
外部研发	1521	1.957	649	2.444	186	1.246	686	1.690
获取机器设备和软件	1521	4.365	649	4.440	186	4.575	686	4.238
获取外部技术	1521	1.426	649	1.706	186	1.384	686	1.172
按来源分：								
政府资金	1521	1.135	649	1.292	186	0.430	686	1.177
减免税	1521	0.713	649	0.667	186	0.190	686	0.898
企业资金	1521	8.215	649	8.523	186	8.293	686	7.903
金融机构贷款	1521	0.718	649	0.601	186	0.489	686	0.891
吸收风险投资	1521	0.015	649	0.011	186	0.000	686	0.022
国外资金	1521	0.119	649	0.039	186	0.520	686	0.086
本科及以上学历员工比重（%）	1521	14.971	649	12.966	186	21.043	686	15.221
国家级高科技公司（0/1）	1521	0.060	649	0.080	186	0.065	686	0.041
省级高科技公司（0/1）	1521	0.399	649	0.399	186	0.333	686*	0.417
每千人研发机构数量	1521	1.299	649	1.212	186	0.912	686	1.485
是否申请专利（0/1）	1521	0.614	649	0.644	186	0.392	686	0.646
企业技术内部保护（0/1）	1521	0.731	649	0.746	186	0.699	686	0.726
自主品牌（0/1）	1521	0.729	649	0.730	186	0.656	686	0.748
2006年员工数量	1521	5.738	649	5.931	186	5.969	686	5.493
大陆企业子公司（0/1）	1521	0.427	649	1	186	0	686	0
海外企业子公司（0/1）	1521	0.122	649	0	186	1	686	0

注：新产品人均销售收入、新产品人均产值、创新费用及其分类和来源以及员工数量指标均取对数。

三 方法

我们采用 OLS 回归作为本章实证分析的基准方法，其估计结果方便我们解释创新投入和产出之间的关系。考虑到因变量中存在一些创新产出为 0 的截断下限取值，我们也采用 Tobit 模型进行估计。由于 Tobit 模型估计出来的系数不可直接用以解释创新投入对创新产出的影响，实证部分将直接报告 Tobit 模型的边际效应结果。考虑到计量模型中存在的异方差问题，我们报告控制异方差的稳健性回归结果。此外，基于稳健性考虑，我们还利用企业的人均新产品产值作为因变量，以及用 2005 年创新费用作为 2006 年创新费用的工具变量来查看实证结果的稳定性，并探讨创新投入转化为创新产出的滞后效应。

第四节 实证结果

一 工业企业创新投入产出绩效的总体关系

表 11-2 报告了上海工业企业创新投入和创新产出绩效之间关系的估计结果。由 OLS 估计得到的人均创新费用的估计系数超过了 0.7，这也是工业企业创新投入产出弹性（见回归（1）和（2））；Tobit 模型的边际效应结果表明，人均创新费用与新产品销售收入之间的投入产出弹性亦超过 0.7，稍小于由 OLS 估计得到的系数（见回归（3）和（4））。因此，创新投入对于创新产出具有最直接的显著影响，这与假说 11-1（1）一致。

从表 11-2 中的回归（1）和（3）还可以知道，与上海本地公司相比，大陆企业子公司的创新绩效显著更高，而海外企业子公司的创新绩效则没有显著差别。回归（2）和回归（4）则加入了两类子公司虚拟变量与创新费用交互项，由于多重共线性问题剔除了公司类型虚拟变量。结果发现：相对上海本地公司而言，大陆企业子公司具有显著更高的投入产出弹性，而海外企业子公司的投入产出弹性却与之没有显著差异。因此，假说11-3得以验证，即由于跨国母公司对其上海子公司创新的替代效应，其上海子公司的创新绩效并没有显著好于上海本地公司；而大陆母公司对其上海子公司创新的强化效应则使大陆企业上海子公司的创新绩效显著好于本地公司。

控制变量中，本科以上学历员工比重和每千人科研机构数量并没有显著影响企业的创新产出绩效，其中部分原因在于创新费用与高学历人员比重以及科研机构数量存在重叠，即高学历人员比重和较多的科研机构意味着更高的创新费用支出。国家级和省级高科技企业的创新绩效显著高于其他一般企业。申请专利、对企业技术进行内部保护有助于提高企业的创新绩效。居于价值链高端进行自主品牌生产与创新产出绩效正相关。企业规模对创新产出的影响并不显著。

表11-2　　上海工业企业创新的投入产出绩效总体估计

变量	(1)	(2)	(3)	(4)
	OLS	OLS	Tobit	Tobit
	人均新产品销售收入			
人均创新费用	0.796***	0.724***	0.768***	0.703***
	(0.085)	(0.101)	(0.089)	(0.105)
大陆企业子公司	0.667***		0.657***	
	(0.235)		(0.240)	
海外企业子公司	-0.507		-0.506	
	(0.429)		(0.435)	
大陆企业子公司×人均创新费用		0.199**		0.183**
		(0.082)		(0.081)
海外企业子公司×人均创新费用		-0.096		-0.095
		(0.158)		(0.157)
本科及以上学历员工比重	-0.016*	-0.017*	-0.018**	-0.020**
	(0.009)	(0.009)	(0.009)	(0.009)
国家级高科技公司	1.542***	1.521***	1.533***	1.519***
	(0.404)	(0.403)	(0.416)	(0.416)
省级高科技公司	0.528**	0.534**	0.524**	0.532**
	(0.257)	(0.258)	(0.258)	(0.259)

续表

变量	(1)	(2)	(3)	(4)
	OLS		Tobit	
	人均新产品销售收入			
每千人科研机构数	-0.017	-0.017	-0.018	-0.018
	(0.038)	(0.038)	(0.038)	(0.038)
是否申请专利	0.921***	0.942***	0.903***	0.926***
	(0.277)	(0.278)	(0.278)	(0.279)
企业技术内部保护	0.775***	0.771***	0.813***	0.808***
	(0.281)	(0.282)	(0.283)	(0.284)
是否自主品牌	0.993***	1.010***	1.054***	1.068***
	(0.284)	(0.285)	(0.285)	(0.285)
企业员工数	0.079	0.057	0.063	0.044
	(0.109)	(0.111)	(0.111)	(0.112)
常数项	5.158***	5.485***	—	—
	(0.713)	(0.738)		
企业数	1521	1521	1521	1521
R平方	0.183	0.180	—	—

注：回归（1）和（2）的括号中的值为稳健性标准误；*，**，***分别表示10%、5%和1%的显著水平；创新产出和创新费用均取对数；回归（3）和（4）为基于稳健性Tobit模型的边际效应结果，括号中的值为边际效应的标准误。

二 不同创新投入类型的创新绩效差异

为了检验假说11-1（2），我们比较四种不同创新投入类型对企业创新绩效的影响，其结果如表11-3中的回归（1）和（2）所示。从中可以看出，OLS和Tobit模型边际效应给出的估计结果基本一致：在四种创新投入中，用于内部研发、获取机器设备和软件的创新费用显著地促进了企业的创新产出，其中，内部研发的创新产出弹性和显著水平最大，而用于外部研发和获取相关外部技术的创新费用没有显著提高企业的创新产出。这意味着上海工业企业已经通过机器、设备和软件的购买累积起了创新能力，并使自主研发成为决定企业创新产出的最主要因素。假说 11-1 (2) 得以验证。内部研发以及获取的机器、设备以及软件可以有效地促进上海工业企业创新,这也符合长三角企业"两头在外"的加工贸易生产模式。大陆企业上海子公司的创新绩效显著高于上海本地公司,但海外企业上海子公司的创新绩效则与上海本地公司无显著差异,因而同样支持了假说 11-3 的观点。

表 11-3 不同创新投入类型及其费用来源对企业创新绩效的影响

变量	(1) OLS	(2) Tobit	(3) OLS	(4) Tobit
	人均新产品销售收入			
创新投入类型				
内部研发	0.389***	0.407***		
	(0.045)	(0.049)		
外部研发	0.016	0.009		
	(0.035)	(0.035)		
获取机器、设备和软件	0.145***	0.145***		
	(0.027)	(0.028)		
获取相关外部技术	0.063*	0.056		
	(0.037)	(0.037)		
创新费用来源				
政府资金			0.033	0.029
			(0.041)	(0.040)
税收减免			0.132***	0.129***
			(0.034)	(0.033)
企业资金			0.358***	0.366***
			(0.045)	(0.050)
金融机构贷款			0.165***	0.166***
			(0.046)	(0.045)
吸引风险投资			0.008	0.037
			(0.086)	(0.085)
国外资金			0.218*	0.232*
			(0.123)	(0.121)

续表

变量	(1) OLS	(2) Tobit	(3) OLS	(4) Tobit
	人均新产品销售收入			
大陆企业子公司	0.708***	0.699***	0.787***	0.769***
	(0.233)	(0.238)	(0.239)	(0.242)
海外企业子公司	-0.334	-0.356	-0.333	-0.358
	(0.421)	(0.432)	(0.432)	(0.441)
常数项	4.350***	—	3.730***	—
	(0.742)	—	(0.765)	—
企业数	1521	1521	1521	1521
R平方	0.200		0.176	

注：回归（1）和（3）的括号中的值为稳健性标准误；*、**、*** 分别表示10%、5%和1%的显著水平；创新产出和创新费用均取对数；回归（2）和（4）为基于稳健性Tobit结果的边际效应，括号中的值为边际效应的标准误；控制变量与表2相同。

三　不同创新投入费用来源的创新绩效差异

表11-3中的回归（3）和（4）则报告了创新投入费用的不同来源对工业企业创新绩效的影响。同样，在OLS估计和Tobit模型边际效应下，不同创新费用来源的估计系数大小及其显著性水平基本一致：在六种主要创新投入费用来源中，来自减免税、企业资金、金融机构贷款以及国外资金等渠道的创新费用至少在10%的显著水平上提高了工业企业的创新产出；其中，来自企业资金的创新费用对企业创新产出的影响最大，投入产出弹性为0.36左右，随后依次是国外资金、金融机构贷款和减免税，投入产出弹性均超过0.1。来自政府资金以及来自风险投资的创新费用与创新产出之间并没有显著关系。

这些结果基本验证了假说11-2关于不同创新投入来源效应的判断：直接进入企业盈亏核算从而具有硬预算约束的创新费用来源更有助于促进企业创新，而政府直接提供给企业的创新资金，由于缺乏有效的监督和考核机制，以及由于创新结果的不确定性，无法有效地促进企业创新。值得注意的是，政府对创新减免税收相当于创新投入来自企业内部，因而有效地弱化了政府创新资金与生俱来的激励扭曲效应。最后，来自国外的创新费用与企业创新产出绩效之间的正向关系意味着外资对上海工业企业的创新具有正的溢出效应。

四 稳健性分析

在稳健性分析中，我们首先采用人均新产品产值代替人均新产品销售收入来度量创新产出绩效，基于 Tobit 模型得到的边际效应结果如表 11-4 中的回归（1）-（3）所示。该结果与表 11-2 和表 11-3 基本一致，进一步验证了本章第二部分给出的 3 个假说：创新投入总体上与以产值度量的创新产出显著正相关，且其弹性为 0.682，低于表 11-2 中报告的弹性；与本地公司比较，大陆企业子公司的创新绩效更好，而海外企业子公司的弹性则没有显著差别；除外部研发外，其他类型的创新投入与创新产出至少在 10% 的显著水平上正相关，但估计系数都稍小于表 11-3 中的结果；各种创新费用来源对创新产出的影响情况也与表 11-3 一致，政府直接的创新补贴和风投资金对创新产出没有显著影响。

考虑到创新投入转化为产出存在滞后效应（朱平芳、徐伟民，2005），以及可能存在的遗漏与创新投入相关的解释变量而引发的内生性问题，我们先把 2005 年的创新费用加入计量模型中，以观察 2005 年创新投入对 2006 年创新产出的影响；然后在假定随机扰动项 e_i 与 2005 年创新投入费用不相关时，把 2005 年的创新费用作为 2006 年创新费用的工具变量，以观察是否影响企业的创新投入与产出关系。根据表 11-4 中回归（4）可知：2005 年的创新费用对 2006 年创新产出绩效的影响要远远小于 2006 年的创新费用；控制 2005 年创新费用后，2006 年创新投入的估计系数会变小；大陆企业子公司的创新投入产出弹性比本地公司高 0.194，而海外企业子公司则没有显著差别。采用 2005 年创新费用作为工具变量时，创新投入产出弹性会增至 1.292。综合所述，前文关于工业企业创新的三个假说仍成立。

表 11-4　　稳健性分析

变量	(1)	(2)	(3)	(4)	(5)
	人均新产品产值			人均新产品销售收入	
人均创新费用	0.682*** (0.106)			0.651*** (0.131)	1.292*** (0.189)
人均创新费用（2005）					0.167*** (0.050)
大陆企业子公司×人均创新费用	0.199** (0.081)			0.194** (0.096)	
海外企业子公司×人均创新费用	-0.048 (0.152)			-0.104 (0.186)	
内部研发		0.396*** (0.050)			
外部研发		-0.001 (0.035)			
获取机器、设备和软件		0.134*** (0.028)			
获取外部相关技术		0.062* (0.037)			
政府资金			0.022 (0.040)		
减免税			0.134*** (0.033)		
企业资金			0.354*** (0.050)		
金融机构贷款			0.143*** (0.047)		
风险投资			0.060 (0.079)		
外国资金			0.217* (0.119)		
企业数	1521	1521	1521	1521	1521

注：括号中的值为标准误；*，**，***分别表示10%、5%和1%的显著水平；创新产出和各种创新费用均取对数；所有回归中控制变量与表11-2相同；本表为稳健性 Tobit 模型的边际效应结果；回归（5）中用2005年的人均创新费用作为2006年人均创新费用的工具变量。

第五节 研究结论与政策建议

本章基于已有文献和中国的开放和转型双重背景，提出三个关于工业企业创新绩效的研究假说，并采用上海工业企业创新调研数据对其进行实证检验。研究结果表明：（1）上海工业企业的创新投入产出弹性大大超过了0.7，远远高于采用企业产值作为创新产出指标时的已有估计（如朱有为、徐康宁，2006；周亚虹等，2012）。（2）海外企业上海子公司的创新绩效并没有像大陆企业上海子公司那样显著高于上海本地公司。原因是，由国内外企业在上海成立子公司的目的不同而导致的母公司对子公司创新溢出和替代效应的差异。（3）在各类创新投入中，内部研发费用和用于获取机器设备以及软件的费用，相对于外部研发费用，显著促进了工业企业的创新，而且内部研发对企业创新的促进作用最显著。这印证了中国沿海工业企业在加工贸易背景下的"干中学"式创新模式。（4）在各种创新费用来源中，来自企业资金、金融机构贷款、国外资金以及减免税的创新费用促进了企业的创新；但是，直接来自政府资金的创新费用没有促进企业创新。这些结论在采取其他创新产出指标时仍然成立。

本章的研究结论意味着，尽管创新投入总体上有助于提高工业企业的创新产出，但是，不同类型和不同来源的创新费用来源并非都能有效地促进企业创新。基于此，我们提出如下政策建议：

（1）在创新投入类型的选择上，工业企业应优先选择内部研发，其次选择购买内化先进技术的机器、设备和软件，避免采用外部研发。创新的商业秘密性质和企业专有性特征必然会要求工业企业尽量选择内部研发，或者选择可以绕开外部创新不利影响的创新投入方式，如购买内化先进技术的机器、设备或者软件，然后基于"干中学"逐步过渡到自主创新上来。

（2）工业企业在创新资金来源选择上尽量使用具有"硬预算约束"特征的融资渠道，如企业内部自有资金或者金融机构贷款。尽管在缺乏内部资金支持创新时，外部创新资金可以缓解企业创新的融资约束，但是，创新的高风险特质和由外部资金带来的潜在利益冲突将降低不具硬预算约束特征的创新资金的使用效率、企业持续创新的能力和创新成功的概率。

（3）从提高创新绩效的角度看，工业企业应该选择在那些汇集大量创新要素的城市成立子公司。大城市相对于中小城市以其发达的生活服务设施而更能吸引各类人才的汇聚。由于创新活动的高人力资本和集聚效应特征，工业企业如想获得更好的创新绩效，必须选择在那些人力资本丰富的大城市建立子公司，以靠近创新要素，提高企业创新绩效。正如本章的研究结论所示，大陆企业在上海的子公司取得了更好的创新绩效。

（4）各级政府在创新扶持政策上要优先采用税收减免政策，避免对工业企业创新进行直接的补贴和资金投入。对工业企业创新进行直接的资金补贴是当前各级政府普遍采用的创新扶持政策。但是，正如本章分析所示，直接的资金补贴存在巨大的激励扭曲效应，从而降低政府创新资金的使用效率。对创新进行税收减免则类似于用企业利用内部资金进行创新，有助于抑制直接资金补贴的激励扭曲，从而具有更好的创新促进效果。

（5）各级政府应该慎重选择通过引进外资企业的方式来促进本土创新。固然 FDI 已被证明对本土企业存在诸种溢出效应，但是本章的研究表明，由于存在创新替代效应，跨国公司在上海的子公司并没有表现出更好的创新绩效。这与吴延兵（2014）的发现一致，外资在海外往往采取"资产开拓战略"，把研发和创新活动集中于母公司，导致其海外子公司并不具备持续的创新能力。因此，地方政府应转变借助 FDI 或者跨国公司来促进本土创新的观念，转而专注于营建内外资间公平的创新扶持政策与环境。

参考文献

第1章

Harrison, A., andRodriguez-Clare, A. (2009). Trade, Foreign Investment, and Industrial Policy for Developing Countries. NBER Working Paper No. 15261.

Momaya, K., & Ajitabh, A. (2005). Technology management and competitiveness: is there any relationship?. *International Journal of Technology Transfer and Commercialisation*, 4 (4), 518 – 524.

Osaka, T. (2002). Regional economic development: comparative case studies in the US and Finland. IEEE International Engineering Management Conference (IEMC 2002). Cambridge, UK, 2, 635 – 642.

Porter M. (2002). Conditions of the formation of high-tech industries clusters. The Third International Conference on Management of Innovation and Technology (ICMIT 2002), Hangzhou, 127 – 131.

冯飞:《发展战略性新兴产业应以五大问题为抓手》,《中国经济时报》2010年4月8日。

辜胜阻、李正友:《创新与高技术产业化》,武汉大学出版社2001年版。

韩小明:《从工业经济到知识经济:我国发展高新技术产业的战略选择》,《中国人民大学学报》2000年第3期。

剧锦文:《战略性新兴产业的发展"变量":政府与市场分工》,《改革》2011年第4期。

厉以宁:《让信息化带动工业化,而不是代替工业化》,《中国制造业信息化》2005年第7期。

林毅夫:《新结构经济学——重构发展经济学的框架》,《经济学(季刊)》2010年第10卷第1期。

田杰棠:《地方政府发展战略性新兴产业应注意的几个问题》,《发展研究》2011年第7期。

吴敬琏:《未来五年中国宏观经济态势和展望》,《人民论坛》2011年10月29日。

小宫隆太郎等编:《日本产业政策》,国际文化出版公司1988年版。

熊勇清、李世才:《战略性新兴产业与传统产业的良性互动发展》,《科技进步与对策》2011年第3期。

熊勇清、李世才:《战略性新兴产业与传统产业耦合发展研究》,《财经问题研究》2010年第10期。

于斌斌:《传统产业与战略性新兴产业融合发展的政府行为》,《绍兴日报》2011年10月10日。

第2章

Anna-Greta Nystrom, 2005, "Industrial Convergence and Business Networks in the Telecommunications Sector: A Theoretical Approach", *In Proceedings from the 21st IMP. Conference*, Rotterdam, September 1 – 3rd.

Bröring, S., Martin Cloutier, L., & Leker, J. (2006). The front end of innovation in an era of industry convergence: evidence from nutraceuticals and functional foods. *R&D Management*, 36 (5), 487 – 498.

Curran, C. S., Niedergassel, B., Picker, S., & Leker, J. (2009). Project leadership skills in cooperative projects. *Management Research News*, 32 (5), 458 – 468.

European Commission, 1997, "Green Paper on the Convergence of the Telecommunications, Media and Information Technology Sectors and the Implications for Regulation towards an Information Society Approach", *Brussels: European Commission.*

Gambardella, A., & Torrisi, S. (1998). *Does technological convergence imply convergence in markets? Evidence from the electronics industry.* Research policy, 27 (5), 445 – 463.

Gambardella, A., & Torrisi, S. (1998). *Does technological convergence imply convergence in markets? Evidence from the electronics industry.* Research policy, 27 (5), 445 – 463.

Greenstein S, Khanna T. (1997). *What does industry convergence mean? In Competing in the Age of Digital Convergence. Yoffie D. (ed.). Harvard Business School Press: Boston.*

Katz, M. L. & Shapiro, C. (1985). Network Externalities, Competition, and Compatibility, *American Economic Review*, 75 (3), 424 – 440.

Porter, Michael E. (1985). Competitive Advantage, *New York: Free Press.*

Rosenberg, N. (1963). Technological change in the machine tool industry, 1840—1910. *The Journal of Economic History*, 23 (04), 414 – 443.

Wirtz, B. W. (2001). Reconfiguration of value chains in converging media and communications markets. *Long Range Planning,* 34 (4), 489 – 506.

Yoffie, D. B. (1996). Competing in the age of digital convergence. *California Management Review*, 38 (4), 31 – 53.

陈亮:《互联网与传统产业:融合与竞争的统一》,《人民网》,2014年4月3日,网址: http://media.people.com.cn/n/2014/0403/c40606 - 24811980.html。

韩顺法、李向民:《基于产业融合的产业类型演变及划分研究》,

《中国工业经济》2009年第12期。

胡汉辉、邢华：《产业融合理论以及对我国发展信息产业的启示》，《中国工业经济》2003年第2期。

李海舰、田跃新、李文杰：《互联网思维与传统企业再造》，《中国工业经济》2014年第10期。

厉无畏、王振：《中国产业发展前沿问题》，上海人民出版社2003年版。

梁伟军、易法海：《农业与生物产业技术融合发展的实证研究——基于上市公司的授予专利分析》，《生态经济》2009年第11期。

罗珉、李亮宇：《互联网时代的商业模式创新：价值创造视角》，《中国工业经济》2015年第1期。

马健：《产业融合理论研究评述》，《经济学动态》2002年第5期。

马健：《信息产业融合与产业结构升级》，《产业经济研究》2003年第2期。

麦肯锡全球研究院：《中国的数字化转型：互联网对生产力和增长的影响》2014年7月，参见http：//i.aliresearch.com/img/20140813/20140813110440.pdf。

孙军、高彦彦：《产业结构演变的逻辑及其比较优势——基于传统产业升级与战略性新兴产业互动的视角》，《经济学动态》2012年第7期。

王建伟：《互联网与工业融合创新》，《中国信息化》2014年第9期。

乌家培：《关于中国信息化道路几个问题的探讨》，《经济研究》1995年第6期。

乌家培：《正确处理信息化与工业化的关系》，《经济研究》1993年第12期。

吴敬琏：《中国应当走一条什么样的工业化道路？》，《管理世界》

2006年第8期。

谢康、肖静华、周先波、乌家培：《中国工业化与信息化融合质量：理论与实证》，《经济研究》2012年第1期。

徐盈之、孙剑：《信息产业与制造业的融合——基于绩效分析的研究》，《中国工业经济》2009年第7期。

杨蕙馨、李峰、吴炜峰：《互联网条件下企业边界及其战略选择》，《中国工业经济》2008年第11期。

植草益：《信息通讯业的产业融合》，《中国工业经济》2001年第2期。

中国互联网信息中心：《中国互联网络发展状况统计报告》2014年7月，参见http://www.cnnic.net.cn/hlwfzyj/hlwxzbg/hlwtjbg/201407/P020140721507223212132.pdf。

周叔莲：《推进信息化与工业化融合意义重大》，《人民日报》2008年6月2日理论版。

周振华：《产业融合：产业发展及经济增长的新动力》，《中国工业经济》2003年第3期。

周振华：《新产业分类：内容产业、位置产业与物质产业》，《上海经济研究》2003年第4期。

第3章

Böckem, S. (1994). A generalized model of horizontal product differentiation. *The Journal of Industrial Economics*, 42 (3), 287 – 298.

d'Aspremont, C., Gabszewicz, J. J., & Thisse, J. F. (1979). On Hotelling's "Stability in Competition". *Econometrica: Journal of the Econometric Society*, 47 (5), 1145 – 1150.

Farrell, J., & Saloner, G. (1985). Standardization, compatibility, and innovation. *The RAND Journal of Economics*, 16 (1), 70 – 83.

Farrell, J., & Saloner, G. (1986). Installed base and compatibility: Innovation, product preannouncements, and predation. *The American economic review*, 76 (5), 940 - 955.

Katz, M. L. & Shapiro, C. (1985). Network Externalities, Competition, and Compatibility, *American Economic Review*, 75 (3), 424 - 440.

Katz, M. L., & Shapiro, C. (1986). Technology adoption in the presence of network externalities. *The Journal of political economy*, 94 (4), 822 - 841.

史忠良、刘劲松：《互联网经济环境下产业结构演进探析》，《中国工业经济》2002 年第 7 期。

汪淼军、励斌：《网络外部性、竞争和产品差异化》，《经济学（季刊）》2003 年第 2 期。

王国才、陶鹏德：《网络外部性存在下的产品差异化竞争与价格歧视策略》，《系统管理科学》2007 年第 2 期。

徐兵、朱道立：《具有网络外部性的扩展 Hotelling 模型》，《管理科学学报》2007 年第 2 期。

张地生、陈宏民：《网络效应与产品差异化》，《预测》2000 年第 4 期。

张小宁、赵剑波：《新工业革命背景下的平台战略与创新——海尔平台战略案例研究》，《科学学与科学技术管理》2015 年第 1 期。

朱乾龙、钱书法：《基于互联网经济的技术创新与市场结构分析》，《产业经济研究》2009 年第 1 期。

第 4 章

Armstrong, M., & Wright, J. (2007). Two-sided markets, competitive bottlenecks and exclusive contracts. Economic Theory, 32 (2), 353 - 380.

Joines, J. L., Scherer, C. W., & Scheufele, D. A. (2003). Exploring motivations for consumer Web use and their implications for e-commerce. Journal of consumer marketing, 20 (2), 90 - 108.

Keller, K. L. (1993). Conceptualizing, measuring, and managing customer-based brand equity. the Journal of Marketing, 1 – 22.

Lee, H. G., & Clark, T. H. (1996). Impacts of the electronic marketplace on transaction cost and market structure. International Journal of Electronic Commerce, 127 – 149.

Lee, M. K., & Turban, E. (2001). A trust model for consumer internet shopping. International Journal of electronic commerce, 6 (1), 75 – 91.

Liu, X., & Wei, K. K. (2003). An empirical study of product differences in consumers' E-commerce adoption behavior. Electronic Commerce Research and Applications, 2 (3), 229 – 239.

Rochet, J and Tirole, J. (2003). Platform Competition in Two-sided Markets. Journal of European Economic Association, 1 (4), 990 – 1029.

Rochet, J. C., & Tirole, J. (2006). Two - sided markets: a progress report. The RAND Journal of Economics, 37 (3), 645 – 667.

Stafford, T. F., Turan, A., & Raisinghani, M. S. (2004). International and cross-cultural influences on online shopping behavior. Journal of Global Information Technology Management, 7 (2), 70 – 87.

程雯：《我国中小企业 B2C 网络营销策略研究》，硕士学位论文，南昌大学，2009 年。

蒋熙敏、黄京华、王晖：《电子商务系统评价模型及其应用》，《清华大学学报》（自然科学版）2006 年第 S1 期。

刘烨：《中国消费者在不同平台上的购物动机与购物行为研究》，硕士学位论文，清华大学，2012 年。

缪姝云：《促销活动对消费者购买意愿的影响研究》，硕士学位论文，江西财经大学，2013 年。

齐元：《淘宝网 Ivy 皇冠店铺的竞争战略研究》，硕士学位论文，华南理工大学，2013 年。

王碧芳：《C2C 交易中卖家信誉对顾客购买意愿的影响机制研

究》，硕士学位论文，浙江工商大学，2013年。

徐青、胡炜、黄珅炜、张武科、王佳炯、胡林枫：《网络卖家信誉对成交价格影响的实证研究——基于淘宝面板数据挖掘》，《第七届（2012）中国管理学年会信息管理分会场论文集（选编）》2012年。

薛伟贤、冯宗宪、陈爱娟：《寡头市场的博弈分析》，《系统工程理论与实践》2002年第11期。

第5章

Adams, C. P. (2007). Estimating demand from eBay prices. International Journal of Industrial Organization, 25 (6), 1213 – 1232.

Anwar, S., McMillan, R. & Zheng, M. (2006). Bidding behavior in competing auctions: Evidence from eBay. European Economic Review, 50 (2), 307 – 322.

Ariely, D. & Simonson, I. (2003). Buying, Bidding, Playing, or Competing? Value Assessment and Decision Dynamics in Online Auctions. Journal of Consumer Psychology, 13 (1 – 2), 113 – 123.

Bajari, P. & Hortaçsu, A. (2003). The Winner's Curse, Reserve Prices, and Endogenous Entry: Empirical Insights from eBay Auctions. The RAND Journal of Economics, 34 (2), 329 – 355.

Cabral, L. & Hortacsu, A. (2010). The Dynamics of Seller's Reputation: Evidence from eBay. The Journal of Industrial Economics, 58 (1), 54 – 78.

Chakraborty, I. & Kosmopoulou, G. (2004). Auctions with shill bidding. Economic Theory, 24 (2), 271 – 287.

Davino, C., Furno, M. andVistocco, D. (2014). Quantile regression: theory and applications. John Wiley & Sons, Ltd.

Dewally, M. & Ederington, L. (2006). Reputation, Certification, Warranties, and Information as Remedies for Seller - Buyer Information Asymmetries: Lessons from the Online Comic Book Market. The Journal of

Business, 79 (2), 693 -729.

Dewally, M. & Ederington, L. H. (2004). What Attracts Bidders to Online Auctions and What is Their Incremental Price Impact? Available at SSRN 589861.

Dewan, S. & Hsu, V. (2004). Adverse Selection in Electronic Markets: Evidence from Online Stamp Auctions. Journal of Industrial Economics, 52 (4), 497 -516.

Dulaney, E. A. & Wiese, M. D. (2011). Factors contributing to the final selling price of auctioned gift cards. Journal of Internet Commerce, 10, 163 -192.

Easley, R. F., Wood, C. A. & Barkataki, S. (2010). Bidding Patterns, Experience, and Avoiding the Winner's Curse in Online Auctions. Journal of Management Information Systems, 27 (3), 241 -268.

Garratt, R. J., Walker, M. & Wooders, J. (2011). Behavior in second-price auctions by highly experienced eBay buyers and sellers. Experimental Economics, 15 (1), 44 -57.

Goeree, J. K. & Offerman, T. (2003). Competitive Bidding in Auctions with Private and Common Values. The Economic Journal, 113 (489), 598 -613.

Goes, P., Tu, Y. & Tung, Y. A. (2013). Seller heterogeneity in electronic marketplaces: A study of new and experienced sellers in eBay. Decision Support Systems, 56, 247 -258.

Gonzalez, R., Hasker, K. & Sickles, R. C. (2009). An Analysis of Strategic Behavior in eBay Auctions. The Singapore Economic Review, 54 (03), 441 -472.

Hossain, T. (2008). Learning by bidding. The RAND Journal of Economics, 39 (2), 509 -529.

Houser, D. & Wooders, J. (2006). Reputation in Auctions: Theory, and Evidence from eBay. Journal of Economics & Management Strategy,

15 (2), 353 – 369.

Jin, G. Z. & Kato, A. (2006). Price, quality, and reputation: evidence from an online field experiment. The RAND Journal of Economics, 37 (4), 983 – 1005.

Jones, M. T. (2011). Bidding fever in eBay auctions of Amazon. com gift certificates. Economics Letters, 113 (1), 5 – 7.

Katkar, R. & Reiley, D. H. (2007). Public versus Secret Reserve Prices in eBay Auctions: Results from a Pokémon Field Experiment. The B. E. Journal of Economic Analysis & Policy, 6 (2).

Kauffman R J, Wood C A. (2006). Doing their bidding: An empirical examination of factors that affect a buyer's utility in Internet auctions. Information Technology and Management, 7 (3), 171 – 190.

Kauffman, R. J. & Wood, C. A. (2005). The effects of shilling on final bid prices in online auctions. Electronic Commerce Research and Applications, 4 (1), 21 – 34.

Kostandini, G. et al. (2011). Does buyer experience pay off? Evidence from eBay. Review of Industrial Organization, 39 (3), 253 – 265.

Lewis, G. (2011). Asymmetric Information, Adverse Selection and Online Disclosure: The Case of eBay Motors. American Economic Review, 101 (4), 1535 – 1546.

Livingston, J. A. (2005). How Valuable Is a Good Reputation? A Sample Selection Model of Internet Auctions. Review of Economics and Statistics, 87 (3), 453 – 465.

Lucking-Reiley, D. et al. (2007). Pennies from EBay: The Determinants of Price in Online Auctions. Journal of Industrial Economics, 55 (2), 223 – 233.

MacKinnon, James G. and White, Halbert. (1985). Some heteroskedasticity-consistent covariance matrix estimators with improved finite sample properties. Journal of Econometrics, 29 (3), 305 – 325.

Malmendier, U. & Lee, Y. H. (2011). The Bidder's Curse. American Economic Review, 101 (2), 749 - 787.

Milgrom, P. R. & Weber, R. J. (1982). A Theory of Auctions and Competitive Bidding. Econometrica, 50 (5), p. 1089 - 1122.

Myerson, R. B. (1981). Optimal Auction Design. Mathematics of Operations Research, 6 (1), 58 - 73.

Onur, I. & Velamuri, M. (2014). Competition, endogeneity and the winning bid: An empirical analysis of eBay auctions. Information Economics and Policy, 26, 68 - 74.

Popkowski Leszczyc, P. T. L. , Qiu, C. & He, Y. (2009). Empirical Testing of the Reference-Price Effect of Buy-Now Prices in Internet Auctions. Journal of Retailing, 85 (2), 211 - 221.

Pownall, R. A. J. & Wolk, L. (2013). Bidding behavior and experience in internet auctions. European Economic Review, 61, 14 - 27.

Przepiorka, W. (2013). Buyers pay for and sellers invest in a good reputation: More evidence from eBay. The Journal of Socio-Economics, 42, 31 - 42.

Resnick, P. et al. (2006). The value of reputation on eBay: A controlled experiment. Experimental Economics, 9 (2), 79 - 101.

Riley, J. G. & Samuelson, W. F. (1981). Optimal Auctions. The American Economic Review, 71 (3), 381 - 392.

Roth, A. E. & Ockenfels, A. (2002). Last-Minute Bidding and the Rules for Ending Second-Price Auctions: Evidence from eBay and Amazon Auctions on the Internet. American Economic Review, 92 (4), 1093 - 1103.

Simonsohn, U. & Ariely, D. (2008). When Rational Sellers Face Nonrational Buyers: Evidence from Herding on eBay. Management Science, 54 (9), 1624 - 1637.

Trautmann, S. T. & Traxler, C. (2010). Reserve prices as reference points – Evidence from auctions for football players at Hattrick. org. Journal of Economic Psychology, 31 (2), 230 – 240.

Van Der Heide, B., Johnson, B. K. & Vang, M. H. (2013). The effects of product photographs and reputation systems on consumer behavior and product cost on eBay. Computers in Human Behavior, 29 (3), 570 – 576.

Wang, D., Liu, X. & Liu, L. (2013). Bid evaluation behavior in online procurement auctions involving technical and business experts. Electronic Commerce Research and Applications, 12 (5), 328 – 336.

Wintr, L. (2008). Some evidence on late bidding in eBay auctions. Economic Inquiry, 46 (3), 269 – 379.

Zhang, J. (2006). The roles of players and reputation: Evidence from eBay online auctions. Decision Support Systems, 42 (3), 1800 – 1818.

Zhou, M. (2012). Reference price effect and its implications for decision making in online auctions: An empirical study. Decision Support Systems, 54 (1), 381 – 389.

褚荣伟、拱晓波:《网络拍卖市场中成交价格的决定因素研究》,《中大管理研究》2007 年第 2 卷第 1 期。

孙丽丽、葛虹、冯玉强:《在线拍卖成交价格影响因素的实证研究——以淘宝网现代翡翠手镯拍卖数据为例》,《信息系统学报》2010 年第 1 期。

周黎安、张维迎、顾全林、沈懿:《信誉的价值:以网上拍卖交易为例》,《经济研究》2006 年第 12 期。

第 6 章

Berger, S. and Gleisner, F. (2009). Emergence of Financial Intermediaries in Electronic Markets: The Case of Online P2P Lending. BuR Business Research Journal, 2 (1), 39 – 65.

Chen, N. , Ghosh, A. , & Lambert, N. S. (2014). Auctions for social lending: A theoretical analysis. *Games and Economic Behavior*, 86 (2), 367 - 391.

Diamond, D. W. (1984). Financial intermediation and delegated monitoring. *The Review of Economic Studies*, 51 (3), 393 - 414.

Diamond, D. W. (1991). Monitoring and reputation: The choice between bank loans and directly placed debt. *Journal of political Economy*, 99 (4), 689 - 721.

Duarte, J. , Siegel, S. , & Young, L. (2012). Trust and credit: the role of appearance in peer-to-peer lending. *Review of Financial Studies*, 25 (8), 2455 - 2484.

Emekter, R. , Tu, Y. , Jirasakuldech, B. , & Lu, M. (2015). Evaluating credit risk and loan performance in online Peer-to-Peer (P2P) lending. *Applied Economics*, 47 (1), 54 - 70.

Freedman, S. andJin, G. Z. (2008). Do Social Networks Solve Information Problems for Peer-to-Peer Lending? Evidence from Prosper. com. NET Institute Working Paper, No. 08 - 43.

Herzenstein, M. , Dholakia, U. M. , & Andrews, R. L. (2011). Strategic herding behavior in peer-to-peer loan auctions. *Journal of Interactive Marketing*, 25 (1), 27 - 36.

Herzenstein, M. , Sonenshein, S. , & Dholakia, U. M. (2011). Tell me a good story and I may lend you money: the role of narratives in peer-to-peer lending decisions. *Journal of Marketing Research*, 48 (SPL), S138 - S149.

Lee, E. , & Lee, B. (2012). Herding behavior in online P2P lending: An empirical investigation. *Electronic Commerce Research and Applications*, 11 (5), 495 - 503.

Lin, M. , Prabhala, N. R. , & Viswanathan, S. (2013). Judging borrowers by the company they keep: friendship networks and information asymmetry in online peer-to-peer lending. *Management Science*, 59 (1), 17–35.

Michels, J. (2012). Do unverifiable disclosures matter? Evidence from peer-to-peer lending. *The Accounting Review*, 87 (4), 1385–1413.

Spence, M. (1973). Job market signaling. *The quarterly journal of Economics*, 87 (3), 355–374.

Stiglitz, J. E., & Weiss, A. (1981). Credit rationing in markets with imperfect information. *The American economic review*, 74 (1), 393–410.

Yang, X. (2014). The role of photographs in online peer-to-peer lending behavior. *Social Behavior and Personality: an international journal*, 42 (3), 445–452.

李悦雷、郭阳、张维：《中国P2P小额贷款市场借贷成功率影响因素分析》，《金融研究》2013年第7期。

廖理、李梦然、王正位：《聪明的投资者：非完全市场化利率与风险识别——来自P2P网络借贷的证据》，《经济研究》2014年第7期。

廖理、李梦然、王正位、贺裴菲：《观察中学习：P2P网络投资中信息传递与羊群行为》，《清华大学学报》（哲学社会科学版）2015年第1期。

网贷之家、盈灿咨询：《2015年中国网络借贷行业半年报》，网贷之家网站2015-17-8，2015。网址：http://www.wangdaizhijia.com/news/baogao/20950-2.html。

伍德里奇：《横截面与面板数据的经济计量分析》，中国人民大学出版社2007年版。

谢平、邹传伟、刘海二：《互联网金融模式研究》，《金融研究》2012年第1期。

易观智库：《中国P2P网贷市场趋势预测2014—2017》，易观智库2015-02-04，2015。网址：http://www.analysys.cn/yjgd/7469.shtml。

第7章

Emekter, R., Tu, Y., Jirasakuldech, B., & Lu, M. (2015). Evaluating credit risk and loan performance in online Peer-to-Peer (P2P) lending. *Applied Economics*, 47 (1), 54 – 70.

Freedman, S. andJin, G. Z. (2008). Do Social Networks Solve Information Problems for Peer-to-Peer Lending? Evidence from Prosper. com. NET Institute Working Paper, No. 08 – 43.

Herrero-Lopez, S. (2009). Social Interwtions in P2P lending, Work shep on Social Network Mining & Amalysis, 54 (33).

Herzenstein, M., Andrews, R., Dholakia, u. and Lyandres, E. (2008). The Democratization of Personal Consumer Loans? Determinants of Success in Online Peer-to-Peer Leding Communities SSRN Working paper. No. 1147856.

Klafft, M. (2008, March). Peer to peer lending: auctioning microcredits over the internet. In*Proceedings of the International Conference on Information Systems, Technology and Management*, A. Agarwal, R. Khurana, eds. , IMT, Dubai.

Pope, D. G., & Sydnor, J. R. (2011). What's in a Picture? Evidence of Discrimination from Prosper. com. *Journal of Human Resources*, 46 (1), 53 – 92.

Puro, L., Teich, J. E., Wallenius, H., & Wallenius, J. (2010). Borrower decision aid for people-to-people lending. *Decision Support Systems*, 49 (1), 52 – 60.

陈建中、宁欣：《P2P网络借贷中个人信息对借贷成功率影响的实证研究——以人人贷为例》，《财务与金融》2013年第6期。

胡宏辉：《影响P2P借贷成功率的借款人信息要素研究》，《金融法苑》2014年第2期。

李文佳：《基于P2P借贷网站的借贷行为影响因素分析》，硕士学位论文，对外经济贸易大学，2011年。

李悦雷、郭阳、张维：《中国P2P小额贷款市场借贷成功率影响因素分析》，《金融研究》2013年第7期。

宋文：《P2P网络借贷行为的实证研究》，硕士学位论文，上海交通大学，2013年。

武小娟：《互联网金融背景下P2P市场借贷研究》，硕士学位论文，西安电子科技大学，2014年。

第8章

Kaplan, R. S. and D. P. Norton. (1992). The balanced scorecard: measures that drive performance. Harvard Business Review, Feb., 71–79.

OECD. (2012). *OECD Internet Economy Outlook* 2012. Paris: OECD.

Rayport, J. F., & Sviokla, J. J. (1995). Exploiting the virtual value chain. *Harvard business review*, 73 (6), 75–85.

Stevens, G. C. (1989). Integrating the supply chain. *International Journal of Physical Distribution & Materials Management*, 19 (8), 3–8.

艾瑞咨询集团：《中国B2C在线零售商Top50研究报告简版2014年》，参见：http://report.iresearch.cn/2219.html#, 2014。

陈佳贵、罗仲伟：《互联网经济对现代企业的影响》，《中国工业经济》2001年第1期。

范玉贞：《我国电子商务发展对经济增长作用的实证研究》，硕士学位论文，上海师范大学，2010年。

国家统计局、国家计委和国家经贸委：《工业企业综合评价指标体系》，《经济工作通讯》1996年第17期。

黄岚：《企业绩效评价体系研究》，硕士学位论文，厦门大学，2002年。

蒋德鹏、盛昭瀚：《互联网经济效应评价模型及其应用》，《南京社会科学》2001年第7期。

刘瑞明、石磊：《国有企业的双重效率损失与经济增长》，《经济研究》2010年第1期。

马晓苗：《基于价值链的电子商务模式研究》，硕士学位论文，吉林大学，2005年。

谭顺：《互联网经济对中国经济影响的实证分析》，《山东社会科学》2005年第1期。

魏志成：《辽宁省工业企业绩效评估研究》，硕士学位，东北财经大学，2010年。

乌家培：《互联网经济及其对经济理论的影响》，《学术研究》2000第1期。

薛伟贤、冯宗宪、王健庆：《中国互联网经济水平测度指标体系设计》，《中国软科学》2004年第8期。

杨坚争、周涛、李庆子：《电子商务对经济增长作用的实证研究》，《世界经济研究》2011年第10期。

张鹏利：《基于产业链的电子商务研究》，硕士学位论文，江南大学，2008年。

张蕊：《中国互联网经济发展水平测度》，《经济理论与经济管理》2001年第9期。

第9章

Delfmann, W., Albers, S., & Gehring, M. (2002). The impact of electronic commerce on logistics service providers. *International Journal of Physical Distribution & Logistics Management*, 32 (3), 203 – 222.

Hesse, M. (2002). Shipping news: the implications of electronic commerce for logistics and freight transport. *Resources, Conservation and Recycling*, 36 (3), 211 – 240.

Rutner, S. M., Gibson, B. J., & Williams, S. R. (2003). The impacts of the integrated logistics systems on electronic commerce and enterprise resource planning systems. *Transportation Research Part E: Logistics and Transportation Review*, 39 (2), 83 – 93.

Smith, M. D., Bailey, J. andBrynjolfsson, E. (2000). Understanding Digital Markets: Review and Assessment. In: Erik Brynjolfsson and Brian Kahin. Eds. *Understanding the Digital Economy*, MIT Press.

Timmers, P. (1998). Business models for electronic markets. *Electronic markets*, 8 (2), 3-8.

曹小华:《中国物流业市场绩效实证研究》,博士学位论文,北京交通大学,2012年。

许勤:《互联网经济背景下物流企业发展趋势及建议》,《人民论坛》(中旬刊)2013年第12期。

曾玉霞:《互联网时代下的物流行业发展模式探讨》,《物流科技》2009年第2期。

中国电子商务研究中心:《1997—2009,中国电子商务十二年发展调查》,2009,参见http://www.100ec.cn/zt/1997/。

中国物流与采购联合会编:《中国物流年鉴2013》,中国财富出版社2013年版。

周雪梅:《电子商务物流模式研究》,硕士学位论文,上海海事大学,2005年。

第10章

Angrist, J. D. and Pischke, J.-S. (2014). *Mastering' metrics: The path from cause to effect*. Princeton University Press.

Chinn, M. D. and Fairlie, R. W. (2006). The determinants of the global digital divide: a cross-country analysis of computer and internet penetration. *Oxford Economic Papers*, 59 (1), 16-44.

Choi, C. and Yi, M. H. (2009). The effect of the Internet on economic growth: Evidence from cross-country panel data. *Economics Letters*, 105 (1), 39-41.

van Deursen, A and van Dijk, J. (2010). Internet skills and the digital divide. *New Media & Society*, 13 (6), 893-911.

Forman, C. (2005). The Corporate Digital Divide: Determinants of Internet Adoption. *Management Science*, 51 (4): 641 - 654.

Hale, T. M. et al. (2010). Rural - Urban Differences in General and Health - Related Internet Use. *American Behavioral Scientist*, 53 (9), 1304 - 1325.

Hargittai, E. (2002). Second - level digital divide: Differences in people's online skills. *First Monday*, 7 (4).

Korupp, S. E. and Szydlik, M. (2005). Causes and trends of the digital divide. *European Sociological Review*, 21 (4), 409 - 422.

Ng, T. H., Lye, C. T. and Lim, Y. S. (2013). Broadband penetration and economic growth in ASEAN countries: A generalized method of moments approach. *Applied Economics Letters*, 20 (9), 857 - 862.

Noh, Y. H. and Yoo, K. (2008). Internet, inequality and growth. *Journal of Policy Modeling*, 30, 1005 - 1016.

OECD. (2001). *Understanding The Digital Divide*. Paris: OECD: http://www.oecd.org/internet/ieconomy/1888451.pdf.

Quibria, M. G. et al. (2002). Digital divide: Determinants and policies with special reference to Asia. *ERD Working Paper Series*, (27): 1 - 16.

Rye, S. A. (2008). Exploring the gap of the digital divide. *GeoJournal*, 71 (2), 171 - 184.

Schleife, K. (2010). What really matters: Regional versus individual determinants of the digital divide in Germany. *Research Policy*, 39 (1), 173 - 185.

Stern, M. J., Adams, A. E. and Elsasser, S. (2009). Digital inequality and place: The effects of technological diffusion on internet proficiency and usage across rural, Suburban, and Urban Counties. *Sociological Inquiry*, 79 (4), 391 - 417.

Sun, Y. and Wang, H. (2005). Does Internet access matter for rural industry? A case study of Jiangsu, China. *Journal of Rural Studies*, 21 (2), 247 – 258.

Ting, C. and Yi, F. (2013). ICT policy for the "socialist new countryside" – A case study of rural informatization in Guangdong, China. *Telecommunications Policy*, 37 (8), 626 – 638.

Warschauer, M. (2010). Digital Divide. In *Encyclopedia of Library and Information Sciences Third Edition*, 1551 – 1556.

Xia, J. (2010). Linking ICTs to rural development: China's rural information policy. *Government Information Quarterly*, 27, 187 – 195.

Zhao, J., Hao, X. and Banerjee, I. (2006). The Diffusion of the Internet and Rural Development. *Convergence: The International Journal of Research into New Media Technologies*, 12 (3): 293 – 305.

阿里研究院：《阿里农产品电商白皮书（2014）》2015a：http://i.aliresearch.com/file/20150601/20150601222304.pdf。

阿里研究院：《中国淘宝村研究报告（2014）》2014：http://i.aliresearch.com/img/20141223/20141223100803.pdf。

阿里研究院：《中国淘宝村研究报告（2015）》2015b：http://i.aliresearch.com/img/20151224/20151224230229.pdf。

卜茂亮、展晶达：《信息化与我国区域经济差距的实证研究》，《科技进步与对策》2011年第10期。

曾亿武、邱东茂、沈逸婷、郭红东：《淘宝村形成过程研究：以东风村和军埔村为例》，《经济地理》2015年第12期。

崔丽丽、王骊静、王井泉：《社会创新因素促进"淘宝村"电子商务发展的实证分析——以浙江丽水为例》，《中国农村经济》2014年第12期。

高彦彦、郑江淮：《分税制改革、城市偏向与中国农业增长》，《南方经济》2012年第7期。

高彦彦、郑江淮、孙军：《从城市偏向到城乡协调发展的政治经济逻辑》，《当代经济科学》2010年第5期。

高彦彦、周勤、郑江淮：《为什么中国农村公共品供给不足?》，《中国农村观察》2012年第6期。

李立威、景峰：《互联网扩散与经济增长的关系研究——基于我国31个省份面板数据的实证检验》，《北京工商大学学报（社会科学版）》2103年第3期。

吕丹：《基于农村电商发展视角的农村剩余劳动力安置路径探析》，《农业经济问题》2015年第3期。

万禹：《山东博兴：淘宝村发展的支点和痛点》，电商参考，2016-05-19：http：//mt.sohu.com/20160522/n450839253.shtml。

王金杰：《颜集镇：指尖上的花木之乡》，阿里研究院，2014-09-23：http：//www.aliresearch.com/blog/article/detail/id/19728.html。

魏欢庆、孙新文：《淘宝村堰下村的创业路》，《宿迁日报》2015-3-17：http：//www.w20.net/news/1/618.html。

第11章

Acs, Z. J., Audretsch, D. B., & Feldman, M. P. (1994). R & D spillovers and recipient firm size. *The Review of Economics and Statistics*, 76, 336 – 340.

Altenburg, T., Schmitz, H., & Stamm, A. (2008). Breakthrough? China's and India's transition from production to innovation. *World development*, 36 (2), 325 – 344.

Andersson, M., & Ejermo, O. (2005). How does accessibility to knowledge sources affect the innovativeness of corporations? —evidence from Sweden. *The annals of regional science*, 39 (4), 741 – 765.

Joseph ASchumpeter, (1939), Business Cycles: A Theoretical, Historical, and Statistical Analysis of the Capitalist Process (1st edition), New York and London: McGraw - Hill Book Company, Inc.

Konings, J. (2000). The Effects of Direct Foreign Investment on

Domestic Firms: Evidence from Firm Level Panel Data in Emerging Economies. *William Davidson Institute Working Paper* No. 344.

Maliranta, M., Mohnen, P., & Rouvinen, P. (2009). Is interfirm labor mobility a channel of knowledge spillovers? Evidence from a linked employer-employee panel. *Industrial and Corporate Change*, 18 (6), 1161 – 1191.

Scarpetta, S. andTressel, T. (2004). Boosting Productivity via Innovation and Adoption of New Technologies: Any Role for Labor Market Institutions? *World Bank Policy Research Working Paper*, No. 3273.

安同良、周绍东、皮建才：《R&D 补贴对中国企业自主创新的激励效应》，《经济研究》2009 年第 10 期。

蒋殿春、张宇：《经济转型与外商直接投资技术溢出效应》，《经济研究》2008 年第 7 期。

李平、崔喜军、刘健：《中国自主创新中研发资本投入产出绩效分析》，《中国社会科学》2007 年第 2 期。

陆国庆：《中国中小板上市公司产业创新的绩效研究》，《经济研究》2011 年第 2 期。

聂辉华、谭松涛、王宇锋：《创新、企业规模和市场竞争：基于中国企业层面的面板数据分析》，《世界经济》2008 年第 7 期。

孙军、高彦彦：《全球产业链、区域工资差异与产业升级：对长三角和珠三角产业发展模式的一个比较研究》，《当代经济科学》2010 年第 3 期。

王红领、李稻葵、冯俊新：《FDI 与自主研发：基于行业数据的经验研究》，《经济研究》2006 年第 2 期。

吴延兵：《不同所有制企业技术创新能力考察》，《产业经济研究》2014 年第 2 期。

余明桂、回雅甫、潘红波：《政治联系、寻租与地方政府补贴有效性》，《经济研究》2010 年第 3 期。

张杰、周晓燕、李勇：《要素市场扭曲抑制了中国企业 R&D?》，

《经济研究》2011年第8期。

张少军、刘志彪：《国际贸易与内资企业的产业升级——来自全球价值链的组织和治理力量》，《财贸经济》2013年第2期。

郑江淮、高彦彦、胡小文：《企业扎堆、技术升级与经济绩效：开发区集聚效应的实证研究》，《经济研究》2008年第5期。

周亚虹、贺小丹、沈瑶：《中国工业企业自主创新的影响因素和产出绩效研究》，《经济研究》2012年第5期。

朱平芳、徐伟民：《上海市大中型工业行业专利产出滞后机制研究》，《数量经济技术经济研究》2005年第9期。

朱有为、徐康宁：《中国高技术产业研发效率的实证研究》，《中国工业经济》2006年第11期。